BEST-SELLER PELO USA TODAY, WALL STREET JOURNAL, AMAZON

★ ★ ★ ★ ★

MATT WALSH

O QUE É UMA MULHER?

A jornada de um homem para responder à questão de gênero

MATT WALSH

O QUE É UMA MULHER?

A jornada de um homem para responder à questão de gênero

Tradução | Paulo Polzonoff Jr.

São Paulo | 2024

Título original: *What is a Woman: One Man's Journey to Answer the Question of a Generation.*
Copyright © 2024 – Matt Walsh
Edição americana: DW Books

Os direitos desta edição pertencem à LVM Editora, sediada na
Rua Leopoldo Couto de Magalhães Júnior, 1098, Cj. 46
04.542-001 • São Paulo, SP, Brasil
Telefax: 55 (11) 3704-3782
contato@lvmeditora.com.br

Editor-Chefe | Pedro Henrique Alves
Editores Assistentes | Geizy Novais e Felipe Saraiça
Tradução | Paulo Polzonoff Jr.
Revisão ortográfica e gramatical | Luiz Henrique
Preparação dos originais | Adriana Alevato e Pedro Henrique Alves
Capa | Mariângela Ghizellini
Diagramação | Décio Lopes

Impresso no Brasil, 2024

Dados Internacionais de Catalogação na Publicação (CIP)
Angélica Ilacqua CRB-8/7057

W19q   Walsh, Matt

O que é uma mulher?: a jornada de um homem para responder à questão
de gênero / Matt Walsh; tradução de Paulo Polzonoff Jr. - São Paulo:
LVM Editora, 2024.
264 p.

ISBN 978-65-5052-222-3
Título original: What is a Woman?

1. Ciências sociais 2. Mulheres 3. Identidade de gênero I. Título II,
Polzonoff Jr., Paulo

24-2921   CDD 305.401

Índices para catálogo sistemático:
1. Ciências sociais - Mulheres - Identidade de gênero

Reservados todos os direitos desta obra.
Proibida a reprodução integral desta edição por qualquer meio ou forma, seja eletrônica ou mecânica, fotocópia, gravação ou qualquer outro meio sem a permissão expressa do editor. A reprodução parcial é permitida, desde que citada a fonte.
Esta editora se empenhou em contatar os responsáveis pelos direitos autorais de todas as imagens e de outros materiais utilizados neste livro. Se porventura for constatada a omissão involuntária na identificação de algum deles, dispomo-nos a efetuar, futuramente, as devidas correções.

Sumário

11 | Capítulo 1 | **Uma pergunta bem simples**

15 | Uma jornada épica

19 | Capítulo 2 | **A história da ideologia de gênero**

19 | Está na Bíblia?

28 | As verdadeiras raízes da ideologia de gênero

34 | O caso sexualmente curioso de Alfred Kinsey

41 | A obsessão de Kinsey pelas crianças

47 | Capítulo 3 | **John Money**

47 | Seguindo Money

56 | Os objetivos políticos (e sexuais) de Money

61 | A ascensão das operações de mudança de sexo

65 | Os gêmeos Reimer

72 | Defendendo o indefensável

77 | Capítulo 4 | Como a ideologia de gênero entrou para o currículo

77 | A ideologia de gênero na educação superior

83 | O gênero pelos olhos da terapia

88 | A onipresença da educação sexual

96 | Como a educação sexual levou à educação de gênero

103 | Capítulo 5 | O controle total do movimento trans

104 | Do anonimato ao estrelato

110 | Qual é a verdade?

114 | Fluidez da linguagem

118 | Disforia de Gênero de Desenvolvimento Rápido

124 | Que identidade é ou não "essencial"?

131 | Capítulo 6 | A promessa da transição

132 | O único tratamento médico sem efeitos colaterais!

135 | O processo de mudança de sexo

142 | O que podemos afirmar?

145 | A história real de um trans

148 | Ameaças de suicídio como chantagem

155 | Capítulo 7 | A queda do castelo de cartas

155 | "Totalmente reversível?"- Não é bem assim

161 | Crianças quimicamente castradas

164 | Hormônios não aumentam a felicidade

169 | A história de horror de uma mudança de sexo que deu errado

177 | Os médicos estão nisso por dinheiro

185 | Capítulo 8 | **A guerra cultural trans**

188 | Sempre vítima, nunca algoz

192 | Guerra contra as mulheres

196 | A cruzada cultural trans

206 | Atentado ao pudor

210 | O corajoso caso de Don Sucher

213 | Capítulo 9 | **Esmagado pela força policial rosa**

217 | Como tornar a discordância ilegal

223 | Quem está incomodado?

229 | Ladeira abaixo

235 | Capítulo 10 | **A rebelião "o que é uma mulher?"**

236 | Você sabe a resposta?

242 | A verdade vem à tona

251 | Defendendo a minha posição

255 | Epílogo | **África**

CAPÍTULO 1

Uma pergunta bem simples

À frente, um homem pelado. Não era exatamente como havia imaginado a minha carreira, mas estava determinado a chegar à raiz de uma nova questão.

"Aos sessenta e seis anos", disse ele "sei que há coisas óbvias, sabe, que compõem fisicamente uma mulher".

No distrito de Castro, São Francisco, provavelmente o lugar com a maior concentração de gays dos Estados Unidos, bandeiras de arco-íris exibiam-se por todos os cantos. Por sorte, onde estávamos não havia fezes humanas e agulhas usadas. E, tecnicamente, o homem com quem eu conversava não estava totalmente nu. Afinal, vestia uma meia. Só uma.

"Há características nas mulheres que me atraem e…". Parou por um instante. "Acho que estou divagando". Ele não era o único ali à procura de uma resposta.

Eu tinha reunido uma equipe de filmagem e questionava a todos que apareciam algo que considerava absurdamente – e quase insuportavelmente – simples: "o que é uma mulher?". Ainda assim, às vezes por medo, confusão ou até raiva, quase ninguém foi capaz de responder.

Fui à Times Square, em Nova York, na esperança de que alguém do outro lado do país pudesse me ajudar.

"O que especificamente faz uma pessoa ser uma mulher?", perguntei a alguém na rua.

"Não sei responder".

Certo. Dei meia-volta e vi um casal passando. Talvez tivesse mais sorte com duas pessoas, e não uma, por isso fiz a eles mesma pergunta.

"Hmmm... eu... que pergunta difícil, hein?", a mulher falou.

"É mesmo *tão difícil assim*?", insisti.

"Sim", ela respondeu depois de uma pausa para refletir.

"E por que é uma pergunta tão difícil?", insisti.

"Porque acredito que o gênero é fluido. Acho que há uma diferença entre gênero e sexo. Por isso não sei se há uma forma clara de descrever uma mulher".

Isso levanta a dúvida sobre o significado real dos direitos das mulheres, dos temas femininos, dos produtos voltados para elas, da moda, da literatura feminina, dos estudos sobre o assunto e até da Marcha das Mulheres. Segui adiante.

"O que é uma mulher?", questionei uma senhora que vinha pela rua em Hollywood, na Califórnia.

"Hmmmm", começou ela, fazendo uma longa pausa. "Uma escolha. Não, não uma escolha, mas como uma opção. Tipo, você é... Acho que não é algo determinado quando nascemos. Você é mais livre".

Livre de quê?, eu me questionei. Ainda assim, não tive resposta. Segui tentando.

"Então o que é uma mulher?", perguntei a outra em Nashville, no Tennessee.

"É uma pessoa que gosta de estar bonita e se vê como uma criatura delicada", afirmou.

"Sou bonito e delicado", comentei. "Então, eu poderia ser uma mulher?".

"Sim, poderia. Se quisesse, poderia, sim".

Recorri a outra pessoa, e não sei afirmar se era uma mulher. Ela se parecia e falava como uma, mas não cheguei a perguntar se ela se via como uma criatura linda e delicada. "Como você definiria a palavra 'mulher'?".

"Acho que mulher é alguém que se identifica como mulher", respondeu a... pessoa.

"Alguém que se identifique como mulher é mulher?".

"Sim".

"Então é só isso?".

"Só isso!".

Identificação. Delicadeza. Opção. Parecia haver um milhão de respostas para a dúvida quanto ao que é uma mulher. O estranho é que nenhuma delas mencionava a biologia ou o DNA ou a reprodução. Alguns até rejeitavam a ideia de que o sexo tem a ver com o seu corpo quando do nascimento.

Outros chegaram a dizer que, se você não é mulher (seja lá o que signifique isso), não tem direito de opinar. "Por que você está perguntando o que significa ser mulher para um homossexual?", questionou alguém em tom acusatório depois de eu encerrar a entrevista com um gay bastante afeminado.

A pessoa que se intrometia parecia ser um homem biológico tentando se passar por mulher – a chamada "mulher trans", como aprendi. Ele tinha traços rudes, usava um chapéu lilás e vestia uma camiseta preta na qual se lia *"Eat. Halloween. Repeat"* [Coma. Dia das Bruxas. Repita]. "Você deveria estar fazendo essa pergunta a uma mulher, principalmente a uma trans", continuou ele.

"Estou perguntando para todo mundo", respondi sem saber direito por quê. "Afinal, todo mundo pode ter uma opinião sobre isso, não?".

"Somente pessoas que são mulheres. Homens gays não entendem o que significa ser mulher".

"Então, homens gays não deveriam poder opinar quanto ao que é uma mulher? Você já disse aos homens gays aqui de São Francisco que eles estão proibidos de falar algo sobre isso?".

"Não, mas eu também não saio por aí dizendo o que eles têm permissão para ser", respondeu ele.

"Eu não questiono o que uma mulher *tem permissão* para ser", esclareci. "Quero saber a opinião das pessoas sobre 'o que é uma mulher'".

"Mesma coisa", disse ele. "Se alguém aparecer e perguntar 'O que é um homem gay?', vou dizer 'Vá perguntar para um homem gay'".

Espere um pouco, pensei. A identidade determina com quem posso conversar? "Então quer dizer que, se você não for uma mulher, não deveria ter uma opinião?".

"Desde quando um homem tem o direito de dizer o que é uma mulher? Só mulheres sabem o que é uma mulher", disse ele.

"Você é um gato?", perguntei.

"Não".

"Você pode me dizer o que é um gato?".

Ele abaixou a cabeça. Depois, por trás dos óculos de sol, olhou para o meu cinegrafista como se contendo uma risadinha nervosa. As paredes do quartinho intelectual que ele construiu para si mesmo estavam desmoronando.

"Quer saber? Isso foi na verdade um erro e me arrependo de ter aparecido aqui". Se afastou.

"Você gostaria de nos dizer o que é uma mulher?", perguntei, mas ele não respondeu.

★★★

Uma jornada épica

"O que é uma mulher?". Pelos últimos oito meses[1], dediquei praticamente todo o meu tempo de caminhada a encontrar alguém capaz de responder a esse questionamento simples. Sinceramente, é até estranho que eu tenha sentido a necessidade de perguntar.

Durante a maior parte da minha vida, achei que todos sabiam a resposta. Talvez você também acreditasse nisso. Não é como se precisássemos pegar o dicionário para aprender. Mulheres são seres humanos adultos fêmeas. Elas têm cromossomos XX. Elas podem engravidar e dar à luz. Elas não são necessariamente mais boazinhas do que os homens, mas com certeza são mais bonitas. Mesmo que você não conhecesse ciência nem usasse as palavras certas, seria capaz de apontar uma mulher com facilidade. Por natureza, a aparência e as ações são diferentes das dos homens.

Mas, como acontece com muitas coisas nesta vida, descobri ao longo da minha jornada que a porção intelectualizada da nossa civilização criou toda uma ideologia que confunde essa pergunta simples – e essa confusão se infiltrou na sociedade a tal ponto que, hoje, poucas pessoas são capazes de responder diretamente.

Não que os teóricos relativistas estejam cientes das nuances e características que os velhos simplórios como nós não entendem. A verdade é que, apesar de ter aprendido muita coisa, eles desaprenderam o senso comum.

---

1. O livro foi originalmente lançado em junho de 2022, nos Estados Unidos, assim sendo, sua referência de data localiza-se naquele momento de lançamento da 1ª edição. (N. E.)

Num estranho uníssono, os maiores especialistas do mundo, bem como as celebridades mais poderosas, começaram a dizer que homens podem se tornar mulheres e mulheres podem se tornar homens, ou até um meio-termo entre os dois. Algo além, externo; uma alternativa a essas definições. Ninguém parece preocupado com a clareza quando pressionado para além dos clichês.

Sempre pensamos que ser mulher tem relação com a biologia, mas os maiores especialistas do país insistem em nos garantir que não é nada disso. Talvez tenha a ver com certas características tipicamente femininas. Mas os papéis de gênero não são construções sociais?

Talvez seja como aquela pessoa na rua me falou: quando alguém acha que é uma mulher, a pessoa se torna uma. Mas acreditar que sou o Super-homem não me fará voar. Há diferença entre ser uma mulher porque você se vê como uma e ser o Super-homem porque você se vê como tal? É sexista fazer esse tipo de comparação sem dizer que todas as mulheres são heroínas? Será que o Super-homem é na verdade uma mulher?

Perguntei a pessoas de todos os tipos, em lugares públicos, e não consegui nenhuma resposta esclarecedora, por isso decidi recorrer aos estudiosos. O problema é que, quanto mais eu lia os tais especialistas, mais confuso ficava. De repente, todo um glossário que nunca me ensinaram nas aulas de inglês foi mencionado com confiança (e até condenado aqueles que não usavam as palavras) que comecei a ficar zonzo. Palavras e expressões como "disforia de gênero", "redeterminação de gênero", "pronomes preferidos", sexo determinado", metoidioplastia, elu/delu etc. surgiram por toda parte. A fim de não se confundirem, as pessoas começaram a abusar do pronome da terceira pessoa do plural, eles, como se fossem cobaias do Dr. Fauci[2].

Qualquer pessoa sã e íntegra percebe rapidamente que a teoria de gênero é um monte de bobagem. Mas essa ideologia ganhou tanto espaço, e tão rápido, que é fácil pressupor que tem algum conteúdo. Essa suposição é errada.

Claro que nessa nossa era de reinvenção pós-moderna, na qual se acredita que liberdade é "a capacidade de definir seu próprio conceito de existência, de sentido, de universo e de mistério da vida humana", a ideologia de gênero tem certo apelo[3]. O máximo da autodefinição é se declarar homem mesmo que todas as células no seu organismo gritem "mulher". Isso, e se declarar trans, é a forma mais rápida de entrar para a classe mais "antenada" e vitimista da esquerda.

Jovens confusos e inseguros quanto ao seu corpo (o que antes chamávamos de "puberdade") agora se dizem transgênero. Uma vez dito isso, imediatamente se submetem à aceitação cálida de várias personalidades virtuais dispostas a ajudá-los em sua transição; além disso, ficam felizes em saber que, ao contrário dos desprezíveis privilegiados, eles é que são os verdadeiros oprimidos.

Apesar de sua popularidade, essa ideologia é incrivelmente frágil. É como música pop ou um filme de sucesso: impulsiona as vendas, mas não faz muito sentido. Seus defensores podem até usar um vocabulário complexo, ostentar a aceitação da elite e se dizerem abençoados pela toda-poderosa ciência. Mas as suas palavras não têm substância.

---

2. Anthony Fauci é um imunologista estadunidense conhecido por suas contribuições para as pesquisas sobre AIDS e outras imunodeficiências; ficou visado recentemente por ser fortemente confrontado pelo Senado norte-americano por suas ações de restrição ante a crise da COVID. (N. E.)

3. PLANNED Parenthood Of Southeastern Pennsylvania Vs. Robert P. Casey. *In* Legal Information Institute, Cornell Law School, 29 de junho de 1992. Disponível em https://www.law.cornell.edu /supct/html/91-744.ZO.html.

Chegamos ao ponto central. É uma pergunta simples, mas que os ideólogos de gênero não conseguem responder. Sei disso porque falei com eles. Durante meses, procurei especialistas sobre o assunto em todas as áreas – médicos, terapeutas, psiquiatras, psicólogos, políticos, ativistas e os próprios trans – e fiz a pergunta diretamente, sem circunlóquios.

Para o bem da pesquisa, eu estava disposto a aceitar qualquer coisa que eles dissessem. Queria que as respostas falassem por si. Não tentei constranger ou pressionar ou manipular essas pessoas. Se algo não fizesse sentido para mim, supunha que eu não tinha entendido.

À medida que o tempo passou e as entrevistas se acumularam, comecei a perceber que o problema não era com a minha capacidade de compreensão. Nada do que eles explicavam fazia sentido. Eles se contradiziam, às vezes poucos minutos depois de começarem a falar. Os termos usados eram confusos e rapidamente abandonados. Ouvi declarações ousadas e mal explicadas. Seus argumentos não eram destruídos a marteladas ou sob pressão, mas por perguntas simples, porque o núcleo da ideologia de gênero é vazio. Palavras estranhas só escondem o fato de que não há nada ali. Não quero que simplesmente acreditem no que estou dizendo. É preciso que ouça[4] dos próprios especialistas.

Você ainda está se perguntando o que é uma mulher? Então se junte a mim. Deixemos que os melhores e mais esclarecidos respondam.

---

4. Como dito pelo próprio Matt Walsh, há um documentário, homônimo, que trata da temática desse livro e serviu como *start* para a escrita aqui desenvolvida, e ainda que seja aqui onde ele desenvolve com maior profundidade seus argumentos e considerações pós-documentário, incentivamos que nossos leitores também assistam ao longa produzido pelo The Daily Wire. (N. E.)

CAPÍTULO 2

A história da ideologia de gênero

Traçar as origens da ideologia de gênero não é tarefa fácil. Afinal, a diferença entre homens e mulheres parece inata à existência humana. Praticamente todas as culturas, dos gregos às tribos africanas, passando pelos impérios asiáticos, tinham divindades e forças femininas e masculinas refletidas no mundo. Até onde eu sabia, a definição de "mulher" sempre foi presumida, dispensando explicações.

Minha primeira tarefa foi descobrir quando começou a confusão. Quando as pessoas nascidas homens começaram a pensar que eram mulheres e pessoas nascidas mulheres começaram a pensar que eram homens?

★ ★ ★

Está na Bíblia?

Eu tinha uma teoria: assim como a Covid ou a doença de Lyme[5], a propagação da ideologia de gênero começou

---

5. A doença de Lyme trata-se de uma infecção provocada por um tipo de bactéria – Borrelia burgdorferi – transmitida por carrapatos de várias espécies. Ela costumeiramente provoca lesões na pele, atingindo, em estágios avançados, o sistema nervoso central e o coração, além de causar dores agudas nas articulações. (N. E.)

num laboratório, provavelmente em algum departamento universitário esquisito, dedicado a uma teoria pseudocientífica recém-inventada. Porém, preferi manter a mente aberta.

Ainda assim, me surpreendi quando a primeira pista veio não de um historiador, uma sacerdotisa de alguma religião antiga ou de um guardador de textos sagrados, mas de um cirurgião especializado na chamada "cirurgia das partes baixas" (que, como aprendi mais tarde, não significa cirurgia nas nádegas).

Dra. Marci Bowers era o nome dela. Ou melhor, dele. O constrangimento dessa coisa toda de transgêneros apareceu bem rápido. Dr. Bowers nasceu homem, mas tentou alterar cirurgicamente o seu sexo e passou a se apresentar como mulher. Seus cabelos longos e voz feminina, todavia, não escondem os traços faciais e nem mesmo os cromossomos XY. Eu não estava ali para discutir a jornada dele. Então, ao conversar com ele ou sobre ele com outros entrevistados, usei simplesmente "você" ou "Dr. Bowers".

Vou me referir a todos nesse livro por seu pronome biológico porque, para mim, é mais importante ser gramaticalmente correto do que politicamente correto, sobretudo quando se está escrevendo um livro.

Enquanto aluno de um dos primeiros cirurgiões especializados em mudança de sexo nos Estados Unidos, Stanley Biber, o Dr. Bowers parecia o candidato perfeito para me falar, em primeira mão, sobre a ciência por trás da redesignação sexual e do avanço nas cirurgias de mudança de sexo – um assunto que eu certamente pretendia abordar em detalhes. Todavia, assim que começamos a conversar, percebi que chegaria muito mais fundo.

"Faz parte da biologia e da natureza humana. Os trans provavelmente existem desde o princípio", comentou em sua clínica em Burlingame, cidade ao sul de São Francisco e ao norte de Palo Alto, no coração do setor de tecnologia da Califórnia.

Esse é o centro intelectual da filosofia do transumanismo, inspirada na inteligência artificial. Trata-se da ideia de que as pessoas, com o auxílio da tecnologia, podem transpor os limites da espécie humana em sua forma atual. É o lugar perfeito para uma clínica de redesignação sexual.

"Até nos tempos bíblicos há referências a indivíduos que provavelmente eram trans", acrescentou.

Imediatamente o interrompi: "O quê? Na Bíblia?".

"Até na Bíblia", reforçou.

Eu estava ansioso para aprender mais. Li a Bíblia várias vezes e ela sempre me pareceu bem clara na questão de gênero. "Homem e mulher, Ele os criou" (Almeida Revista e Atualizada, Gn 5:2)[6], escreveu o autor do Gênesis. Nada pode ser mais simples e direto do que isso sem falar que os cristãos tendem a ser os oponentes mais veementes da ideologia de gênero. Eu estava curioso para ouvi-lo provar que a ideologia de gênero remonta aos textos sagrados dos judeus e cristãos. Talvez ele tenha encontrado um versículo defendendo o transgenerismo escondido em algum capítulo das Escrituras do qual ninguém mais ouviu falar.

"Até na Bíblia há passagens que são pistas de que provavelmente o transgenerismo existia naquela época. Os eunucos, homens castrados para agirem como uma pessoa feminilizada, por exemplo. Só na Bíblia, há 58 referências a eles. Há passagens como Mateus 19, que diz que o adultério é expressamente proibido, a não ser que seu marido seja um eunuco".

Para mim, era novidade essa história de que a Bíblia permite a traição. O Sexto Mandamento me parece bem incisivo nesse ponto: "Não cometerás adultério". Sem falar

---

6. Respeitando a grafia do original, todas as citações bíblicas do autor são baseadas na versão *Almeida Revista e Atualizada*. (N. E.)

que eu achava que eunuco era um homem castrado – não necessariamente por vontade própria. Será que isso é a mesma coisa que um transgênero? Mesmo em dúvida, era a minha primeira pista quanto às origens da ideologia de gênero. Então tive que ver se o médico estava certo e tudo o que eu lera na Bíblia, errado.

Rapidamente descobri que ele tinha razão sobre uma coisa: Mateus 19 realmente menciona eunucos. Mas infelizmente, também estava errado sobre todo o resto. Os versículos não permitem o adultério e não têm nada a ver com transgenerismo, embora a passagem em questão seja um tanto nebulosa. Jesus diz: "Porque há eunucos de nascença; há outros a quem os homens fizeram tais; e há outros que a si mesmos se fizeram eunucos, por causa do reino dos céus" (Mt 19:12).

Se o Dr. Bowers estivesse certo, os homens que se autocastravam servem ao reino dos céus; isso não combina com mais nada na Bíblia. Aprofundei-me para descobrir o que alguns dos primeiros eruditos e pensadores cristãos tinham a dizer sobre o assunto. Talvez eles soubessem sobre o transgenerismo e nós, de alguma forma, perdemos esse conhecimento, ficando séculos na ignorância até que o Dr. Bowers apareceu para redescobrir a verdade oculta.

Foi então que descobri algumas passagens reveladoras de Orígenes de Alexandria, um dos mais famosos teóricos cristãos da história, que viveu entre 100 e 200 d.C. Pensei que, se o transgenerismo realmente fez parte do Cristianismo primitivo, ele saberia melhor do que ninguém.

Tive sorte, porque Orígenes tratou justamente sobre o versículo que o Dr. Bowers mencionou. Ele escreveu que Deus falava sobre o celibato e não "sobre a amputação de membros" naquele versículo. "O homem que se automutilou, na verdade, está sujeito a uma maldição". A partir daí, a coisa fica mais tensa. "Afinal, a mutilação de membros é, desde o princípio, obra de demônios e um instrumento satânico, para que possam maldizer a obra de Deus e corromper Sua criação"[7]. Parece que os médicos da ideologia de gênero não são exatamente as melhores fontes para assuntos teológicos.

Talvez o Dr. Bowers tenha interpretado mal aquele versículo específico, mas ainda tivesse razão. Mesmo que Jesus Cristo não aceitasse a ideologia de gênero, talvez ela estivesse presente em outro trecho da Bíblia.

Deuteronômio 23 de certa forma também menciona eunucos. "Aquele a quem forem esmagados os testículos ou cortado o membro viril não entrará na assembleia do Senhor" (Dt 23:1). Parece que não era disso que o Dr. Bowers estava falando.

Outras passagens são um pouco mais caridosas com os mutilados, mas nenhuma delas contém qualquer coisa remotamente semelhante à ideologia de gênero. O profeta Isaías, por exemplo, escreveu:

> Porque assim diz o Senhor: Aos eunucos que guardam os meus sábados, escolhem aquilo que me agrada e abraçam a minha aliança, darei na minha casa e dentro dos meus muros, um memorial e um nome melhor do que filhos e filhas; um nome eterno darei a cada um deles, que nunca se apagará (Is 56:4-5).

A Bíblia jamais menciona qualquer coisa parecida com a ideia atual do transgenerismo. É um salto lógico, na melhor das hipóteses, e logo descobri que esse argumento todo foi refutado numa publicação pró-LGBT chamada *Grace and Lace*. O autor não economizou palavras: "A ideia de relacionar as pessoas trans

---

7. HOMILIA 62 Sobre Mateus. *In* New Advent. Disponível em https://www.newadvent.org/fathers/200162.html, acessado em 14 de janeiro de 2022.

aos eunucos descritos na Bíblia é, no mínimo, questionável". Toda essa teoria se baseia numa conjectura que é "duvidosa e, às vezes, obviamente equivocada"[8].

Os eunucos não são uma referência a transgêneros, transexuais ou nada do tipo. Nos tempos bíblicos, o termo simplesmente era usado para se referir a homens castrados – alguns por serem prisioneiros ou escravos, passando a ser considerados inofensivos para as mulheres que serviam. Outros optavam por serem mutilados em rituais pagãos[9]. Mas não há qualquer prova de que isso acontecia por acreditarem ser mulheres.

Outra autora pró-trans rejeitou a ideia de que os transexuais podiam se considerar eunucos, dizendo que isso "é extremamente ofensivo e reduz as mulheres trans a homens castrados, que é o sentido convencional do termo"[10]. Ela ainda fez uma crítica incisiva ao argumento, afirmando que o termo "eunuco" emulava um método "empregado pelos cristãos trans para aliviar sua dissonância cognitiva"[11]. Praticamente uma acusação contra o Dr. Bowers.

Eu estava de volta à estaca zero. Pensando bem, a Bíblia nunca me pareceu mesmo o lugar mais propício para encontrar as origens da ideologia de gênero. É pior do que querer calcular a quadratura do círculo simplesmente cedendo à tentação de chamar o círculo de quadrado. As afirmações nunca respeitavam os fatos ou o texto. Como todas as tentativas de reinterpretar

---

8. GRACE And Lace Letter: A Christian Publication for Crossdressers, Transgenderists, Transsexuals. *In* Digital Transgender Archive, março de 1994. Disponível em https://www.digitaltransgenderarchive.net/files/2f75r825p.
9. *Ibid.*
10. PÉREZ, Elizabeth. "You Were Gonna Leave Them Out?: Locating Black Women in a Transfeminist Anthropology of Religion". *In* Feminist Anthropology, 2020. Disponível em https://www.religion.ucsb.edu/wp-content/uploads/EPerez-You-Were-Gonna.pdf.
11. *Ibid.*

a Bíblia, essa parecia apenas mais uma forma de procurar sequestrar os argumentos da oposição, usando-os contra ela. A minha pesquisa seguiu em frente.

Obtive a pista seguinte com a Dra. Michelle Forcier, professora de pediatria e responsável pelas admissões na Alpert Medical School da Universidade Brown. Em geral, quanto mais longas as credenciais acadêmicas de alguém, menos credibilidade ela tem. Como a Dra. Forcier fazia questão de se dizer especialista em saúde sexual de jovens lésbicas, gays, trans e queers, talvez ela tivesse encontrado a origem da ideologia de gênero em todos os seus anos de estudo.

Perguntei se ela sabia quem inventou o termo "identidade de gênero". "Havia espíritos de dois gêneros na cultura indígena", ela contou. Interessante. Analisei um pouco mais a ideia dos "espíritos de dois gêneros" e sei que não surpreenderá o leitor saber que encontrei todo um artigo sobre o assunto no site do Departamento de Saúde (HHS, na sigla original) da administração Biden. Fiquei mais tranquilo ao descobrir que o governo está atento a assuntos realmente importantes.

De acordo com o Departamento de Saúde, as "pessoas de dois espíritos" entre os nativos norte-americanos combinavam características de homens e de mulheres, mas não eram considerados nem macho nem fêmea. Eles também recebiam seu espírito (seu gênero?) dos deuses, de uma forma meio mística. Essa crença era comum? Aparecia em uma porção relevante da cultura dos nativos norte-americanos? Tem algo a ver com a ideia de um homem se tornar mulher ou de uma mulher se tornar homem, ou apenas os deuses podem atribuir essas características?

Aparentemente eu não era o único que achava que basear o transgenerismo nessa ideia era balela. Na própria *Encyclopedia of Gender and Society* [*Enciclopédia de Gênero e Sociedade*], lê-se que o termo "espírito de dois gêneros" em si "dá ênfase à ideia ocidental de que o gênero, o sexo e a sexualidade são binários. Ele pressupõe a ideia de que um indivíduo é ao mesmo tempo homem e mulher, e que esses aspectos estão entremeados nele. O termo se afasta das identidades culturais tradicionais dos nativos, bem como dos significados de sexualidade e de gênero". Além disso, destaca a nota que "a ideia de que a variação de sexualidade e de gênero era aceita entre os povos nativos foi romantizada"[12].

Aparentemente a Dra. Forcier concluiu que se apropriar da história dos nativos norte-americanos era aceitável quando se tratava de servir à ideologia de gênero. Mas não atendia aos meus objetivos.

Recorri novamente à Dra. Forcier e fiz a pergunta sob uma perspectiva diferente. "O que você diria às pessoas que argumentam que o sexo não se trata apenas da designação quando do nascimento como da observação da realidade física?".

"Era importante ter o gênero ou o sexo determinado nas certidões de nascimento porque, em certo momento, pessoas ditas mulheres não tinham o mesmo direito que os homens registrados assim. Então o que constava na certidão de nascimento era importante para determinar os que podiam possuir propriedades e os que eram a propriedade", comentou a Dra. Forcier. "É uma construção social arbitrária que se mantém até hoje", acrescentou.

Então quer dizer que os médicos estabeleciam arbitrariamente o gênero quando do nascimento por causa do direito à propriedade privada? De acordo com a Dra. Forcier, parece que o principal motivo para afirmar que alguém é homem ou mulher é decidir se terá ou não propriedades, se será ou não uma propriedade.

---

12. O´BRIEN, Jodi. *Encyclopedia of Gender and Society*. Thousand Oaks: SAGE Publications, 2008, p. 64.

Acho que o sexo da pessoa não importava tanto para os médicos quanto decidirem arbitrariamente que 50% da população possuiria terras e os outros 50% seriam escravos. Na visão histórica dela, metade da população não ter os mesmos direitos de outros do mesmo sexo biológico não parece ser um fator relevante. De acordo com a Dra. Forcier, a parteira ou o pediatra olhava para a criança e dizia: "Essas partes sexuais estão aqui, então agora seu filho será arbitrariamente considerado desse gênero ou sexo a partir de agora".

Achei melhor aprofundar um pouquinho mais. Afinal, se tudo é "uma construção social arbitrária", talvez o transgenerismo realmente esteja entre nós desde o princípio dos tempos e os seres humanos o têm reprimido maldosamente há milênios.

"As palavras 'sexo' e 'gênero' têm o mesmo significado?", questionei.

Ela se esquivou da pergunta. "Não gosto de confundi-las. Gosto de falar em sexo para o ato de fazer amor, o ato do comportamento sexual".

Insisti. "Isso é ato sexual. Quero saber em termos de..."

Ela me interrompeu. "Essas são as partes que conseguimos ver, hormônios que talvez se manifestem de um jeito óbvio e órgãos internos que podemos observar, cromossomos que conseguimos determinar e estudar. Daí sabemos que o cérebro, claro, é parte do gênero porque as glândulas, bem como as funções emocionais e cognitivas que têm a ver com isso, estão inter-relacionadas, são peças envolvidas no ato de crescer homem, mulher, não-binário e todos os tipos de identidade de gênero".

Espere um pouco! O quê? Então o sexo é um fato biológico ou não? Eu estava confuso. Tentando desesperadamente entender o "blábláblá" aparentemente sem sentido dela, tentei simplificar o máximo possível. "Quando o médico vê o pênis e diz 'é um menino', no sentido de 'esse é o sexo dos homens', isso é uma distinção arbitrária?".

"Chamar essa pessoa de 'menino' é como determinamos o sexo nos primeiros anos. Dizer para a família, com base naquele pequeno membro, que o seu filho é 100% homem, independente do que ocorra na vida dele, isso é errado".

Mais uma vez ela começou a falar sobre identidade, e não como se a palavra "homem" – ou "mulher" – refletisse uma realidade biológica. Como posso querer descobrir de onde veio a questão da identidade de gênero se os especialistas no assunto não são capazes de fazer a distinção entre ela e o sexo biológico?

Tentei uma última tática desesperada, na esperança de algum esclarecimento. "Também estou confuso com a linguagem, porque não entendo direito a sua posição na questão do homem e da mulher e se isso é uma realidade biológica. Se vejo uma galinha botando ovos e digo: 'isso é uma fêmea botando ovos', eu acabei de designá-la como fêmea ou estou apenas observando a realidade física?".

"Uma galinha tem identidade de gênero?", respondeu ela. "Uma galinha chora? Uma galinha comete suicídio?".

Galinhas, não. Mas, conforme a conversa avançava, mais a ideia do suicídio me atraía.

★ ★ ★

As verdadeiras raízes da ideologia de gênero

Eu estava começando a perceber que os maiores especialista pareciam não ter ideia de onde vinha a ideia radical da identidade de gênero. Eles sequer conseguiam fazer a distinção entre "sexo" e "gênero", o que supostamente seria a base do seu campo de estudos. Assim como a maioria dos revolucionários, para pessoas como o Dr. Bowers e a Dra. Forcier não importa a origem da identidade de gênero. O passado não tem influência sobre o presente e o relevante é que, atualmente, achamos que os homens e as mulheres podem decidir o que quiserem sobre si mesmos.

Mas isso não me satisfazia. Em algum momento da história houve uma mudança radical em como as pessoas compreendiam a sexualidade. Em certo ponto, a própria ideia de "gênero" teve de ser formada. Isso começou em algum lugar. Então me pus a procurar a resposta por conta própria.

Percebi que a ideologia de gênero não começou na Bíblia, não começou com práticas dos povos nativos, nem por causa de definições legais quanto ao direito à propriedade privada. A teoria não esteve sempre entre nós, disfarçada de "construção social arbitrária".

A ideologia de gênero é uma invenção recente e sua semente foi plantada por uma pessoa específica, um médico alemão chamado Magnus Hirschfeld. Poucas pessoas nos Estados Unidos ouviram falar dele, mas era chamado de "o Einstein do sexo" na década de 1930, considerado o pai do movimento pelos direitos dos homossexuais[13].

Nascido em 1868, na região onde atualmente está localizada a Polônia (então parte do Império Prussiano), Magnus Hirschfeld passou a maior parte da vida na Alemanha, onde se tornou o mais importante sexólogo dos primeiros anos do século XX[14]. Médico por profissão e homossexual por atração[15], ele viajou para Chicago onde começou a estudar as subculturas gays.

Ao voltar para a Alemanha, fundou aquela que é considerada a primeira organização em defesa dos direitos dos trans

---

13. LEBOVIC, Matt. "100 Years Ago, Germany's 'Einstein of Sex' Began the Gay Rights Movement". *In* Times of Israel, 11 de novembro de 2019. Disponível em https://www.timesofisrael.com/100-years-ago-germanys-einstein-of-sex-began-the-gay-rights-movement/.

14. HIRSCHFELD, Magnus. "Making Gay History". Podcast. Disponível em https://makinggayhistory.com/podcast/magnus-hirschfeld/, acessado no dia 14 de janeiro de 2022.

15. MEYEROWITZ, Joanne. *How Sex Changed: A History of Transsexuality in the United States*. Cambridge: Harvard University Press, 2004, p.19.

e dos gays, o Scientific-Humanitarian Committee [Comitê Humanitário Científico]. Muito antes de as ideias do movimento LGBT ganharem popularidade – ou de serem toleradas por um público mais amplo – Hirschfeld propunha que pessoas atraídas pelo mesmo sexo não nasciam assim, mas estavam destinadas a serem assim. "A homossexualidade é parte de um plano da natureza e da criação, assim como o amor normal" [16], afirmou ao depor no julgamento de um oficial do exército acusado de ser gay, em 1907. Resumindo, ele era um homem bem, bem, bem à frente do seu tempo.

Em 1919, Hirschfeld fundou seu Instituto de Ciência Sexual em Berlim. Era um lugar que oferecia aconselhamento, orientação política, dava cursos e realizava pesquisas em temas ligados ao homossexualismo[17]. De certa forma, era o Conselho de Direitos Humanos da época. Nove anos mais tarde, deu início à Liga das Nações pela Reforma Sexual[18], que organizava conferências internacionais. Entre os objetivos estavam "o casamento livre do domínio da igreja", "a aplicação da eugenia para a melhora da raça por meio da seleção quando do nascimento", "o conhecimento científico das variações na constituição sexual (intersexualidade)" e "o sexo livre" de quaisquer amarras atreladas à culpa[19]. Em outras palavras, a Liga queria revolucionar as ideias tradicionais

---

16. LEBOVIC, *op. cit.*
17. AMIDON, Kevin. *Per Scientiam ad Justitiam: Magnus Hirschfeld's Episteme of Biological Publicity*. Iowa State University, 1º de dezembro de 2017. Disponível em https://lib.dr .iastate.edu/language_pubs/139/.
18. DOSE, Ralf. "The World League for Sexual Reform: Some Possible Approaches". *In* Journal of the History of Sexuality 12, no. 1, 2003. Disponível em https://www.jstor.org /stable/3704508.
19. "WELTLIGA Für Sexual Reform". Disponível em https://web.archive.org/web/20111122131239/http://www2.hu-berlin.de/sexology/gesund/archiv/gif/xwlsr_pl.jpg. Acessado em 14 de janeiro de 2022.

quanto à moralidade sexual, casamento e relacionamento entre homens e mulheres.

Naquela época, não se falava de todas as opções de hoje, e as pessoas sequer tinham uma ideia sobre o que era "gênero". Hirschfeld revolucionou o seu campo de estudo criando termos novos como "travestismo"[20] – para ele, diferente de homossexualidade, já que esses nutriam o desejo de mudar seu sexo[21]. Na verdade, Hirschfeld descrevia uma multiplicidade do que ele chamava de "intermediários sexuais", como hermafroditas, andróginos, homossexuais e travestis – antes considerados um "terceiro sexo" que fugia à norma masculina e feminina[22].

Ao mesmo tempo, algumas das ideias dele já sugeriam a noção de fluidez identitária, que seria explorada em mais detalhes várias décadas depois. Ao falar sobre direitos, Hirschfeld teria dito que

> a mulher que mais precisa de liberdade é aquela que existe em cada um dos homens, e o homem que mais precisa de liberdade é o que existe em cada uma das mulheres[23,24].

Antes de todos os outros, ele deu os primeiros passos rumo à ideia de que o gênero é diferente do sexo[25].

---

20. MEYEROWITZ, *op. cit*, p. 15.

21. *Ibid.*, p. 19.

22. *Ibid.*, p. 26.

23. Como será notado a partir daqui, optamos pelo recuo de citação longa somente quando tais citações derivarem de livros, artigos ou demais referências formais, pois, dado ao grande número de diálogos que o autor transcreve no livro, utilizar do recuo sempre que um diálogo longo aparecesse deixaria o livro disfuncional e até mesmo difícil de ler. Assim sendo, optamos por essa metodologia menos carregada de edição. (N. E.)

24. WEINTHAL, Benjamin. "The Einstein of Sex at 150". *In* Gay City News, 10 de maio de 2018. Disponível em https://www.gaycitynews.com/the-einstein-of-sex-at-150/.

25. MEYEROWITZ, *op. cit.,* p.19.

Os médicos ligados ao Instituto para a Ciência Sexual realizaram algumas das primeiras cirurgias de mudança de sexo nos chamados travestis. Esses avanços foram recebidos com algum apoio popular na Alemanha do entreguerras, onde Hirschfeld "considerava que o seu maior triunfo [...] era a aceitação e o apoio total do governo às suas teorias"[26].

Apesar de algumas notícias sobre essas cirurgias terem chegado ao público norte-americano na década de 1930, a popularização da "transição de gênero" levou anos para entrar no imaginário local[27]. Não foi por falta de tentativa. Hirschfeld viajou por vários países, entre eles Japão, China, Índia, Egito e Estados Unidos[28].

Sua pesquisa e experiências médicas foram interrompidas assim que Hitler chegou ao poder, em 1933. Os nazistas destruíram o Instituto e queimaram todo o seu arquivo e, em 1935, Hirschfeld morreu na França[29].

Hirschfeld é o avô do movimento LGBT contemporâneo. O professor Dagmar Herzog, da Universidade da Cidade de Nova York, explica a influência de Hirschfeld:

> Ele foi o primeiro em muitas coisas: o fundador do primeiro movimento pelos direitos dos gays e lésbicas, o criador da primeira campanha para descriminalizar a homossexualidade, o primeiro a defender explicitamente os direitos dos trans (incluindo a defesa das cirurgias precoces de reafirmação de gênero), o primeiro a lançar um periódico médico dedicado às minorias sexuais, o primeiro a usar o cinema e a literatura panfletária

---

26. *Ibid*, p. 20.
27. *Ibid.*, p. 19.
28. WEINTHAL, *op. cit.*
29. MEYEROWITZ, *op. cit.*, p. 19.

e as palestras para enfrentar o preconceito contra os homossexuais, o primeiro a criar grupos de apoio para quem sente atração pelo mesmo sexo, a fim de facilitar a autoaceitação[30].

Mas ainda havia a questão de como essas teorias novas e subversivas cruzaram o Atlântico e entraram nos Estados Unidos. Isso aconteceu graças a outro precursor da sexologia chamado Harry Benjamin, nascido em 1895, vinte e sete anos depois de Hirschfeld, em Berlim, onde acompanhou a pesquisa das subculturas gays. Em 1913, Benjamin se tornou um especialista em endocrinologia e se mudou para Nova York, visitando Hirschfeld e o Instituto de Ciências Sexuais com regularidade nos anos 1920 e 1930[31]. Ele até mesmo coordenou uma das viagens de Hirschfeld aos Estados Unidos, onde o "Einstein do Sexo" continuou pesquisando as suas teorias.

Benjamin começou oferecendo terapia hormonal a homens que se vestiam como mulheres (*cross-dressers*) e a outros que queriam viver como o sexo oposto daquele com o qual nasceram, em uma época em que as mudanças de sexo eram algo bem fora do comum. Apesar de ter fomentado as primeiras teorias de gênero, Benjamin não as popularizou nos Estados Unidos. Na verdade, ele só escreveu sobre o assunto em 1953, quando registrou que "o sexo nunca é 100% 'masculino' ou 'feminino'". Benjamin também atribuiu a noção do "intersexo" tanto à psicologia quanto às causas naturais[32]. Verdade seja dita, os Estados Unidos das décadas de 1930 a 1950 não era

---

30. WEINTHAL, *op. cit.*
31. MEYEROWITZ, *op. cit.*, p. 45.
32. MEYEROWITZ, Joanne. "Sex Research at the Borders of Gender: Transvestites, Transsexuals, and Alfred C. Kinsey". *In* Bulletin of the History of Medicine 75, no. 1, 2001, p. 83.

um terreno fértil para a ideologia de gênero – e certamente não tão abertos a essas ideias quanto a República de Weimar.

Para que essas ideias tivessem apelo, a noção norte-americana de sexualidade tinha de ser virada de cabeça para baixo. Hirschfeld e Benjamin talvez estivessem desenvolvendo a doutrina e dourando a pílula, mas era preciso uma voz para gritar no deserto e preparar o terreno para o transgenerismo, para pavimentar o caminho da cultura *queer*, e para condicionar as pessoas a essa nova "realidade". Essa voz era a de Alfred Kinsey – amigo pessoal de Harry Benjamin, que recebia dele materiais de pesquisa e que, por sua vez, o recomendava como terapeuta de seus pacientes[33].

★ ★ ★

O caso sexualmente curioso de Alfred Kinsey

Para a minha sorte, uma das autoridades de transgenerismo e ideologia de gênero que entrevistei parecia saber muito sobre Alfred Kinsey. A Dra. Miriam Grossman, psiquiatra especializada em crianças, adolescentes e adultos, pesquisou a história do transgenerismo e da educação sexual, e agora diz ter a missão de defender as pessoas, sobretudo as mais jovens, dos perigos desse movimento.

Conheci a Dra. Grossman na sua casa, em Nova York, onde tivemos uma discussão ampla e fascinante. De acordo com ela, o dique que represava a ideologia de gênero começou a se romper em meados do século XX e, como a maior parte da degradação sexual, seu alvo era as crianças. Antes de receberem tratamento hormonal ou ouvirem dizer que podiam ser um homem nascido num corpo de mulher ou uma mulher nascida

---

33. MEYEROWITZ, *op. cit.*, 2004, p. 46-47.

num corpo de homem, foi preciso que houvesse uma revolução nos conceitos de infância, desenvolvimento e sexo. Kinsey era a pessoa certa para fazer essa revolução.

"Kinsey foi um reformista social, mais do que qualquer coisa, e queria mudar a sociedade Ele pretendia acabar com os valores judaico-cristãos atrelados à sexualidade, e fez de tudo para que isso acontecesse. Diria que teve sucesso".

Nascido em 1894 em Hoboken, Nova Jersey, Kinsey foi o filho tímido de um pai dominador, que acabou indo estudar biologia na Bowdoin College em 1916. De acordo com os biógrafos, sua juventude foi marcada pela frustração sexual. Assim como Hirschfeld, Kinsey era homossexual e se ressentia da criação metodista, que "reprimira" seus desejos[34]. Em pouco tempo, ele se tornou professor de zoologia na Universidade de Indiana, em Bloomington, e começou suas pesquisas sobre o sexo.

Antes, quando as pessoas estudavam a fisiologia do sexo (se é que a estudavam), elas se prendiam à transmissão de doenças venéreas. Ninguém, antes de Kinsey, tentou pesquisar e descrever as práticas sexuais dos norte-americanos. De acordo com essa abordagem, na qual pessoas como Hirschfeld e Benjamin foram pioneiros, o sexo não era controlado pela moral ou verdade, e sim por conceitos como saúde e liberdade. Isso representou um terremoto intelectual que teve consequências profundas não apenas nos Estados Unidos, mas no mundo todo.

O projeto de Kinsey se baseava na ideia de que as pessoas são "seres sexuais do berço ao túmulo", segundo a Dra. Grossman. Isso inclui a infância, claro. Desse modo, o caráter

---

34. PROCOPIO, Mikella. "'Oh! Dr. Kinsey!': The Life and Work of America's Pioneer of Sexology". *In* Corinthian 10, no. 9, 2009. Disponível em https://kb.gcsu.edu/cgi/viewcontent.cgi?article=1078&context=thecorinthian.

sexual das crianças, para Kinsey, precisava ser afirmado e cultivado. "De acordo com ele, quando as crianças e os adolescentes são reprimidos pelos valores judaico-cristãos, as pessoas começam a sofrer horrivelmente", a Dra. Grossman afirmou. Kinsey não tinha credenciais acadêmicas para fazer essa afirmação. Ele não era médico nem psicólogo. Na verdade, era um zoólogo especializado em vespas, as quais ele estudou ao longo de quase dezoito anos[35] antes de voltar sua atenção para o sexo, em 1938. Não seria a última vez que um ideólogo usava a pseudociência para contestar a moral sexual da cultura norte-americana. Seu sucesso inspirou muitos imitadores.

Tudo começou por acaso, quando foi convidado a presidir um comitê acadêmico que elaboraria o currículo de curso sobre sexualidade e casamento. Na época, Kinsey era visto como um homem respeitável e cientificamente rigoroso, e ele aplicou o método que usava para coletar e catalogar vespas no campo do sexo.

Desde o princípio, houve sinais de que não pretendia apenas "seguir a ciência"; ele tinha uma pauta. De acordo com o escritor T.C. Boyle,

> Kinsey atiçou os alunos ao anunciar que a existência de apenas três tipos de anomalias sexuais – abstinência, celibato e consumação adiada – e impressionou a todos mostrando slides de relações sexuais[36].

Antes mesmo do início do seu curso sobre casamento, quando era apenas um colecionador de vespas, ele já perguntava

---

35. *Ibid.*, p. 292-297. Kinsey começou na Indiana University em Bloomington, depois de uma viagem de dez meses coletando vespas; a viagem começou em 1919, o que significa que ele provavelmente começou seu estudo formal com vespas em 1920. Ele encerrou a pesquisa em 1938.

36. *Ibid.*, p. 298.

aos alunos sobre a vida sexual deles[37], e era cada vez mais explícito, chegando até a questionar sobre quando tiveram a primeira experiência sexual antes do casamento e a quantidade de parceiros. Hoje em dia, as pessoas talvez falem livre e orgulhosamente sobre esses assuntos, mas na década de 1930 isso era algo inédito. Enquanto os apoiadores Kinsey viam nisso uma "abertura acadêmica", seus detratores classificavam como *voyeurism*[38].

À medida que o tempo passou, Kinsey começou a coletar mais e mais dados a fim de obter descobertas estatisticamente relevantes, supostamente arriscando tudo para garantir que suas entrevistas gerassem os resultados mais precisos possíveis[39]. De certo modo, Kinsey deu sequência ao método que Hirschfeld aplicou na Alemanha, usando questionários e entrevistas para pesquisar o comportamento sexual dos norte-americanos[40]. Ao longo de sua vida, ele entrevistou pessoalmente oito mil pessoas. Somando à sua equipe, esse número chega a dezoito mil pessoas. Como prova do apoio da elite a seu projeto, mesmo naquela época pré-revolução sexual, Kinsey recebeu financiamento da Rockefeller Foundation para dar continuidade ao seu trabalho[41].

Com o passar dos anos, Kinsey entrou em contato com seus entrevistados e pediu para que enviassem amigos e conhecidos para responderem também. Coincidentemente, isso em certo

---

37. BULLOUGH, Vern L. "Alfred Kinsey and the Kinsey Report: Historical Overview and Lasting Contributions". *In* Journal of Sex Research *35*, no. 2, 1998, p. 129.

38. Indivíduos que sentem prazer em ver, ou saber por outros meios, de relações sexuais de terceiros. (N. E.)

39. PROCOPIO, *op. cit.*, p. 299.

40. MAGNUS-HIRSCHFELD-GESELLSCHAFT E.V "The First Institute for Sexual Science (1919-1933)". Disponível em https://www.magnus-hirschfeld. de/ausstellungen /institute/, acessado em 14 de janeiro de 2022.

41. PROCOPIO, *op. cit.*, p. 310.

momento o levou à mesma subcultura gay de Chicago na qual Hirschfeld havia começado suas pesquisas décadas antes[42].

Depois de anos de trabalho, o primeiro relatório de Kinsey, intitulado *Sexual Behavior in the Human Male* [*Comportamento sexual do ser humano masculino*], foi divulgado em 1948. *Sexual Behavior in the Human Female* [*Comportamento sexual do ser humano feminino*], em 1953.

"As conclusões dele foram publicadas com grande estrondo", me contou a Dra. Grossman, "porque diziam que a forma como achamos que as outras pessoas vivem em termos de sexo é uma mentira". Ao lado de pesquisadores e professores usando jalecos brancos, munidos de diagramas e estatísticas, Kinsey supostamente revelou que todo mundo vivia uma vida dupla.

> Quase todo mundo no país, homens e mulheres, vive uma vida de experimentação e liberdade sexual, com vários parceiros, diferentes sexos, atividades, crianças, bebês, e ele afirmou que a sua pesquisa provava isso,

disse a Dra. Grossman. De acordo com um biógrafo, as descobertas de Kinsey eram "discutidas em casa, no mercado, nas salas de espera e na rádio"[43]. Outro levantou que a maior realização dele "foi questionar boa parte dos pressupostos quanto à atividade sexual nos Estados Unidos"[44]. As muralhas que determinavam como, quando e onde a sociedade podia falar sobre o assunto começava a ruir.

Kinsey desenvolveu uma escala – mais tarde chamada "Escala Kinsey" – que pretendia medir tendências homossexuais numa progressão contínua, afirmando que a ideia de sexualidade é algo fluido e mutável ao longo da vida de uma pessoa[45]. Zero

---

42. *Ibid.*, 300.
43. *Ibid.*, p. 308.
44. BULLOUGH, *op. cit.*, p. 130.
45. PROCOPIO, *op. cit.*, p. 308-309.

significava que uma pessoa não sentia qualquer atração homossexual; seis, que não sentia qualquer atração heterossexual[46]. Três supostamente significava que o sujeito era o que hoje chamamos de bissexual, embora o próprio Kinsey rejeitasse esse termo[47].

Ele dizia que suas pesquisas negavam as noções mais básicas quanto ao casamento. Questionava, por exemplo, se o adultério realmente prejudicava o casamento, afirmando que um caso extraconjugal ideal era quando nenhum dos parceiros se envolvia emocionalmente. A ideia não só é risível como considerada perigosa por qualquer ser humano que viva um casamento bem-sucedido. Aparentemente era como se a "ciência" tivesse comprovado. Kinsey estava tão distante da realidade que, em todos os estudos e entrevistas, quase não demonstrou interesse no objetivo biológico último do sexo: a gravidez[48].

Para entender o impacto dessa pesquisa, a ideia fundamental é a de que milhares de norte-americanos médios e normais responderam perguntas sobre as suas práticas sexuais. Os biógrafos argumentam que Kinsey começou entrevistando indivíduos ricos e de classe média, todos com diploma universitário, e só depois conversou com pessoas pobres[49], embora desse a entender que suas pesquisas se atinham às pessoas mais normais e respeitáveis do país. O autoproclamado objetivo era descrever não o que norte-americanos ordinário deveria fazer na cama de acordo com as velhas normas sociais, e sim o que *efetivamente* faziam.

E o que as pessoas comuns faziam, de acordo com Kinsey, era chocante. Muitos começaram a se perguntar se o Bob e a Susan do outro lado da rua, estatisticamente falando, eram ninfomaníacos, e se práticas sexuais estranhas, no final das

---

46. BULLOUGH, *op. cit.*, p. 130.
47. MEYEROWITZ, *op. cit.*, 2001, p. 85.
48. *Ibid.*, p. 131.
49. PROCOPIO, *op. cit.* , pp. 300 e 303.

contas, não eram tão diferentes assim. Se tanta gente agia assim e a sociedade ainda era funcional – e, bom, normal –, talvez todos os tabus e regras que pareciam controlar o sexo não fizessem sentido e eram restrições hipócritas.

Só que isso era tudo mentira. Foram necessários anos, mas uma pesquisadora chamada Judith Reisman revelou a verdade. "Kinsey entrevistou predadores sexuais condenados pela justiça", contou a Dra. Grossman. "Ele ia até as prisões e entrevistava pedófilos e estupradores, procurava prostitutas... Experiências horríveis foram feitas com crianças de menos de um ano de idade. Em termos diretos, foram abusadas sexualmente". De acordo com ela, toda a metodologia aplicada era um engodo.

Além disso, a atenção de Kinsey às perversões sexuais tinha origem na mesma força de sempre: ele mesmo era um pervertido sexual vivendo a vida que dizia que o norte-americano comum viva. Não se tratava de conjectura. Até mesmo o *New York Times* publicou:

> Kinsey teve casos com homens, encorajava o casamento aberto entre os membros da sua equipe, estimulava-se enfiando coisas na uretra e filmava relações sexuais no sótão de sua casa[50].

A teoria da Dra. Grossman é a de que ele pretendia racionalizar as próprias perversões. "O que ele queria era poder dizer: 'Não, não pode ser apenas comigo. Todo mundo é assim. Todo mundo é assim, não apenas eu'. Ora, eu sou psiquiatra e, para mim, está claro que essa era a motivação dele".

---

50. CRAIN, Caleb. "Alfred Kinsey: Liberator or Pervert?". *In* New York Times, 3 de outubro de 2004. Disponível em https://www.nytimes.com/2004/10/03/movies/alfred-kinsey-liberator-or-pervert.html.

★ ★ ★

A obsessão de Kinsey pelas crianças

Mais estranho do que tudo é a pesquisa de Kinsey sobre sexualidade infantil. De acordo com Reisman e o Instituto de Proteção às Crianças, o livro que ele publicou em 1948 sobre a sexualidade masculina continha cinco tabelas com dados sobre "orgasmos múltiplos em homens pré-adolescentes". O que é um "homem pré-adolescente"? A tabela esclarece isso listando crianças de dois meses de idade até menos de catorze anos, destacando quantos "orgasmos" foram "observados" nelas[51].

Esses dados foram obtidos de pedófilos que "mantiveram relações sexuais com meninos" e que eram capazes de "reconhecer e interpretar as experiências deles"[52]. Reisman deu mais detalhes, notando que os criminosos "usavam cronômetros e faziam anotações meticulosas que eram repassadas a Kinsey"[53].

Mas ele não registrou apenas a quantidade de orgasmos. Numa linguagem fria e clínica, descreveu o que acontecia com esses meninos:

> Tensão extrema com convulsões violentas. Geralmente envolvendo a contorção de todo o corpo. Descrições dadas por vários entrevistados indicam que as pernas ficavam rígidas, com os músculos contraídos e os dedos do pé esticados [...] olhos arregalados ou fechados, as mãos fechadas, a boca distorcida [...] o corpo todo ou partes do corpo em espasmos [...] Choro e gritos

---

51. G.G. V. GLOUCESTER COUNTY SCHOOL BOARD. No. 15-2056, 2017, pp. 10-11. Disponível em https://www.aclu.org/sites/default/files/field_document/liberty_counsel_a micus.pdf.

52. KINSEY, Alfred, *et al. Sexual Behavior in the Human Male*. Bloomington: Indiana University Press, 1948. p. 160.

53. *Ibid.*

> violentos, às vezes com lágrimas (sobretudo entre as crianças mais novas) [...] em alguns indivíduos, os espasmos podiam durar vários minutos (em um caso, até cinco minutos)[54].

Embora Kinsey sempre tenha dito que apenas descrevia a realidade, sem maiores análises, e embora teoricamente ele pode não ter pedido esses dados – apenas recebido –, essa pesquisa descreve o que só pode ser considerado abuso sexual infantil. Seja qual for o caso, Kinsey dizia que o chamado "sexo intergeracional" – um eufemismo para abuso infantil – não representava um perigo grave para as crianças [55].

O fato é que isso não era um detalhe na pesquisa de Kinsey, mas sim uma característica marcante dela. "Combina com a pauta dele porque, se crianças são seres sexuais e gostam de atividades sexuais, o que haveria de errado num adulto praticando essas coisas?", disse a Dra. Grossman.

Jonathan Gathorne-Hardy, um dos biógrafos de Kinsey, escreveu que "teoricamente, portanto, para Kinsey não havia nada de intrinsecamente errado no sexo entre uma criança e um adulto"[56]. Assim como a maioria dos ideólogos sexuais contemporâneos, a única proteção contra a pedofilia era a ideia de "consentimento", ainda que isso não explique como uma criança seria capaz de consentir com os avanços sexuais de um adulto[57].

Perguntei para a Dra. Grossman se havia algo de cientificamente válido na pesquisa de Kinsey. "Talvez na pesquisa sobre vespas", respondeu ela. "Acho que, no campo da sexualidade, ele era uma fraude".

---

54. *Ibid.*
55. BULLOUGH, *op. cit.*, p. 130.
56. PROCOPIO, *op. cit.*, p. 321.
57. *Ibid.*

Infelizmente essas mentiras só foram reveladas muito tempo depois. Enquanto isso, Kinsey foi apelidado de "o pai da revolução sexual", e a elite adotou as suas descobertas como um fato, transformando-as na essência de sua ideologia sexual. As suas teorias sobre a sexualidade infantil começaram a contestar ideias tradicionais sobre desenvolvimento sexual, papéis dos gêneros e atração entre seres humanos. Os atos abusivos e pervertidos de um pedófilo criaram uma aura de que tudo é permitido no que diz respeito ao sexo[58].

Se crianças são seres sexuais e se, de acordo com a pesquisa de Kinsey, todo mundo se envolve em todos os tipos de práticas, quem há de dizer que crianças só desejam ou só se envolvem em práticas heterossexuais?

Adultos com suas próprias preferências e fantasias sexuais começaram a projetar esses desejos e confusões nas crianças. Daí à ideia de que as crianças nascem com gênero fluido foi um pulo. Todas as nossas noções culturais quanto ao sexo foram questionadas e refutadas. As velhas regras já não mais se aplicavam. Era um admirável mundo novo, e ideias e teorias que antes teriam sido imediatamente rejeitadas, de repente se tornaram possíveis.

Apesar de as portas estarem começando a se abrir para a ideia do transgenerismo, o próprio Kinsey não aprovava as cirurgias genitais numa tentativa de mudar o sexo alheio. Ele escreveu que

> um homem não pode se tornar mulher por quaisquer meios cirúrgicos. Em outras palavras, seria inútil

---

58. RHODES, Richard. "Father of the Sexual Revolution". *In* New York Times, 2 de novembro de 1997. Disponível em https://www.nytimes.com/1997/11/02/books/father-of-the-sexual-revolution .html.

tentar amputar seus órgãos masculinos e implantar uma vagina[59].

Essa afirmação faria com que ele fosse imediatamente cancelado nos dias de hoje. Naquela época, o travestismo era uma novidade, de modo que passou por isso incólume.

Apesar de rejeitar as cirurgias de mudança de sexo, Kinsey se interessava muito pelo que hoje é chamado de transgenerismo. Enquanto publicava as suas duas obras sobre o comportamento sexual de homens e mulheres, começou a ir além do estudo de hétero e homossexuais, analisando aqueles que praticavam o fetiche do *cross-dressing* (isto é, que se vestiam como o sexo oposto) e se identificavam como "pessoas de gênero cruzado"[60]. A pesquisa dele sobre isso não consta de suas obras fundamentais, por isso a popularidade dessa visão sobre o tema não foi imediata[61]. Ainda assim, seus estudos pareciam estar progredindo com um caminho natural.

Até onde se sabe, mesmo Kinsey, por mais transgressor que ele fosse, não considerava as chamadas "pessoas de gênero cruzado" uma categoria a parte, e com certeza não imaginava que elas fossem um fenômeno extremamente comum[62]. No começo da década de 1950, demonstrou um interesse maior pelos travestis e trabalhou com uma, chamada Louise Lawrence, que o pôs em contato com uma rede de travestis de todo o país[63].

Apesar de ter entrevistado cem homens que se consideravam mulheres, onze mulheres que se consideravam homens e dez homens que realmente haviam se submetido a cirurgias de

---

59. MEYEROWITZ, *op. cit.,* 2004, p. 88.

60. *Ibid.*, p. 72.

61. *Ibid.*, p. 74.

62. *Ibid.*

63. *Ibid.*, p. 77.

mudança de sexo em uma tentativa de se tornarem mulheres, Kinsey publicou apenas alguns parágrafos sobre o assunto em sua segunda obra, *Sexual Behavior of the Human Female* [Comportamento Sexual da Fêmea Humana], em 1953. Um detalhe que ele percebeu foi o de que "a maior parte dos travestis é de indivíduos anatomicamente homens que querem assumir papéis femininos". Ele estimava que apenas de 2% a 6% dos travestis eram anatomicamente mulheres[64]. Isso vai totalmente contra a tendência atual, na qual as meninas têm adotado o transgenerismo aos montes. Trataremos disso mais à frente.

Kinsey morreu em 1956, antes de conseguir ampliar sua pesquisa sobre os travestis como fez com o comportamento sexual de homens e mulheres. Desse modo, o bastão que ele carregava teve de ser assumido por outra pessoa.

Como escreveu o historiador e sexólogo Vern Bullough no periódico *Journal of Sex Research* [*Diário de Pesquisa Sexual*], Kinsey está "no panteão dos pioneiros" da sexologia no século XX. Enquanto "descreveu a variedade do comportamento sexual dos norte-americanos", outra pessoa "avançou e criou a teoria do desenvolvimento sexual, dando ênfase à interação e interdependência de fatores sociais, psicológicos e biológicos"[65], amarrando as pontas soltas das primeiras hipóteses da ideologia de gênero, transformando-a num todo coeso. Seu nome era John Money, ele é considerado o pai do que é chamado "ideologia de gênero" hoje em dia.

---

64. *Ibid.*, p. 87.
65. BULLOUGH, Verne. "The Contributions of John Money: A Personal View". *In* Journal of Sex Research 40, no. 3, 2003. Disponível em https://www.jstor.org/stable/3813317.

CAPÍTULO 3

John Money

Antes de John Money, apenas um grupo reduzido de pessoas, como Magnus Hirschfeld e Alfred Kinsey, insinuava a criação da dita "ideologia de gênero" e do transgenerismo. Ideologias que ainda não haviam assumido a forma atual. Foi John Money quem reuniu as peças desse quebra-cabeça. Na verdade, foi o primeiro a usar "gênero" como um termo dissociado de "sexo".

Ao longo de minhas conversas, poucas pessoas o mencionaram. Será que não queriam falar sobre ele? Eu estava desesperado por resposta, por isso investiguei mais a fundo. Decidi começar de onde havia parado.

★ ★ ★

Seguindo Money

Parece que John Money tinha algumas ligações com Alfred Kinsey. Ele era considerado um dos pesquisadores mais importantes do "Instituto de Pesquisas Sexuais" de Kinsey (rebatizado de "Instituto Kinsey de Pesquisas Sexuais" depois de sua morte)[66]. Money foi na verdade mentor de June Reinish[67],

---

66. REISMAN, Judith. "Kinsey: Crimes and Consequences: The Red Queen and the Grand Scheme". *In* Hartline Marketing, 1998, pdf, p.170.
67. *Ibid.*, 344.

a segunda diretora do instituto depois da morte do fundador[68]. Todo o arquivo de Money – incluindo seus manuscritos, artigos, entrevistas para a imprensa, palestras, cartas, e mais – estão guardados na biblioteca do Instituto Kinsey[69].

John Money também tinha conexões com Harry Benjamin – uma das pessoas que servia de ponte entre Hirschfeld e Kinsey. Money fez parte da equipe de Harry Benjamin que pesquisou o transexualismo entre os anos de 1964 a 1967[70], e trabalhou em parceria com a Fundação Harry Benjamin a fim de receber pacientes indicados pela instituição[71].

Dito isso, Money talvez não fosse o maior admirador de Kinsey. Certa vez, ele disse que "o efeito acumulado da forma como Kinsey se comunicava com as pessoas parece calculado para gerar antagonismo"[72]. Ainda assim, eles mantinham laços profissionais e circulavam pelos mesmos ambientes, o que não é de surpreender ninguém, já que os lugares que abrigavam sexólogos libertinos e coletores de vespas eram limitados aos mesmos lugares em meados do século XX.

Quando toquei no nome dele para a Dra. Forcier, ela assumiu uma postura defensiva e de menosprezo. "John Money foi um dos primeiros a construir uma obra sobre o gênero, bem como sobre o que aprendemos com a comunidade intersexo", disse ela, "e é bastante impressionante". Outros o descreveram como "um verdadeiro pensador", um "pioneiro no sentido mais

---

68. "LEARN Our History, Kinsey Institute". Disponível em https://kinsey institute.org/about/history/index.php, acessado em 14 de janeiro de 2022.

69. "PROGRAM In Human Sexuality". University of Minnesota. Disponível em https://web.archive.org/web/20150724204551/http://www.sexualhealth.u mn.edu/education/john-money/bio, acessado em 24 de julho de 2015 e 14 de janeiro de 2022.

70. DOWNING, Lisa, MORLAND, Iain, SULLIVAN, Nikki. *Fuckology: Critical Essays on John Money's Diagnostic Concepts*. University of Chicago Press: Chicago, 2014. p. 4.

71. MEYEROWITZ, *op. cit.*, 2001, p. 219.

72. LARIAR, Lawrence. *Oh! Dr. Kinsey!*. Cartwrite Pub. Co.: Michigan, 1953. p. 295

verdadeiro da palavra", alguém que "estava comprometido com os direitos dos indivíduos".

Isso queria dizer que ele não era um psicopata pervertido como Kinsey? Fui pesquisar a história de Money e descobrir o que ele fez para se tornar o "pai da ideologia de gênero"[73].

Nascido na Nova Zelândia em 8 de julho de 1921, Money foi mais um sexólogo que viveu uma infância supostamente problemática[74], "criado por um pai alcoólatra e violento que espancava ele e sua mãe com frequência", me disse a Dra. Grossman. "Ou seja, foi bastante exposto à violência doméstica". Ela especulou que, como resultado disso, Money desenvolveu o que hoje é chamado de "disforia de gênero" – um grave desconforto com o próprio sexo. "O principal modelo masculino dele era um monstro. Ele convivia mais com as mulheres da família porque o pai aterrorizava todo mundo", explicou. "Money escreveu que sofria por ter sido marcado pela vilania só por ter nascido homem". Mas essa não é uma citação direta. Pesquisei o que Money teria dito: "Sofri a culpa de ser homem. Eu vestia a marca da vilania sexual masculina"[75]. Não por acaso, ele se casou apenas uma vez, na década de 1950, logo se divorciando[76].

Enquanto psiquiatra, a Dra. Grossman percebia uma tendência comum. "Dá para perceber, ao analisar a psiquê tanto de John Money quanto de Alfred Kinsey, o sofrimento pelo qual passaram e como inventaram teorias que lhes dariam algum alívio para essa dor".

---

73. EHRHARDT, Anke. "John Money, Ph.D". *In* The Journal of Sex Research 44, julho de 2007, p. 223-224 DOI:10.1080/00224490701580741.

74. DOWNING, *op. cit.*, p. 4.

75. COLPATINO, John. *As Nature Made Him*. Harper Perennial: New York, 2000. p. 27.

76. CAREY, Benedict. "John William Money, 84, Sexual Identity Researcher, Dies". *In* New York Times. 11 de julho de 2006. Disponível em https://archive.md/sR2i6#selection-497.115-497.205, acessado em 4 de janeiro de 2013.

Depois de se formar pela Universidade Victoria, em Wellington, com diploma de professor e dois mestrados – um em educação e outro em filosofia e psicologia – Money trabalhou alguns poucos anos no departamento de psicologia da Universidade de Otago, em Dunedin. Em 1947 ele migrou para os Estados Unidos, onde acabou entrando para o programa de pós-doutorado de Harvard. O tema de sua dissertação acompanhou o seu principal interesse: "Hermafroditismo: uma investigação sobre a natureza de um paradoxo humano"[77].

O objetivo era estudar algo chamado de "intersexo", uma condição, de acordo com a Dra. Grossman, "em que uma pessoa tem tanto os órgãos sexuais masculinos e femininos. Antes, isso era chamado de hermafroditismo e hoje, de intersexo". Era um campo de estudo legítimo, já que alguns bebês nascem com essa característica. Ainda de acordo com ela, a quantidade é bastante reduzia. "Bebês intersexo são cerca de um em dez mil partos", disse. A partir dessa população reduzida, Money criou uma hipótese extremamente ousada.

"John Money elaborou a teoria de que todos nós nascemos hermafroditas, ao menos psicologicamente", me disse a Dra. Grossman. Na prática, a natureza não significa nada e a cultura é o único aspecto que influencia como alguém é levado a pensar em si mesmo como homem ou mulher. Isso se encaixa perfeitamente nas teorias contemporâneas dos papéis de gênero – sem falar na própria ideia de masculinidade e feminilidade – como "uma construção social". Se a cultura é tudo, então não há um motivo real e biológico para que uma menina prefira brincar com bonecas e um menino prefira brincar com carrinhos.

---

77. No original: *Hermaphroditism: An Inquiry into the Nature of a Human Paradox*. (N. E.)

A Dra. Grossman especulou por que Money defendeu essa teoria com tanta astúcia. "Quando John Money elaborou a teoria de que todos nascemos hermafroditas, de que, ao menos psicologicamente, poderíamos ser tanto homens quanto mulheres, para ele isso era a resposta ao seu sofrimento, ao fato de não querer se identificar como homem, como um pai, como o seu pai".

Apesar de a Dra. Grossman obviamente discordar de Money, ela disse que a teoria dele era ligeiramente mais crível quando foi apresentada. "Na época em que John Money criou isso [a teoria de que apenas a cultura importa, e não a natureza], era quase possível acreditar", disse, "porque não tínhamos como analisar os cromossomos X e Y da maneira que fazemos hoje".

É importante notar que, apesar de as teorias de Money terem implicações óbvias para a ciência, medicina e sociedade, ele era um psicólogo, e não um médico ou cirurgião, ou um biólogo[78]. De certa forma, se dissociavam da biologia porque, por instrução, Money se atinha apenas aos aspectos comportamentais.

"Nos indivíduos intersexo", escreveu Joanne Meyerowitz em *How Sex Changed*[79] [*Como o sexo mudou*], livro que conta a história da sexualidade nos Estados Unidos,

> a sensação de ser homem ou mulher não é resultado da ação de hormônios, gônadas, cromossomos e outras variáveis físicas, argumentavam eles [Money e seus assistentes Joan e John Hampson], e sim do sexo conferido ao recém-nascido e como ele posteriormente seria criado.

---

78. *Ibid.*
79. MEYEROWITZ, Joanne. *How Sex Changed: A History of Transsexuality in the United States*. Harverd University: Massachusetts, 2004. (N. E.)

Coisas como hormônios, escreveu Money, "não têm efeito direto na orientação ou tipo da tendência. Pressupõe-se que a tendência seja determinada pela experiência"[80].

Como escreveu o *New York Times* em 1973, ao discutir as "descobertas" de Money, "se você disser a um menino que ele é menina e o criá-lo como mulher, ele irá querer coisas femininas"[81].

Como resultado disso, Money e sua equipe escolheram usar a palavra "gênero" como algo psicologicamente igual a "sexo". ele definia o sexo de acordo com seis fatores: determinado quando do nascimento, a genitália, a estrutura reprodutiva interna, características hormonais e sexo cromossomático[82]. Essas distinções ainda são usadas e foram ampliadas, de acordo com o que disse a Dra. Marci Bowers, a cirurgiã especialista em mudança de sexo com quem conversei na Califórnia. "Há ao menos doze parâmetros biológicos diferentes. Há o sexo cromossomático, hormonal, anatômico etc.".

De acordo com o sistema de Money e Bowers, todas essas categorias do sexo biológico são iguais às do gênero. Meyerowitz escreveu que,

> em 1955, Money usava o termo "papel de gênero" para se referir a "todas aquelas coisas que uma pessoa

---

80. DOWNING, Lisa, MORLAND, Iain, SULLIVAN, Nikki. "Pervert or Sexual Libertarian?: Meet John Money, 'the Father of F***ology". *In* Salon, 4 de janeiro de 2015. Disponível em https://www.salon.com/2015/01/04/pervert_or_sexual_libertarian_meet_john_money _the _father_of_fology/.

81. COLLIER, James Lincoln. "Man and Woman Boy and Girl". *In* New York Times, 25 de fevereiro de 1973. Disponível em https://www.nytimes.com/1973/02/25/archives/man-and-woman-boy-and-girl-by-john-money--and-anke-a-ehrhardt.html.

82. MONEY, HAMPSON e HAMPSON. "An Examination of Some Basic Sexual Concepts: The Evidence of Human Hermaphroditism". *In* Bull Johns Hopkins Hosp. 97, no. 4, 1955. Disponível em https://pubmed.ncbi.nlm.nih.gov/13260820/, acessado em 22 de novembro de 2021.

diz ou faz para se identificar como menino ou homem, menina ou mulher" e "gênero" para se referir à "aparência, comportamento e orientação sexual"[83].

Em conclusão, o sexo era a biologia e o gênero, tudo o mais – e as duas coisas não combinavam.

Não que "gênero" seja um neologismo. O termo já era usado antes, em geral como uma forma de descrever se as palavras em outros idiomas eram masculinas ou femininas. Em última análise, a raiz da palavra está, ironicamente, em "gene" e "gênero" no sentido da classificação de animais e objetos[84]. Então como foi que esse termo da linguística e da taxonomia ganhou um sentido totalmente diferente – para se referir a algo que tem sido usado hoje em dia como um instrumento de destruição de distinções científicas e como uma forma de acabar com a nossa capacidade de ordenar e entender as coisas, entre elas a definição da palavra "mulher"?

Vou deixar que John Money fale por si mesmo em seu estilo confessadamente enigmático.

> Como as diferenças entre os sexos não são apenas genitais, apesar de elas possivelmente terem origem secundária nos órgãos reprodutores, percebi a necessidade, há trinta anos, de uma palavra para classificá-las. Essa palavra acabou incorporada ao vernáculo, "gênero"[85].

---

83. MEYEROWITZ, *op. cit.*, 2004, p. 114.

84. GENDER. "Online Etymology Dictionary". Disponível em https://www.etymonline.com/word/gender, acessado em 14 de janeiro de 2022.

85. "JOHN Money, Gay, Straight, And In-Between". *In* Oxford: Oxford University Press, 1988. Disponível em https://books.google.com/books/about/Gay_Straight_and_In_between.html?id=8nTE_989I_cC, p. 77..

Ironicamente, Money usou uma palavra que pretendia estabelecer ordem e a mudou para gerar confusão e desordem. Não seria a primeira nem a última vez em minha jornada que eu me depararia com defensores dessa ideologia violentando ou usando indevidamente a linguagem.

A Dra. Grossman se aprofundou na teoria dizendo que "a ideia que Money desenvolveu para o mundo, na qual ele trabalhou toda uma vida para promover e provar era a de que, quando um bebê nasce, seu gênero é neutro, ele não tem identidade masculina ou feminina. Isso é algo que se desenvolve nos primeiros anos de vida, dependendo da mensagem que ele recebe dos pais, da escola e da sociedade". De acordo com essa hipótese, o fato de uma pessoa agir como homem ou mulher (seja lá o que signifiquem esses termos) é determinado não pela biologia ou psicologia, mas sim pela criação.

Se é assim, então o que significa dizer que uma pessoa se comporta como homem ou como mulher? Money separou os papéis de gênero da realidade física ou biológica. Para usar as palavras da Dra. Forcier, são todos "uma construção social arbitrária, sinais que você dá". A Dra. Bowers foi além, afirmando que as cirurgias de mudança de sexo "não tornam uma pessoa homem ou mulher", e não porque seja impossível, e sim porque o sexo "está mais para uma construção social". Os defensores da ideologia de gênero seguem todos o mesmo roteiro, escrito por John Money.

Meyerowitz estabeleceu uma relação direta entre essa teoria e Kinsey:

> Alfred Kinsey e seus colegas rejeitavam a teoria da bissexualidade humana e as teorias psicanalíticas do desenvolvimento da personalidade. Eles diziam que a maior parte do comportamento sexual humano, incluindo o homossexualismo e o travestismo, eram resultado do

"aprendizado e condicionamento". Da mesma forma, em seus estudos dos intersexos, Money e Hampson apontaram a formação social como fonte do gênero[86].

Um se inspirou no outro.

Nos primeiros trabalhos de Money, ele não parecia distinguir gênero e sexo numa tentativa de subverter os papéis tradicionais do homem e da mulher na sociedade, nem como uma desculpa para prejudicar o entendimento das pessoas quanto ao seu próprio sexo. Na verdade, em um de seus primeiros estudos, intitulado *Incongruous Gender Roles*[87] [*Papéis de gênero incoerentes*], John Money escreveu que, para criar bem uma criança, você deve "orientá-la, desde o nascimento, de acordo com seu papel de gênero biológico e culturalmente aceito", e que os pais deveriam "exemplificar os respectivos papéis" também[88].

Mas se é mesmo arbitrário, não é de se surpreender que a lógica do "papel de gênero biológico e culturalmente aceito" seria subvertida. Obviamente, a ideia popular atual é de que as crianças são apenas tábulas rasas quando nascem no que diz respeito ao gênero, e devem ser criadas em ambientes andróginos e estimuladas pelos pais a escolher seu próprio gênero – e dar continuidade a esse ciclo por meio de uma infinidade de opções à medida que se desenvolvem. Essa ideia remonta claramente a John Money.

"O gênero é uma percepção, um sentimento", disse a Dra. Grossman, explicando como funciona a teoria de Money. "É uma forma de identificação. Isso é subjetivo, cabe à pessoa e pode mudar de um dia para o outro".

---

86. MEYEROWITZ, *op. cit.*, 2004, p.114-115.

87. GREEN, Richard A.B.2; MONEY, John Ph.D.2. "Incongruous Gender Role: Nongenital Manifestations in Prepubertal Boys". The Journal of Nervous and Mental Disease 131(2): p 160-168, August 1960. (N. E.)

88. *Ibid.*, p. 125.

A suposta descoberta de Money causou um impacto tão grande na sociedade que o jornalista e escritor James Lincoln Collier, do *New York Times*, escreveu que a pesquisa de John Money "é a obra mais importante das ciências sociais desde os relatórios de Kinsey"[89].

As teorias de Money evoluíram aos poucos. Por exemplo, se a princípio apenas a criação definia se a pessoa agiria como homem ou mulher, mais tarde, desenvolveu-se a ideia de que hormônios pré-natais também influenciavam o comportamento[90], escancarando as portas para experiências nessa área. Mas a base de suas ideias continuava sendo a teoria de que gênero é diferente de sexo e é muito mais maleável do que as pessoas imaginam.

★ ★ ★

Os objetivos políticos (e sexuais) de Money

Assim como muitos cientistas populares, Money não era um observador isento da pesquisa, dos dados e dos fatos. Tal qual Hirshfeld e Kinsey, tinha uma pauta política. Meyerowitz escreveu que

> John Money se via como um pioneiro que rejeitava os vestígios do puritanismo vitoriano e que defendia a liberdade sexual. Algumas pessoas o viam como um homem brilhante e carismático, outros o odiavam com alguma intensidade. Ele era confiante a ponto de passar por arrogante[91].

Essa não é a postura de um cientista. Claro que a forma como uma pessoa é criada e a existência dos papéis de gênero ajudam a determinar a maneira como homens e mulheres agem

---

89. COLLIER, *op. cit,*
90. *Ibid.*
91. MEYEROWITZ, *op. cit.* p. 219.

na sociedade. Mas alguém sensato pode mesmo afirmar que não há nada de inato em ser uma mulher? Os seres humanos são mesmo apenas uma combinação bizarra e arbitrária de aprendizado e condicionamento, com uma pitada de hormônios no meio?

Começaram a surgir provas de que Money estava tomado por uma espécie de orgulho prometeico. A princípio, percebi como ele tratava a linguagem. Apesar de Money dizer que se inspirava em Ernest Hemingway, elogiando "a economia de palavras e o estilo limpo"[92], ele não apenas cunhava termos quando achava necessário, mas também mudava significados de modo que se encaixassem em sua narrativa. Isso ia além de ter criado o termo "gênero".

Ele alterou a expressão "preferência sexual", antigamente usada para se referir à opção por certo parceiro sexual, para "orientação sexual", sugerindo que o indivíduo não tem escolha, porque se trata de algo determinado quando do nascimento.

Vários outros termos cunhados por Money não entraram para o dicionário, mas ainda assim revelam sua forma de pensar. Por exemplo, ele tentou mudar a palavra "perversão" para "parafilia"[93] –combinação grega dos termos "amor" (filia) e "além de" (para). A ideia era a de que as perversões sexuais – aquilo que a maioria das pessoas considera degradante ou ofensivo, como o sadomasoquismo – não são nojentas nem anormais. São apenas uma expressão do "amor" que opera "para além" do que a sociedade educada considera respeitável. Apesar de o termo de Money não ter se popularizado, a ideia por trás dele sim, como se vê.

---

92. DOWNING, MORLAND, e SULLIVAN, *op. cit.*

93. JOHN MONEY, LOVEMAPS: *Clinical Concepts of Sexual/Erotic Health and Pathology, Paraphilia, and Gender Transposition in Childhood, Adolescence, and Maturity.* Prometheus Books: Buffalo, 2012. Disponível em https://books.google.com/books/about/Lovemaps.html?id=2HsQ9FrHYZAC.

Em pouco tempo encontrei a alteração semântica mais incômoda feita por Money. No livro *The Adam Principle* [*O princípio Adão*], Money diferencia "sadismo pedófilo" de "pedofilia afetuosa"[94], que supostamente quer dizer que um parceiro mais jovem numa interação sexual nutre afeto pelo parceiro mais velho – como se isso tornasse aceitável a relação.

No livro, Money se aprofunda na discussão sobre a pedofilia, sem jamais condená-la – desde que não haja violência. Na verdade, ele escreveu que pedófilos e as crianças das quais abusam podem até ter uma experiência do tipo "felizes para sempre". "Para os dois parceiros numa relação de pedofilia", escreveu Money,

> o envolvimento na interação erótica-sexual sincera [que se dá quando a pessoa mais jovem é velha demais para excitar o pedófilo] não determina o estranhamento completo, e sim permite a continuidade de uma amizade não-erótica-sexual[95].

Analisando os comentários aparentemente pró-pedofilia de Money, não é de se admirar que ele tenha reclamado sobre como "a idade legal da infância foi aumentada pelo Congresso [pela Lei de Proteção à Infância de 1984], de modo a facilitar e ampliar a acusação em casos de pedofilia"[96].

Entende? Money achava que o Congresso aumentou a idade do que consideramos "crianças" só para haver mais perseguição – e não para protegê-las dos ataques predatórios dos adultos.

---

94. MONEY, John. *The Adam Principle.* Prometheus Books: Buffalo, 1993. p. 204 e 206.

95. *Ibid.*, p. 206.

96. *Ibid.*, p. 204.

Eu achava que isso não poderia piorar, mas em pouco tempo descobri que Money não estava apenas fazendo distinção entre *tipos* diferentes de pedofilia, com a intenção clara de fazer com que alguns soassem mais aceitáveis do que outros. Ele tampouco estava escondendo seu apoio à ideia de que meninos e meninas podem ter relações sexuais com homens e mulheres mais velhos sem qualquer tipo de impacto negativo. Em certo momento, deixou explicitamente claro que apoiava o abuso sexual de menores. "Se eu estivesse diante do caso de um *menino de 10 ou 11 anos*", disse Money (grifos meus), "que sente uma intensa atração erótica por um homem de seus vinte ou trinta anos, e se a relação e a atração são mútuas, eu não chamaria isso de um caso patológico de jeito nenhum"[97].

Claro que é impossível que um menino de dez ou onze anos tenha uma relação mútua com um homem de trinta e cinco anos. Crianças dessa idade são incapazes disso, tanto física quanto emocionalmente, e não deveriam se submeter aos desejos de homens três vezes mais velhos.

O apoio de Money à pedofilia vai muito além do exercício de desmantelar o puritanismo vitoriano. Trata-se de uma destruição em larga escala de quaisquer proteções morais, e o resultado disso equivale a jogar os mais vulneráveis e inocentes da nossa sociedade – as crianças – aos lobos, para que sejam expostas aos desejos pervertidos daqueles que as cercam. Ah, e tudo isso vem com o selo de aprovação da "ciência" praticada por um dos mais importantes sexólogos do mundo.

Estava ficando claro que a anarquia sexual completa não é uma corrupção do projeto do movimento trans nem da revolução sexual. Na verdade, o exercício irrestrito do desejo está

---

97. "FAMOUS Quotes On Boylove". Disponível em https://www.ipce.info/library/miscellaneous/famous-quotes-boylove, acessado em 14 de janeiro de 2022.

na essência do projeto de liberação sexual – e o transgenerismo é só uma parte desse movimento.

De repente, me lembrei de Alfred Kinsey. Quem foi que denunciou Kinsey mesmo? Sim, foi Judith Reisman. Peguei a pesquisa dela e encontrei algo que tinha ignorado nas notas de rodapé. Era a história de como Reisman apresentara suas descobertas durante o Quinto Congresso Mundial de Sexologia, realizado em Jerusalém em 1981[98].

Na conferência, apresentou um artigo intitulado "The Scientist as Contributing Agent to Child Sexual Abuse: A Preliminary Consideration of Possible Ethics Violation"[99] [O Cientista como Agente Colaborador do Abuso Sexual Infantil: um Estudo Preliminar de Possíveis Violações Éticas], e mostrou ao mundo as experiências sexuais de Kinsey envolvendo crianças – incluindo os detalhes horríveis dos chamados "orgasmos dos pré-adolescentes". Ela exibiu slides das tabelas tiradas do livro de Kinsey para a plateia restrita. Ao fim da apresentação, todos ficaram em silêncio.

Foi quando um repórter sueco apareceu. De acordo com Reisman, ele "atravessou a sala e declarou aos presentes, todos líderes no campo da sexualidade humana e vindos de vários países, com Inglaterra, Noruega, Suécia, Dinamarca, Irlanda, França, Canadá, Alemanha e Estados Unidos, que a revelação do envolvimento de Kinsey com crianças era uma 'bomba atômica', e exigiu que as pessoas explicassem como podiam ser tão omissas".

---

98. REISMAN, *op. cit.*, p. 262-263.

99. O texto original pode ser encontrado no seguinte link: https://www.researchgate.net/publication/242722696_THE_SCIENTIST_AS_CONTRIBUTING_AGENT_TO_CHILD_SEXUAL_ABUSE_A_PRELIMINARY_CONSIDERATION_OF_POSSIBLE_ETHICS_VIOLATIONS. (N. E.)

John Money deu uma palestra na mesma conferência e ficou sabendo do que estava acontecendo. Ele teve a oportunidade de falar claramente em defesa das crianças. Poderia ter denunciado o abuso de menores, sabendo que nenhum sistema moral digno do nome aceitaria esse tipo de violência em nome de um suposto ganho científico. Poderia ter feito isso e várias outras coisas. Mas Money abriu as portas do salão principal, subiu ao palco, pegou o microfone e falou para a multidão.

"Se essa mulher puder continuar a falar assim, a sexologia e a educação sexual retrocederão duzentos anos", disse John Money, de acordo com Riesman. Ele destacou que o sustento dos cientistas, por ele chamados de "estudantes do sexo", dependia da proteção da reputação de Kinsey – o "pai da revolução sexual".

John Money defendeu a pedofilia. Ele tentou eliminar a ideia de que pode existir uma coisa chamada perversão sexual. Ali, em Jerusalém, diante do salão lotado, defendeu abertamente o abuso sexual de crianças a fim de proteger as pesquisas do campo.

★ ★ ★

A ascensão das operações de mudança de sexo

Money estava claramente determinado a normalizar condutas sexuais que antes escandalizavam as pessoas. Nesse sentido, seu maior sucesso foi popularizar algo que antes seria considerado um impensável projeto do Dr. Frankenstein: as cirurgias de mudança de sexo.

John Money não foi o primeiro a realizar uma operação desse tipo, mas ele se esforçou ao máximo para tornar a ideia palatável. Tudo começou com a parceria entre Money e o hospital Johns Hopkins, onde ele começou a trabalhar na Faculdade de Medicina em 1951 e permaneceu como professor emérito de psicologia e de pediatria por mais de meio século, até sua morte, em 2006.

Em meados dos anos 1960, o hospital Johns Hopkins empregou John Money e seus colaboradores que pesquisavam o tema do transexualismo há anos. Durante décadas foram considerados centros de referência no tratamento de pessoas intersexo. Isso e o fato de a revolução sexual estar no auge fizeram com que a ideia de cirurgias de mudança de sexo parecesse mais aceitável para a instituição[100].

John Money (que, aliás, não era médico) e sua equipe atenderam o primeiro paciente a ser submetido a esse tipo de cirurgia em 1965. O nome dele era Avon Wilson, um afro-americano que se considerava mulher. Harry Benjamin ajudou a justificar o procedimento e disse que a cirurgia genital no sr. Wilson "certamente entrará para a história e será revolucionária"[101]. Aparentemente, a cirurgia foi bem-sucedida (isto é, o sr. Wilson conseguiu o que queria), embora pouco se saiba sobre o que sentiu depois do procedimento, se sofreu consequências a longo prazo, como e quando ele morreu, exceto pelo fato de ter se casado com um músico chamado Warren Combs[102].

No ano seguinte, 1966, Money e sua equipe criaram a Clínica de Identidade de Gênero Johns Hopkins, financiada por uma mulher trans milionária chamada Reed Erickson. Apesar da cirurgia em Avon no ano anterior, as intervenções de mudança de sexo continuavam praticamente ocultas do público, além de rejeitadas pela maior parte da comunidade médica e da sociedade. O hospital Johns Hopkins concordou em abrigar formalmente a

---

100. MEYEROWITZ, *op. cit*, 2004, p. 218.
101. *Ibid.*
102. "MUSING ABOUT AVON WILSON'S BLENDED LIFE". *In* TransGriot, 5 de abril de 2009. Disponível em https://transgriot.blogspot.com/2009/04/musing-about-avon-wilsons-blended-life.html.

Clínica de Identidade de Gênero graças aos esforços de Money. De acordo com Benjamin, Money "foi o maior responsável pela decisão de uma instituição importante como o hospital Johns Hopkins apoiar as cirurgias de mudança de sexo"[103].

A clínica se tornou muito popular. Os médicos receberam quase dois mil pedidos de cirurgias em dois anos e meio. Obviamente não estavam preparados nem dispostos a realizar tantas operações assim. Nesse período, foram realizadas 24 cirurgias[104]. O interessante é que, dos quase dois mil pedidos, apenas 20% era de mulheres que queriam ter os genitais masculinos. O restante era de homens que queriam ser mulheres, o que sugere que, sem a influência da pressão social, há muito mais homens querendo se tornar mulheres do que o contrário.

Poucos meses depois de ser formalmente aberta, a clínica começou a aparecer no noticiário. Em outubro de 1966, o *New York Daily News* publicou uma matéria sobre Avon, dizendo que ele "se submeteu a uma operação de mudança de sexo, realizada surpreendentemente no hospital Johns Hopkins em Baltimore". A instituição confirmou a realização da cirurgia e, de repente, a imprensa toda percebeu que estava diante de uma grande história[105]. Foi quando os médicos decidiram partir para o ataque e tirar proveito do noticiário. Eles entraram em contato com Thomas Buckley, do *New York Times* e, em um esforço aparentemente coordenado, divulgaram um comunicado para a imprensa no mesmo dia da publicação da reportagem dele. Depois de afirmar que o Johns Hopkins era "uma das mais importantes instituições de ensino e pesquisa do país", Buckley mencionou o fato de o hospital ter sido o primeiro

---

103. DOWNING, MORLAND, e SULLIVAN, *op. cit.* p. 5.
104. MEYEROWITZ, *op. cit.*, 2004, p. 142.
105. *Ibid.*, p. 220.

dos Estados Unidos a receber "apoio oficial" para as cirurgias de mudança de sexo.

Em pouco tempo apareceram manchetes em todo o país adotando a mesma postura e dizendo que o respeitável hospital Johns Hopkins aprovava o procedimento. Em vez de causar polêmica, a imprensa promoveu a aceitação das intervenções e os médicos afirmaram que seu plano "saiu como se esperava". "O prestígio do *New York Times* [...] estabeleceu o tom para todos os outros jornais"[106].

O impacto dessa cobertura positiva foi sentido quase que imediatamente. Uma nova clínica de identidade de gênero foi aberta na Faculdade de Medicina da Universidade de Minnesota, que também trabalhou em conluio com a imprensa depois da cobertura positiva que o Johns Hopkins recebeu. Não demorou para iniciativas semelhantes surgirem nas Universidades Northwestern (Stanford) e de Washington (Seattle). Em pouco mais de uma década, médicos de todas as universidades norte-americanas realizaram mais de mil cirurgias de mudança de sexo, e cerca de vinte centros especializados nesse tipo de procedimento nasceram nos Estados Unidos[107].

Ironicamente, treze anos mais tarde o Johns Hopkins encerrou as atividades da clínica depois que seus próprios estudos não conseguiram provar que as operações de mudança de sexo beneficiavam os transexuais[108]. Ao mesmo tempo, as cirurgias de mudança de sexo se tornaram mais comuns. O hospital já tinha emprestado seu prestígio ao procedimento; não tinha como voltar atrás.

---

106. *Ibid.*

107. *Ibid.*, p. 222.

108. BRODY, Jane E. "Benefits of Transsexual Surgery Disputed as Leading Hospital Halts the Procedure". *In* New York Times, 2 de outubro de 1979. Disponível em https://www.nytimes.com/1979/10/02/archives/benefits-of--transsexual-surgery-disputed-as-leading-hospital-halts.html.

A linhagem acadêmica do Dr. Bowers, aquele cirurgião trans com quem conversei em sua clínica na Califórnia, remonta a John Money e ao hospital Johns Hopkins. O mentor dele, Dr. Stanley Biber, realizou sua primeira cirurgia de mudança de sexo em 1969, usando anotações dos médicos do hospital Johns Hopkins para se orientar[109]. "Ele ajudou uma assistente social quando ela lhe pediu que fizesse a cirurgia", contou o Dr. Bowers. "Na época, ele não fazia ideia do que era a cirurgia, mas ouviu. E foi muito solidário. Era uma dessas pessoas que realmente entendem as súplicas dos outros".

Na época, o Dr. Biber vivia em Trinidad, no Colorado, uma cidadezinha ao norte do Novo México que, graças ao seu trabalho, ficou conhecida como "a capital mundial das cirurgias de mudança de sexo", sobretudo depois que a clínica do Johns Hopkins foi fechada. O Dr. Bowers criticou o estudo que levou ao encerramento, dizendo que foi algo feito com "o objetivo político de encerrar o programa" com base em "um tipo de fundamentalismo cristão". Achei curioso o fato de o Dr. Bowers atacar o Cristianismo sendo que ele nunca criticou nem jamais *mencionou* o fato de John Money apoiar a pedofilia. Vai ver algumas coisas são dignas de condenação e outras, não.

★ ★ ★

Os gêmeos Reimer

Quanto a John Money, ele teve uma carreira longa antes do fechamento de sua clínica. E logo fiquei sabendo que sequer tinha ouvido a pior parte da história.

"O caso que realmente promoveu a carreira do Dr. Money foi o dos gêmeos Reimer. Você deve ter ouvido falar. Foi bem

---

109. "DR. STANLEY Biber". *In* History Colorado, 26 de junho de 2020, https://www.historycolorado.org/story/2020/06/26/dr-stanley-biber.

famoso, embora não o bastante", me contou a Dra. Grossman. "Foi a questão de um casal com filhos gêmeos, perfeitamente normais. Aos oito meses de idade, ao ser circuncidados, alguma coisa deu errado com um deles, Bruce. Algo com a máquina, o equipamento, e o pênis dele acabou queimado. Em resumo, perdeu o membro". Fiz uma pausa, olhei para baixo por um instante e estremeci só de imaginar.

A Dra. Grossman continuou falando. "Eles pararam e não fizeram a circuncisão no segundo menino, como seria de imaginar. Os pais, claro, não sabiam o que fazer. Como eles criariam o filho? Meses mais tarde, ouviram falar do Dr. Money, que espalhava pelo mundo a teoria de que um menino poderia ser criado como menina e tudo bem, e vice-versa... No debate da biologia, natureza *versus* criação, o ambiente em que a pessoa cresce é tudo educação. Então ele estava convencido de que até mesmo alguém que não tenha uma genitália ambígua, alguém com cromossomos normais também nasce como uma tábula rasa e pode escolher ser homem ou mulher".

Imaginei a família Reimer sentindo um alívio enorme ao assistir Money na TV, discutindo as cirurgias de mudança de sexo no hospital Johns em um programa sensacionalista chamado *This Hour Has Seven Days* [*Essa hora tem sete dias*]. Os produtores até trouxeram um transexual operado que disse que, antes de se submeter à cirurgia em uma tentativa de se tornar homem, ele "jamais se sentiu completo". No programa, Money chegou a convocar indivíduos intersexo e pessoas que ainda não haviam sido operadas para que combinassem a sua genitália e psiquê "incompleta". Claro que era a função do cirurgião – na verdade, função de Money – "completar" aquelas pessoas. Por fim, aquilo foi mais uma prova de como a imprensa fomentou a ascensão das operações de mudança de sexo – e do quanto ele agia movido pelo orgulho.

O fato de ser um cientista respeitável do Johns Hopkins afastou os temores do casal Reimer. De certa forma, Money lhes contou a mentira perfeita para a situação – uma mentira na qual ele provavelmente acreditava, mas ainda assim uma mentira. Se a biologia, os cromossomos e os genitais não têm nada a ver com o seu gênero – como publicou o *New York Times*: "você diz a um menino que ele é menina e o cria como mulher, ele vai querer fazer atividades femininas" – então o problema da família Reimer estava resolvido. Bruce não precisava ser menino. Ele podia ser criado como menina e, aparentemente, jamais notaria a diferença.

Os Reimer viviam no Canadá, por isso, em 1967 – dez meses depois do acidente com a circuncisão, quando os gêmeos estavam com quase um ano e meio – eles viajaram até Baltimore, procuraram Money e pediram que ele examinasse. "Money disse aos pais: 'sem problemas! Veja o Bruce. Vamos tirar os testículos. Vamos castrá-lo. Vocês darão a ele um nome de menina. Vocês o vestirão de rosa e lhe darão roupas de menina, o criarão como uma menina e nunca, jamais lhe dirão que ele nasceu menino'", disse a Dra. Grossman.

"Era o caso perfeito. Perfeito. Onde mais encontraria um caso perfeito assim? Porque o casal tinha dois meninos, bebês, com um ano e meio. Eram gêmeos idênticos, com os mesmos cromossomos e o mesmo ambiente intrauterino, criados pelos mesmos pais. Mesma origem e criação. Só que um deles seria criado (porque o Dr. Money instruiu os pais a agirem assim) como menina".

De acordo com Money, a cirurgia deveria ser realizada o mais rápido possível. O gênero talvez "não fosse inato nem tivesse base instintiva", mas só fosse maleável até o que ele chamou mais tarde de "limite de identidade de gênero", o que acontece por volta dos três ou quatro anos, quando ele acreditava que estaria mais sólida. "O cérebro imaturo tem uma plasticidade maior", escreveu ele em 1962[110]. Por isso, até que amadurecesse, os cientistas podiam fazer o que bem entendessem. Até onde se sabe, Money realmente acreditava no que dizia. Ele não parecia entender que suas ideias eram teorias. Estava convencido de que era tudo verdade – e disposto a arriscar a vida de um menininho nisso. Assim, considerou a tentativa de alterar cirurgicamente o sexo de Bruce "a decisão mais humana" que poderiam ter tomado[111].

Assim, com apenas dezessete meses de idade, o pequeno Bruce foi para a faca. Ele foi castrado. Os médicos esculpiram uma espécie de vagina nele e seus pais mudaram o nome dele para "Brenda". De acordo com os especialistas da época, ele era uma mulher.

De acordo com as teorias em voga, a cirurgia era apenas uma parte da batalha. A operação tentou alterar o sexo dele. A partir daí, a forma como seria criado – juntamente com uma ampla dose de estrogênio durante a adolescência[112] – foi planejada para alterar seu gênero[113]. Brenda, juntamente com seu irmão gêmeo (que funcionou como "grupo de controle" nesse experimento assustador), se consultava com Money todos os anos, até chegar aos nove anos de idade. Depois disso, as visitas passaram a ser esporádicas até 1978, quando Brenda supostamente "fugiu em pânico" durante a

---

110. DOWNING, MORLAND, e SULLIVAN, *op. cit.*, p. 78.

111. *Ibid.*

112. GAETANO, Phil. "David Reimer and John Money Gender Reassignment Controversy: The John/Joan Case". Embryo Project Encyclopedia, 15 de novembro de 2017. Disponível em https://embryo.asu.edu/pages/david-reimer-and-john-money-gender-reassignment-controversy-johnjoan-case.

113. DOWNING, MORLAND, e SULLIVAN, *op. cit.*, p. 70.

consulta, "incapaz de reagir a qualquer conversa sobre sexo ou educação sexual"[114].

"Money recebia a família Reimer e fazia perguntas. Todas as vezes ele registrava as suas descobertas usando nomes falsos da literatura ou dos livros de psicologia", me contou a Dra. Grossman. "Ele anotou que, até os dez anos, o caso foi um sucesso. Acho que chamava Brenda de 'Joan' e dizia que ele estava totalmente à vontade sendo menina, feminina de todas as formas, brincando com bonecas, adorando seus vestidos e assim por diante". Por fim, Money escreveu que Brenda estava crescendo "como uma *moleca*", mas "feminina".

Outros relatos mostram que Money "afirmava com frequência" que a mudança de sexo e a nova identidade de gênero de Brenda eram um sucesso total, o que provava as teorias dele. No fim dos anos 1970, sociólogos e psicólogos repetiam as afirmações de Money como provas adicionais de suas teorias[115], apesar de, mesmo naquela época, já haver erros crassos no que ele optava por publicar, como sua incapacidade recorrente de dar informações simples, como a idade de Brenda[116].

Por volta de 1978, bem quando os Reimer decidiram não voltar a Baltimore, Money deixou de mencionar o caso. Ele se manteve em silêncio por décadas[117].

O que aconteceu durante aqueles anos – tanto quando Money atendia os gêmeos e depois de ele parar de falar sobre os Reimer? O fato é que se tornou impossível manter a farsa. Brenda não era menina. Apenas um ano depois da última consulta dos Reimer com Money, uma equipe de documentaristas

---

114. *Ibid.*, p. 84.
115. *Ibid.*, p. 85.
116. *Ibid.*, p. 85-86.
117. *Ibid.*, p. 87.

mostrou que Brenda não estava feliz. A família ainda não tinha contado a verdade para ela, mas os bastidores revelaram que não estavam seguros de que a imposição de uma identidade de gênero falsa funcionaria para o menino[118].

A contradição viva que Brenda representava para a nascente ideologia de gênero seria risível se o que foi feito com ele não fosse tão cruel. Ele aparentemente queria ser um mecânico e "tinha trejeitos bem masculinos", de acordo com os documentaristas [119]. Ao longo de toda a infância, nunca se sentiu pertencente ao gênero ao qual todas as figuras de autoridade em sua vida diziam que ele pertencia[120].

Quando Brenda finalmente soube a verdade, já tinha idade para se pronunciar e rejeitou a mentira que foi obrigado a viver. Voltou a ser homem, na esperança de recuperar sua verdadeira identidade. Ele começou a tomar testosterona para combater os efeitos do estrogênio que fora obrigado a ingerir durante anos, tirou os seios que lhe foram artificialmente impostos, se submeteu a uma faloplastia na tentativa de recuperar o pênis que havia perdido, se casou com uma mulher e adotou os filhos dela[121].

No gesto mais simbólico de todos, ele mudou seu nome – não para Bruce, e sim para "David". "Ele disse que escolheu esse nome porque associava a sua luta de muitos anos à luta de Davi contra Golias", disse a Dra. Grossman. "Todos os dias ele resistia ao que sentia que era, tendo de brincar com bonecas... Ele não queria brincar com bonecas. O Dr. Money dizia que tudo daria certo, mas ele pegava os carinhos do irmão para brincar. Ele não queria usar saia e até fazia xixi em pé".

---

118. *Ibid.*
119. *Ibid.*
120. GAETANO, *op. cit.*
121. DOWNING, MORLAND, e SULLIVAN, *op. cit.*, p. 88.

David não foi a única criança da qual Money abusou. Em 2000, depois que a verdade sobre ele foi revelada ao público, outra vítima, chamada Kiira Triea, escreveu desafiadoramente:

> Como um dos experimentos intersexo inumanos de John Money, falo por experiência própria que os resultados de casos extremamente anômalos de crianças consideradas aptas como cobaias, sabe-se lá por quê, não representa dado útil algum. A não ser, claro, que existam outros que requeiram mais provas da força do espírito humano[122].

Outra pessoa autodescrita como "um hermafrodita com uma genitália ambígua" escreveu que estava

> feliz por Rosenthal [autor que escreveu sobre Money] estar tão disposto a perdoar o Dr. Money. Eu, contudo, e os milhares de outros intersexuais que tiveram suas existências afetadas por ele, não estamos tão dispostos a perdoá-lo[123].

Contra David Reimer, ele revelou que a castração e a feminilidade forçada não foram os únicos crimes que Money cometera. Phil Gaetano, descreveu para a Faculdade de Ciências da Vida da Universidade do Arizona, os detalhes horríveis.

> Durante as consultas dos gêmeos com Money, e como parte de sua pesquisa, Reimer e seu irmão gêmeo eram orientados a ver os genitais uns dos outros e a se envolver em atos que se assemelhavam a uma relação sexual,

---

122. ROSENTHAL, Pam. "Forced Crossing". *In* Salon, 24 de fevereiro de 2000. Disponível em https://archive.md/YFe4q#selection-551.0-551.377.
123. *Ibid.*

escreveu Gaetano. "Reimer disse que boa parte do tratamento de Money envolvia a encenação forçada de posições e movimentos sexuais com seu irmão".

Gaetano descobriu detalhes ainda mais abjetos. "Em alguns exercícios, os irmãos simulavam a posição papai-e-mamãe e os movimentos de penetração, o que Money justificava como a simulação de uma exploração sexual infantil saudável". Reimer disse que, ao menos uma vez, Money fotografou os irmãos e os obrigou a realizarem essas práticas. Enquanto isso, Money e até seis dos colegas dele observavam.

"Reimer disse que Money ficava com raiva e abusava verbalmente dele e do irmão quando eles resistiam às ordens, num contraste com o comportamento calmo e científico que exibia para os pais dos gêmeos", escreveu Gaetano. Tudo isso foi feito quando as crianças ainda estavam na pré-escola e no ensino fundamental[124].

★ ★ ★

Defendendo o indefensável

Isso não era ciência. Estava mais para um homem satisfazendo suas fantasias sexuais. O louco nazista Josef Mengele me veio à mente e não consegui deixar de sentir que as experiências de Money com os gêmeos foi apenas uma versão mais anestesiada e menos assassina. Mas a relação entre esses dois nomes era mais tangível do que eu imaginava.

Pouco depois que a Clínica de Identidade de Gênero fundada por Money no hospital Johns Hopkins foi fechada, um dos discípulos dele, o Dr. Fred Berlin, abriu uma outra para transtornos sexuais na mesma instituição – explicitamente

---

124. GAETANO, *op. cit.*

reconhecida como uma extensão do trabalho de Money[125]. Em seu consultório, havia uma foto do bebê Adolf Hitler.

Em uma entrevista sobre isso, Berlin disse que pôs a foto na parede "Não porque eu respeite os horrores de Hitler", e sim porque afirmar que Hitler era mau não servia à compreensão. Em vez disso, a foto o levava a perguntar: "E quanto às experiências de vida de Hitler? E quanto à biologia dele? E se havia alguma forma de psicose?". Não sei se essas perguntas valem alguma coisa, mas descobrir sobre a foto me entristeceu.

Voltando para a Dra. Forcier, que é pró-trans. Antes, ela havia me dito que John Money era "imensamente poderoso", poder que conquistou por meio de seu trabalho com o gênero. Mas por que ela nunca mencionou os gêmeos da família Reimer? Assim que toquei no assunto, ela não negou que conhecia o caso. Claro que ela sabia deles. Era o seu campo de estudo. E ela rapidamente mudou o tom da conversa.

"Acho que John Money é mais uma lição de história e uma advertência de como os médicos são capazes de causar prejuízo – de como a medicina, como qualquer outro aspecto do mundo, pode ser desvirtuada ou pode usar informações para objetivos egoístas", me disse a Dra. Forcier. O problema não estava na raiz das ideias que geraram o mal. O problema, de acordo com a Dra. Forcier, estava apenas no fato de que "médicos não deveriam tomar decisões quanto a isso até que os pacientes estivessem preparados para dizer qual é a identidade de gênero deles".

A Dra. Forcier não era a única a passar pano para esse psicopata sádico. O próprio Money passou anos fazendo todo

---

125. "OUR History. National Institute for the Study, Prevention, and Treatment of Sexual Trauma". Disponível em http://fredberlinmd.com/, acessado em 14 de janeiro de 2022.

mundo acreditar que o caso Reimer era um sucesso, sem jamais encarar as consequências de seus feitos. Quando finalmente foi confrontado, disse que as críticas se baseavam no preconceito antifeminista e antitrans[126]. "Nunca houve qualquer retratação", me disse a Dra. Grossman. "Ele teve a honradez de reconhecer seus erros – mesmo décadas mais tarde, quando suas ideias quanto ao gênero já tinham permeado a psicologia e a sociedade? Ele nunca se portou como um homem e falou: 'Ouçam todos, as coisas não são como eu disse que seriam. Joan[127] não estava feliz. Ela estava deprimida. Portanto, a natureza importa. Nem tudo é produto da criação'".

Outros arranjaram justificativas ou ignoraram completamente o caso Reimer, tudo numa tentativa de defender o movimento trans e proteger a reputação do pai da ideologia de gênero. Os autores da maior fonte que usei para aprender sobre Money – Lisa Downing, Iain Morlan e Nikki Sullivan (o título do livro é vulgar demais para ser mencionado) – diziam apenas que "a carreira de Money também foi marcada por controvérsias éticas, exemplificadas pelo internacionalmente conhecido caso de David Reimer"[128].

"Controvérsias éticas"? Só isso? Eles foram além no equívoco: "A história do caso Reimer foi apresentada de modo a mostrar Money como humano e bárbaro, ingênuo e mentiroso"[129]. Tive dificuldade para encontrar nessa história toda algo que pudesse mostrá-lo como humano.

O Dr. Anke Ehrhardt, professor de psicologia médica da Universidade de Columbia, escreveu, no ano seguinte à morte

---

126. GAETANO, *op. cit.*
127. Pseudônimo que John Money usava para referir-se a Brenda Reimer durante o tratamento da criança. (N. E.)
128. DOWNING, MORLAND, e SULLIVAN, *op. cit.*, 2014.
129. *Ibid.*

de Money, que ele era "um líder" e "um verdadeiro pensador" que recebeu "65 honrarias, prêmios e diplomas mundiais". Sem jamais mencionar o caso dos gêmeos Reimer, o Dr. Ehrhardt escreveu que as críticas e a rejeição ao trabalho de Money eram apenas "expressões de um ódio pessoal contra ele", ainda que fosse "único em sua compreensão, experiência, conhecimento e capacidade de tolerância e aconselhamento"[130].

A revista *Salon*, um bastião do feminismo e da ideologia trans, foi além, publicando que

> para os apoiadores e amigos de Money [...] essas críticas tendem a ser consideradas interpretações equivocadas do seu projeto nobre, ou então tentativas de usar um pioneiro de "ideias intelectualmente avançadas demais" como um bode-expiatório.

A *Salon* repetiu a defesa do próprio Money, condenando os críticos dele por se referirem a ele com "alteridade" – uma estratégia retórica típica da esquerda a fim de suprimir críticas[131].

Essa defesa toda deu certo. Depois da aversão inicial a Money e seu trabalho, sobretudo quando o caso Reimer foi divulgado há cerca de duas décadas, poucas pessoas conhecem a história do que ele fez. Na verdade, como diz o Dr. Ehrhardt, "o pêndulo começou a se mover a fim de dar a Money o crédito que lhe é devido por sua extraordinária contribuição no campo da pesquisa sexual"[132]. A Dra. Grossman fala em termos ainda mais grandiosos: "causou um impacto no mundo que vai muito além daquilo que ele sonhava".

Decidi aprender a verdade sobre a ideologia de gênero como parte do meu projeto mais amplo de determinar o que é

---

130. EHRHARDT, *op. cit.*
131. DOWNING, MORLAND, e SULLIVAN, *op. cit.*, 2015.
132. EHRHARDT, *op. cit.*

uma mulher. Isso me levou a estudar a história. Percebo agora que as pessoas não deixam de falar por falta de informações, mas sim porque são vergonhosas, imorais, nojentas e – para usar um termo que os proponentes da ideologia de gênero odeiam – perversas.

Até aqui, aprendi que ela é produto da mente doentia de pessoas como Alfred Kinsey e John Money, dos quais as experiências foram disfarçadas de ciência, e que usaram seus cargos para revolucionar o *status quo* sexual e normalizar o que as pessoas de bem sabem que é errado. Ao fim e ao cabo, essas pessoas abriram as portas para tudo, das cirurgias de mudança de sexo à pedofilia, passando pela sexualização explícita das crianças.

De alguma forma, suas ideias deixaram de ser subversivas e passaram a ser toleradas. Para descobrir como isso aconteceu, recorri ao instrumento mais poderoso da esquerda: o sistema educacional.

CAPÍTULO 4

Como a ideologia de gênero entrou para o currículo

Ideias esquerdistas, insanas, têm essa estranha tendência de entrar na sociedade a partir de teorias acadêmicas marginais. Isso acontece com tanta frequência – e às vezes com tanta rapidez – que parece até inevitável. Ainda assim, seu avanço só parece um ataque surpresa porque os norte-americanos comuns estão ocupados demais vivendo uma vida feliz, bem ajustada e normal, e não notam o que se esconde nas sombras. Por "sombra" refiro-me a uma das mais abjetas instituições da existência humana, algo que parece um anjo caído, daqueles que um dia já serviram a propósitos nobres e elevados, mas que agora se dedicam quase que totalmente à corrupção da juventude e à desconstrução da civilização. Claro que estou falando da universidade.

★ ★ ★

A ideologia de gênero na educação superior

Pegue praticamente todas as ideias modernas, do comunismo à teoria crítica da raça (ou racialismo), e você conseguirá identificar a origem delas nas universidades. Essas antes veneráveis instituições que ensinavam as novas gerações a se tornarem líderes de princípios, profundos e sábios, hoje não passam de fomentadoras decadentes e endinheiradas de lascívia, vícios, vitimismo e um notável ódio por tudo o que dá sentido à vida, como família, nação, religião, tradição e até a virtude básica do autocontrole.

Foi por meio das universidades que a ideologia de gênero começou a se apoderar da mente norte-americana. Ainda assim, por mais que pareça que a barreira que a impedia de inundar todos os aspectos da nossa cultura só se rompeu nos últimos anos, a verdade é que já havia rachaduras na estrutura há décadas.

Aprendemos como Alfred Kinsey e John Money começaram a popularizar suas ideias de crianças sexualizadas e sem gênero nos anos 1940, 1950 e 1960, a partir de seus pedestais na Universidade de Indiana, em Bloomington, e no hospital Johns Hopkins. Nas décadas seguintes, as convicções deles sofreram metástase e contaminaram toda a academia, sendo adotadas e ampliadas tanto por intelectuais populares quanto por estudiosos sem carisma.

Uma dessas intelectuais foi Judith Butler, formada em Yale e filósofa de Berkeley. Filha de pais judeus e nascida em Cleveland, Ohio, Butler (que aparentemente prefere os pronomes "ela/eles"[133,134], o que não faz nenhum sentido em termos gramaticais)

---

133. DOING Feminist "Thinking With Judith Butler". *In* Oxford Research Centre in the Humanities, 28 de maio de 2021. Disponível em https://www.torch.ox.ac.uk/event/the-politics-of-invisibility-a-conversation-with-judith-butler.
134. Na cultura queer "she/they" ou "ela/eles", ou ainda "he/they", refere-se à tendência de mostrar como o gênero de alguém transita entre os pronomes masculino, feminino e o plural de ambos, o dito "gênero fluído" e indeterminado; não havendo uma predeterminação linguística para isso, utiliza-se o modo de escrita acima referenciado "she/they". Numa releitura brasileira dessa tendência queer, alguns aqui optam pelo "elu", "delu" etc. Ver: https://www.npr.org/2021/06/02/996319297/gender-identity-pronouns-expression-guide-lgbtq. (N. E.)

se tornou uma personalidade extremamente influente no campo da ideologia de gênero nas últimas três décadas.

Em 1990, ela publicou um livro intitulado *Problemas de gênero: feminismo e subversão de identidade*[135]. No final das contas, o influente argumento dela era uma extensão da tese de Money de que o gênero, por ser algo distinto do sexo, não é definido pela natureza. Ao contrário, é apenas "performático". Enquanto Money argumentava que o gênero não é inato e se manifesta na primeira infância como resultado da criação (e, como mais tarde ele acrescentaria, hormônios), Butler ia além. Ela se apropriava da essência da tese de Money, mas ampliava o cronograma e propunha que o motivo da mudança de gênero não era apenas a influência externa da criação, mas também um processo pessoal de ação e comportamento. O gênero é resultado de como falamos, agimos, gesticulamos, nos vestimos e nos comportamos.

Segundo Butler,

> dizer que o gênero é performático é diferente porque, para algo ser performático, tem que gerar uma série de efeitos. Agimos, caminhamos, falamos e conversamos de forma a consolidar uma impressão de sermos homens ou mulheres[136].

Em outras palavras:

> Agimos como se o fato de ser homem ou mulher fosse, na verdade, uma realidade interna ou algo que é verdadeiro a nosso respeito, um fato sobre nós. Mas na verdade trata-se de um fenômeno que está sendo

---

135. Na edição nacional: BUTLER, Judith. *Problemas de gênero: feminismo e subversão de identidade*. Civilização Brasileira: São Paulo, 2003. (N. E.)

136. BUTLER, Judith. "Behavior Creates Your Gender". *In* University of Oregon, Philosophical Installations. Disponível em https://philinstall.uoregon. edu /video/145/, acessado em 14 de janeiro de 2022.

gerado o tempo todo e que se reproduz o tempo todo. Então, dizer que o gênero é performático é dizer que ninguém tem um gênero inato[137].

Se é performático, então obviamente é algo muito mais fluido, e não solidificado aos três ou quatro anos como propunha Money. Ao contrário, o gênero é resultado de um diálogo contínuo entre a pessoa e o seu entorno, a fim de criar uma identidade masculina ou feminina, o que quer que isso signifique hoje em dia.

Como resultado, Butler acreditava que "a identidade de gênero" não existe – ao menos não como algo inato ou como consequência da educação, é algo que criamos para nós mesmos. Ela escreveu: "Não existe uma identidade por trás das expressões de gênero [...] ela é performaticamente constituída pelas próprias 'expressões' que são tidas como suas consequências"[138].

Quando você associa essa ideia à de que o que pensamos ser masculino ou feminino é uma construção social, isso significa, ao menos para os ideólogos pró-trans, que o gênero, assim como o termo "sexo", não significa nada. De acordo com essa lógica, gênero é a forma como agimos em categorias que são totalmente arbitrárias; e isso o torna algo arbitrário, na minha opinião. O mundo é um palco e todos os homens e mulheres são atores de gêneros fluidos e socialmente construídos.

Embora Butler e Money obviamente discordem entre si, a teoria de Butler só foi possível porque Money já tinha desatrelado a ideia do gênero da realidade do sexo biológico. Como o Dr.

---

137. BIG THINK. Judith Butler: "Your Behavior Creates Your Gender: Big Think". *In* YouTube, 6 de junho de 2011. Disponível em https://www.youtube.com/watch?v=Bo7o2LYATDc.
138. "GENDER Trouble". *In* New York Times, 12 de março de 2006. Disponível em https://archive.ph/x6wMi, com print feito em 24 de fevereiro de 2021.

Milton Diamon, professor de biologia reprodutiva da Universidade do Haváí, disse, "Judith Butler e outros sempre apoiaram John Money porque ele dizia o que todos queriam ouvir"[139].

Bom, eu queria citar Butler com mais frequência a fim de que ela mesma defendesse seus pontos de vista, mas a verdade é que acho que já usei tudo de inteligível que a doutora em matéria de gênero. É impossível de entender quase 99% do que escreveu. Eis aqui alguns exemplos de que não estou mentindo.

> O gênero não está para a cultura assim como o sexo está para a natureza; o gênero é também o meio discursivo/cultural pelo qual a 'natureza sexual' ou "o sexo natural" é produzido e estabelecido como algo "pré-discursivo", anterior à cultura, uma superfície politicamente neutra na qual a cultura age[140].

Ou então esta preciosidade que Butler escreveu em 1997: "Fazemos coisas com a linguagem, geramos efeitos com a linguagem, e fazemos coisas para a linguagem, mas a linguagem é também o que fazemos. A linguagem é um termo tanto para 'o que' fazemos (o nome da ação que caracteristicamente desempenhamos) como para aquilo que sofre a nossa influência, os atos e suas consequências"[141].

---

139. GUEST, Jocelyn. "Mythbuster: The Scientist Who Exposed the Greatest Sexology Hoax of the 1970s is Back". *In* University of Hawaii Manoa, Pacific Center for Sex and Society. Disponível em https://www.hawaii.edu/PCSS/biblio/articles/2005to2009/2006-mythbuster.html, acessado em 14 de janeiro de 2022.

140. BUTLER, Judith. "Subjects of Sex/Gender/Desire". *In Feminisms*, New York: Oxford University Press, 1998, https://pressbooks.claremont.edu/clas112pomonavalentine/chapter/butler-judith-1998-subjects-of-sex-gender-desire/.

141. RITCHIE, Ani, BARKER, Meg. "'There Aren't Words for What We Do or How We Feel So We Have to Make Them Up': Constructing Polyamorous Languages in a Culture of Compulsory Monogamy". *In* Sexualities 9, no. 5, 2006. Disponível em http://www.brown.uk.com/poly/ritchie.pdf.

Uma boa regra para esta vida é saber que, quanto menos clara é a pessoa ao se expressar, mais ela está tentando esconder. Minha teoria é a de que a falta de clareza de Butler a ajuda a impedir que seus adversários – aqueles dispostos a passar horas tentando compreendê-la – consigam interpretar o que diz. Isso significa que apenas os verdadeiros discípulos serão capazes de ler e divulgar as teorias dela, o que contém a reação negativa e ao mesmo tempo permite que as ideias se espalhem, entre os "mais esclarecidos", praticamente sem contestação.

Embora fosse a primeira vez que eu estava analisando as teorias de Butler, elas me soavam extremamente familiares. Já tinha ouvido trechos nas palavras de pessoas que entrevistei, sobretudo a Dra. Forcier, a professora de pediatria em Providence, Rhode Island.

Na verdade, a Dra. Forcier repetiu praticamente toda a teoria de Butler, aquela do gênero performático, quando conversei com ela. "O gênero tem a ver com quem você é, e há vários aspectos diferentes da nossa identidade nisso", disse. "Quem você é na família, quem você é com seus pares, quem você é na escola ou no trabalho, quem você é em termos de visão religiosa e espiritual? Quem é você em termos de gênero? Quão masculino ou feminino é você? Ou nem masculino nem feminino? Ou as duas coisas? Quão não-binário você talvez se sinta em termos de sexualidade, em termos de por quem sente atração e com quem quer fazer sexo". Tudo o que disse tinha a ver com a forma como agimos no mundo.

Como o gênero tem a ver com suas interações e sua relação com os outros, a Dra. Forcier descreveu como ela orienta crianças e pacientes ao longo do processo de transição. "O que significa para seu filho ter cabelo curto ou usar roupas mais masculinas ou querer se chamar 'Sam'? Como você se sentiria?", disse a Dra. Forcier como se estivesse falando com os pais de uma criança supostamente trans. "Para a criança, eles talvez possam dizer: 'Me sinto bem. Vou gostar muito disso'. E um dos pais pode dizer: 'Bom, vamos tentar isso em casa. Mas queremos fazer isso na escola ou queremos que seja assim com os outros parentes?' Há várias tomadas de decisão quanto ao que compartilhar em diferentes etapas dessa jornada". A "jornada" que a Dra. Forcier descreve está diretamente relacionada a como a criança age no mundo externo. É a teoria de Judith Butler na prática.

A Dra. Forcier amplia ainda mais o alcance do gênero, dizendo que "acontece antes mesmo do nascimento, e progride". Para ela, trata-se de um processo sem fim. "Trato de pacientes mais velhos, com setenta ou oitenta anos, que estão tomando decisões sobre sua identidade de gênero", me disse ela. "Então, claro que o gênero é desenvolvido e claro que o caminho do desenvolvimento será diferente de pessoa para pessoa".

★ ★ ★

O gênero pelos olhos da terapia

Eu precisava ampliar minha pesquisa. Conversei com médicos, na esperança de que a resposta para a pergunta "o que é uma mulher?" estivesse na ciência. Recorri à história achando que finalmente encontraria a explicação para o porquê de haver tanta confusão sobre a feminilidade hoje em dia. Até aqui, havia aprendido muito, mas claro que ainda não tinha conseguido extrair de ninguém uma definição para o que exatamente é uma mulher. Na verdade, estava até mais confuso, já que várias pessoas me disseram, em essência, nada. Uma performance. Uma sensação. Algo relativo.

Aí tive um *insight* brilhante. Talvez eu estivesse falando com as pessoas erradas. Se Butler tinha razão e o gênero era mesmo performático e relativo, eu precisava conversar com um terapeuta – alguém realmente especializado nas relações humanas e em ajudar as pessoas a lidarem com sua identidade.

Por isso procurei Gert Comfrey, uma terapeuta de casal e de família de Nashville, no Tennessee, e provavelmente uma das pessoas mais malucas e gentis que conheci. Comfrey oferece o que é chamado de "terapia de afirmação de gênero" em sua própria casa, um lugar cheio de cartazes pregando a justiça ambiental, com citações vazias sobre energia positiva cheias de clichês progressistas, como é de se esperar de uma verdadeira esquerdista. Minha preferida:

> Bem dentro de nós, durante esse período de transição, buscamos a distribuição igualitária e a cura do mundo. Recebemos o fluxo contínuo de sexo, orgulho, auto-estima e paixão, de modo que a energia possa chegar livremente onde o coletivo mais precisa dela[142].

Você pode até achar que isso significa alguma coisa, mas quando para e analisa, percebe que não significa nada. E o mesmo serve para praticamente tudo o que Gert disse durante a nossa conversa.

Abrindo um sorriso inacreditavelmente convidativo, ela afirmou que o gênero é, na verdade, um processo de autodes-coberta. "Para mim, tipo, a verdade, ou melhor, a realidade é, tipo, bem relativa. Então, tipo, minha verdade pode ser bem diferente da sua verdade, ou então, tipo, da verdade de outra pessoa". Mas o que isso tem a ver com o gênero? Ela respondeu: "Acho que tem a ver com, tipo, confiar na pessoa que me diz, tipo, certo, esse é que você sabe ser".

---

142. E-mail de Justin Folk, "Gert's Office", 18 de novembro de 2021.

Nada de "você é assim", ou "foi assim que nasci" ou "foi assim que Deus me fez". Para Comfrey, as raízes do gênero estão na autodefinição.

Enquanto terapeuta, para ela tudo se resume a um processo de ouvir e fazer perguntas para ajudar pessoas a se descobrirem, como se a identidade de gênero delas não fosse algo tão estável quanto elas pensavam. Talvez estivessem criando definições muito estreitas de si mesmas.

"Por isso é que no meu trabalho há um processo de luto do tipo, ah, Deus, tipo, não me deixaram ampliar meu gênero quando eu era criança", ela disse. "Talvez eu tivesse conhecido ou me sentisse mais em conexão com, tipo, o gênero que conheço agora". Isso parecia confirmar as ideias de Butler, segundo a qual o gênero é algo performático – algo que vivenciamos ao agir e interferir no entorno.

Comfrey acrescentou que, se um homem biológico (nas minhas palavras, claro) dissesse: "Sou uma menina trans", ela faria perguntas. "Certo, o que isso significa para você? O que significa se ver como menina? O que significa em termos de, tipo, como você quer se apresentar ao mundo? [...] Isso se traduz nas roupas que pretende usar? Como você quer se mostrar ao mundo?".

Entendo. Então hoje em dia o gênero não é algo inato ou aprendido. Se as Dras. Forcier e Comfrey têm razão, então tudo tem a ver com a forma com que nos apresentamos ao mundo e como a noção que desenvolvemos com o tempo. O gênero é performático.

Isso não combina com o que ouço por aí, no mundo. Ouço dizer o tempo todo que a chamada mulher trans (também conhecida como homem biológico) é "uma mulher presa num corpo de homem". Precisamos incluir e até celebrar os trans porque eles não têm escolha. Eles "nasceram assim".

O Dr. Bowers me deu uma versão disso quando perguntei qual é o limite exato entre um menino com trejeitos femininos e um que se diz trans. Ele respondeu rapidamente que: "é um limite mais claro do que você imagina, ao menos na mente da criança". Isso não parece se desenvolver com o tempo, nem ser performático, mas bastante definitivo – como se a criança percebesse algo de verdadeiro sobre ela, algo que existe na realidade, não simplesmente em sua autodefinição. Perguntei ao Dr. Bowers sobre a transição dele, e ele confirmou isso: "eu tinha uma sensação clara, como você sabe, nas minhas memórias mais antigas. Então foi na infância".

Quer dizer que o gênero é fluido e uma jornada de toda a vida? Ou as pessoas nascem no gênero errado? É possível acreditar nas duas teorias ao mesmo tempo? Ninguém com quem conversei pareceu notar a contradição evidente.

Comecei a ver que o movimento da ideologia de gênero não é uma força monolítica. Não é uma fórmula pura com determinados processos e soluções, como o marxismo, a álgebra ou a certeza de que, se você puser suas meias na máquina de lavar, ao menos um pé delas se perderá. A coerência importa menos do que a destruição das normas sexuais e os modos tradicionais de masculinidade e feminilidade. No final das contas, não importa o porquê de uma pessoa se dizer trans; você só tem que aceitar. Quase todos com quem conversei eram relativistas. Mais tarde, porém, aprendi que isso acaba quando começam as contradições nas opiniões delas.

De volta à história, eu precisava saber como o gênero entrou para o sistema educacional. Para mim estava claro que a filosofia opaca de Butler tinha se infiltrada na mente das pessoas extremamente escolarizadas com as quais eu estava conversando, mesmo que à revelia delas. De alguma forma, a ideologia de gênero estava por todos os cantos e não foi difícil descobrir como isso aconteceu.

Desde 1990, a quantidade de pessoas que receberam diploma em cursos de estudos de gênero nas universidades norte-americanas aumentou em mais de 300%. Só em 2015, mais de dois mil alunos se formaram em cursos desse tipo[143]. Ao contrário da crença popular, esses universitários conseguem, sim, emprego. Claro que não trabalham em fábricas ou no varejo ou em telecomunicações. Eles não têm qualificação para serem bancários, advogados, atuários ou no atendimento ao consumidor; nem para cavarem trincheiras. Mas se tornam chefes nos departamentos de recursos humanos, organizadores de comunidades profissionais e ativistas. Tenho certeza de que uns poucos se tornam terapeutas como Gert Comfrey, e vários se tornam professores. Na Indeed.com, serviço virtual de empregos, o magistério é a principal ocupação recomendada para pessoas com diploma em estudos de gênero[144].

Não que ela tenha surgido do nada nas salas de aula norte-americanas. Não foi por acaso que os professores de repente se sentaram e criaram um currículo que inclui a exploração de gênero para crianças da pré-escola. Os conselhos educacionais não tiveram voz nem decidiram substituir a biologia por aulas de "introdução a Judith Butler". Ainda assim, está por todos os cantos nas escolas dos nossos filhos. Como isso aconteceu? A ideologia de gênero entrou no currículo pelo caminho esburacado da educação sexual.

---

143. "USA Today Says Women's And Gender Studies Is More Popular Than Ever!". *In* University of Illinois Urbana-Champaign, Department of Gender & Women's Studies, 5 de março de 2017. Disponível em https://gws.illinois.edu/news/2017-03-05/usa-today-says-womens -and-gender-studies-more-popular-ever.
144. "18 WOMEN'S And Gender Studies Jobs". *In* Indeed, 29 de abril de 2021. Disponível em https://www.indeed.com/career-advice/finding-a-job/womens-and-gender-studies-jobs.

★ ★ ★

A onipresença da educação sexual

Talvez seja difícil de acreditar, mas houve um tempo em que a sociedade não achava que as escolas eram o melhor lugar, nem a infância a melhor idade, para que se oferecesse aulas de educação sexual. Isso mudou em meados do século XX e tem sua origem no trabalho de Alfred Kinsey.

"Por trás de todo o movimento pela educação sexual estava a ideologia de Kinsey", disse a Dra. Grossman, que dedicou boa parte de suas pesquisas à educação sexual. A ideologia era a de que "crianças são seres sexuais e, portanto, precisam saber sobre sexo e masturbação e tudo o mais". Como escreveu certo historiador, "a pesquisa de Kinsey abriu caminho para o estudo e ensino de toda a amplitude das expressões sexuais"[145].

Kinsey, Money e outros sexólogos da época acreditavam que nada quanto ao sexo deveria ser ignorado. Os códigos morais não passavam de anacronismos puritanos. As limitações às expressões sexuais eram prejudiciais à saúde. "Nosso comportamento sexual [...] é como o de outros animais", escreveu o presidente da Conselho de Educação e Informação da Sexualidade dos Estados Unidos (SIECUS, na sigla original), uma organização extremamente influente na promoção da educação sexual nas escolas. "Não há absolutamente nada que os seres humanos façam e anormal no sexo"[146].

Desse modo, a obra de Kinsey e Money levou à introdução de materiais didáticos sexualmente explícitos nas salas de aula

---

145. CORNOG, Martha e PERPER, Timothy. For sex education, see librarian. Greenwood Press: Connecticut, 1996. p. 30.
146. "A BRIEF History Of Sex Ed: How We Reached Today's Madness" – Part II. *In Miriam* Grossman M.D., 6 de junho de 2013. Disponível em https://www.miriamgrossmanmd.com/a-brief-history-of-sex-ed-how-we-reached-todays-madness-part-ii/.

das universidades. A Dra. Judith Riesman, pesquisadora que revelou o abuso sexual de Kinsey contra crianças, escreveu que "a introdução de filmes pornográficos no ensino médico, e a influência geral dos filmes nos médicos e na profissão como um todo, foi obra de Kinsey"[147].

O Dr. Vernon Mark, professor da Faculdade de Medicina de Harvard, foi além e associou Kinsey e Money ao material didático pornográfico das escolas: "Kinsey parecia gostar de mostrar filmes pornográficos para os alunos de medicina e, em 1967, eles analisaram os materiais dos arquivos do Instituto de Pesquisa Sexual". Pouco depois, o professor John Money compilou uma apresentação ilustrada intitulada "Pornografia em Casa", e que se tornou muito popular entre os alunos da Faculdade de Medicina do hospital Johns Hopkins. Como a instituição goza da liderança entre as faculdades de medicina norte-americanas, não é de se surpreender que praticamente 90% das faculdades reproduziram seu método e começaram a mostrar filmes sexualmente explícitos como parte do currículo"[148]. Assim como fez para tornar as cirurgias de mudança de sexo algo normal, John Money usou o prestígio do hospital para impor a pornografia na educação.

Mas as teorias de Kinsey e Money não podiam se restringir aos universitários. Lembre-se de que Kinsey acreditava que as crianças eram seres sexuais mesmo quando bebês, e que o sexo não deveria ser governado por qualquer lei moral, e sim pela liberdade pessoal. Eles não seriam seres inocentes sujeitos à nossa proteção, e sim entes sexuais que precisam ser despertados para suas naturezas sexuais.

---

147. REISMAN, *op. cit.*, p. 79.
148. *Ibid.*

A SIECUS foi a entidade que agiu com mais agressividade para tornar as ideias de Kinsey quanto ao sexo uma realidade desde a pré-escola até o ensino médio – e as origens da SIECUS são, digamos, obscuras. "Kinsey era amigo das pessoas que criaram a indústria do sexo", me explicou a Dra. Grossman. "Hugh Hefner, por exemplo, contribuiu financeiramente para a criação de uma organização chamada SIECUS".

"Fornique cedo, fornique com frequência e fornique de todas as formas possíveis" era o mantra de Kinsey e Hefner. E a melhor forma é de começar cedo. A SIECUS foi o instrumento para isso[149].

"Eles dizem que estão ensinando essas coisas para que as crianças tenham uma noção saudável de seus corpos, sem vergonha", explicou a Dra. Grossman. "Mas, na verdade, o que fazem é derrubar a vergonha inata das crianças, a mesma vergonha que as fazem se cobrir quando estão na frente de estranhos. Eles querem acabar com isso. Porque, assim, é mais fácil apresentar mais e mais materiais didáticos com sexo explícito para elas".

Para a SIECUS, esse material pretende demonstrar uma forma científica e isenta de abordar a educação sexual, o que a Dra. Grossman considera uma farsa. "A educação sexual está cheia de valores. Não é possível ser isento. [...] Se você diz que tem um currículo de educação sexual isento, bom, então é uma educação cujos valores estão no fato de não haver valores".

Independente disso, a SIECUS promove essa trama por meio da produção de manuais educacionais, como eles chamam, e que oferecem recomendações de como as escolas

---

149. EPSTEIN, Joseph. "The Secret Life of Alfred Kinsey". *In* Commentary, janeiro de 1998. Disponível em https://www.commentary.org/articles/joseph-epstein/the-secret-life-of-alfred-kinsey/.

podem "oferecer uma educação da sexualidade ampla" para alunos da pré-escola ao ensino médio. Repare que não é apenas "educação sexual"; é "educação da sexualidade". Se fosse educação sexual, a ideia poderia se limitar a uma forma de entender os órgãos reprodutores e a saúde sexual. "Educação da sexualidade", por outro lado, é um termo muito mais amplo.

No manual estão propostas de seções sobre contraceptivos, aborto, fantasias sexuais e masturbação – tudo numa tentativa de cultivar nos alunos um entendimento radicalmente aberto e permissivo da sexualidade. O único motivo para alguém considerar isso aceitável para crianças é a "pesquisa" de Kinsey sobre o orgasmo pré-adolescente e a ideia que defendia de que as pessoas são seres sexuais desde o nascimento.

O manual garante que "agir sexualmente com outra pessoa não significa que a masturbação deva parar". Ele assegura aos alunos que "jovens podem comprar contraceptivos sem receita médica numa farmácia, mercado ou loja de conveniência", e que, "em muitos estados, podem obter receitas para contraceptivos sem a permissão dos pais"[150].

Praticamente todas as afirmações do manual estão corretas. Mas é óbvio que partem de certa perspectiva. Sim, é verdade que alguns contraceptivos podem ser comprados em mercados e que você pode obter receita para outros sem a permissão dos pais. Mas por que uma adolescente de catorze anos precisa saber disso? Por que uma criança de oito anos precisa saber disso? A mensagem clara é a de que não há nada de errado num jovem de catorze anos fazer sexo – e que há sempre formas de garantir que o sexo seja "seguro".

---

150. "GUIDELINES For Comprehensive Sexuality Education". *In* Sexuality Information and Education Council of the United States, julho de 2018. Disponível em https://siecus.org/wp-content/uploads/2018/07/Guidelines-CSE.pdf.

O argumento é o de que precisam saber porque são naturalmente sexualizadas e a repressão pode ser prejudicial. "Em outras palavras", disse a Dra. Grossman, "estaríamos prejudicando as crianças se nos opuséssemos e disséssemos que não. Essas crianças são inocentes, não precisam saber essas coisas agora".

Apesar de o manual da SIECUS tentar se mostrar como algo neutro, acrescentando afirmações como "pessoas têm várias crenças sobre a ética e a moralidade do aborto" ou "algumas religiões ensinam que a relação sexual só deveria ocorrer dentro do casamento", ele raramente menciona o prejuízo espiritual, moral, emocional e médico que as pessoas podem causar a si mesmas, mesmo quando praticam o sexo supostamente seguro. (Como um rápido adendo, logo depois de dizer que algumas religiões só permitem o sexo dentro do casamento, o manual se apressa em acrescentar que "há várias formas de dar e receber prazer sexual sem uma relação sexual" – numa tentativa óbvia de acabar com a noção de castidade aos poucos, uma vez que é impossível destruí-la rapidamente)[151].

De acordo com a Dra. Grossman – que passou doze anos trabalhando no serviço de aconselhamento aos alunos da UCLA – a educação sexual não tem a ver com saúde. É tudo parte de uma agenda claramente pró-sexo. E ela viu o prejuízo que isso causou nos alunos que ela tratou. "Não tem nada a ver com isso, senão todos aqueles jovens não teriam por que encher meu consultório na UCLA com suas DSTs e abortos. A educação sexual tinha a ver com liberdade sexual", disse a Dra. Grossman. "Era tudo – infecções, estresse, depressão, ansiedade, raiva – totalmente evitável" se aprendessem mesmo

---

151. *Ibid.*

sobre o assunto e não fossem apenas pressionados a fazer sexo de todas as formas possíveis, o mais cedo possível.

O manual da SIECUS, cheio de influência de Kinsey, já causaria danos o bastante se fosse o único componente da educação sexual. Mas quando a Dra. Grossman falou em tirar das crianças a noção de vergonha a fim de que elas pudessem ser introduzidas a mais e mais materiais didáticos, ela não estava se referindo a mostrar mais escritos às crianças, nem a fazê-las ler afirmações mais positivas em relação ao sexo como se fossem fatos. A verdade é bem pior.

"Matt, chegamos ao ponto em que temos este livro", disse a Dra. Grossman, indo até a estante e pegando um livro infantil todo colorido intitulado *It's Perfectly Normal: Changing Bodies, Growing Up, Sex and Health* [*É perfeitamente normal: corpos em transformação, amadurecimento, sexo e saúde*]. Vários personagens pré-adolescentes apareciam na capa, juntamente com os textos: "Mais de um milhão de cópias vendidas" e "Para idades de dez anos ou mais". As imagens da Amazon não revelam muito do livro. Há um motivo. "Eu vou só mostrar uma das páginas", disse a Dra. Grossman.

Levei um tempo para processar o que estava vendo. A primeira página mostrava uma dúzia de imagens de adultos e crianças nus. A Dra. Grossman me apontou outra página. Era uma visão lateral de um homem e uma mulher fazendo sexo. Outra página mostrava uma mulher nua inclinada usando um espelho para analisar sua vagina. Outra passagem tentava mencionar sexo com termos divertidos, a fim de chamar a atenção dos leitores mais jovens:

> Uma relação sexual ocorre quando duas pessoas – uma mulher e um homem ou duas mulheres ou dois homens – se sentem muito atraídos um pelo outro. [...] Quando a mulher e o homem estão pertos a ponto de

o pênis entrar na vagina, a vagina se expande de modo a envolver o pênis[152].

"É inacreditável o que essas pessoas fizeram com nossas crianças", disse a Dra. Grossman assim que tirei meus olhos do livro pornográfico diante de mim. "Quando uma professora mostra isso aos seus alunos da quarta série – acho que crianças de 10 anos estão na quarta ou quinta séries –, dá a entender que, primeiro, não há nada de mau nisso. Em segundo lugar, que é na escola que se aprende essas coisas, e não em casa. Aprendo sobre meu corpo, sobre sexualidade, sobre gênero e todas essas coisas na escola".

(Tirar a educação sexual do ambiente familiar é fundamental para a teoria de Kinsey sobre a sexualidade libertina. Quanto menos os pais souberem, melhor. Como dizem que o próprio Kinsey falava com frequência, "a diferença entre uma diversão e um estupro é a presença ou ausência dos pais da menina quando ela volta para casa"[153]).

Esse não foi o único material pornográfico apresentado às crianças. Recentemente, na escola Dalton, uma instituição particular de Manhattan, professores mostraram a crianças de seis anos – seis! – um vídeo que exibia órgãos sexuais e atos sexuais solitários, juntamente com um menino perguntando à professora por que ele tem vontade de se masturbar às vezes[154]. Meninas californianas de apenas dez e onze anos foram ensinadas a pôr camisinhas em modelos de um pênis,

---

152. HARRIS, Robie; EMBERLEY, Michael. It's Perfectly "Normal: Changing Bodies, Growing Up, Sex, and Sexual Health". Candlewick Press: Somerville, 2014.
153. CORNOG, PERPER, *op. cit.* p.179.
154. CREITZ, Charles. "Huckabee Blasts 'Embarrassing and Disgusting' NYC Private School's Explicit Sex-Ed for 1st Graders". *In* Fox News, 1 de junho de 2021. Disponível em https://www.foxnews.com/media/huckabee-blasts-embarrassing-and-disgusting-nyc-private-schools-explicit-sex-ed-for-1st-graders.

enquanto os meninos da turma assistiam. Elas também foram ensinadas a fazer sexo oral e anal com seus "parceiros"[155]. Há alguns anos, na Virgínia, pais ficaram chocados ao descobrir que as salas de aula e bibliotecas das escolas estavam cheias de livros sexualmente explícitos, que continuam descrições de masturbação, sexo oral, relação sexual, incesto, estupro e consumo de bebidas alcoólicas antes da idade legal[156].

Os manuais de saúde sexual serviram como instrumento para que esse tipo de material nojento entrasse nas escolas norte-americanas, geralmente sem que os pais tenham ideia do que está acontecendo. A SIECUS, por exemplo, distribuiu mais de cem mil cópias de seus manuais, enquanto outras mil são baixadas de seu site todos os meses[157].

Esse não é um fenômeno recente. Em 1968, a Universidade de Nova York recebeu financiamento do governo federal para criar um programa pedagógico de educação sexual para professores[158]. Em 1994, a SIECUS tinha oito organizações não-governamentais como membros, todas pressionando por uma educação sexual mais ampla nas escolas – entre elas a YWCA, a Associação Médica Norte-americana e a Associação de Bibliotecas dos Estados Unidos[159]. Apenas dois anos mais tarde, 47 estados exigiam ou recomendavam programas de

---

155. BARNHART, Melissa. "California's Sex Ed Guidelines Are 'Shocking' and 'Medically Risky' for Kids, Teacher Says". *In* Christian Post, 29 de maio de 2019. Disponível emn https://www.christianpost.com/news/californias-sex-e-d-guidelines-shocking-medically-risky-for-kids-teacher-says.html.
156. ANDERSON, Anna. "Sexually Explicit Books Were Put in These Virginia Classrooms". *In* Parents Want Answers. Daily Signal, 2 de novembro de 2019. Disponível em https://www.daily signal.com/2019/11/02/sexually-explicit--books-were-put-in-these-virginia-classrooms-parents-want-answers/.
157. "GUIDELINES for Comprehensive Sexuality Education", *op. cit.*
158. CORNOG, MARTHA e PERPER, *op. cit*, p. 29.
159. *Ibid.*

educação sexual em suas escolas, e todos os estados pediam programas que tratasse do HIV e da AIDS[160].

Pais e alguns educadores tentaram resistir à imposição da educação sexual por um tempo. No começo, havia uma rejeição completa da educação sexual em alguns setores, sobretudo entre grupos cristãos. Mais tarde, houve uma transição para que a promovesse com base na abstinência. Hoje, ao que tudo indica, pais de mentalidade mais virtuosa ficam felizes só de conseguir impedir que seus filhos sejam expostos aos materiais mais explícitos.

A educação sexual é hoje tão onipresente que muita gente considera normal e até recomendável que se ensine a crianças cada vez mais novas práticas sexuais obscenas. A Dra. Grossman notou que "somente pessoas que mantêm contato com um sistema de crenças diferente, um sistema de valores e moral diferente, como, por exemplo, o sistema judaico-cristão, ainda dizem que 'não, a sexualidade não é para crianças, crianças precisam ser protegidas desse tipo de coisa', que a inocência delas é preciosa e que é um crime tirar essa inocência delas".

★ ★ ★

Como a educação sexual levou à educação de gênero

Depois que a educação ampla da sexualidade (e não "educação sexual") se estabeleceu no sistema de ensino, ela se tornou o veículo perfeito para a ideologia de gênero. Para tanto, foi preciso apenas que esse pensamento fosse aceito como parte essencial da reforma social de esquerda. Assim, entrou para o sistema educacional da mesma forma que a libertinagem sexual,

---

160. *Ibid.*, 28.

nascendo como discussão científica, virando dogma acadêmico e finalmente se tornando parte obrigatória da educação pública. A única diferença que é aconteceu bem mais rápido.

Depois que pessoas como Money e Butler revolucionaram a teoria do gênero, os princípios básicos da ideologia deixaram o campo da teoria radical e se transformaram em "fato" científico. Essa mudança ocorreu em 2012.

"Mas então o que é o transtorno de identidade de gênero? Uma doença mental?", perguntei à Dra. Grossman.

"Bom, depois de 2012 não podemos mais usar esse termo, mas antes era o que usávamos para descrever um transtorno bastante raro", respondeu.

"E agora não se usa mais essa categorização? Não falamos mais em 'transtorno de identidade de gênero'"?

"Depende de quem fala", disse ela. "Mas, em geral, sim, esse diagnóstico foi rejeitado e o novo diagnóstico é o de disforia de gênero".

Qual é a diferença? A Dra. Grossman explicou: "A principal diferença entre o transtorno de identidade e a disforia de gênero é que a patologia não é mais o fato de a criança questionar quem ela é. Em vez disso, é o estresse que se sente e que se deve à sociedade, aos pais, à escola, por não aceitarem seus sentimentos".

Com o transtorno de identidade, o problema está na pessoa. Com a disforia, nos outros.

Achei que a mudança se baseasse em alguma nova pesquisa ou teoria ou coisa assim. A verdade é que foi uma mudança política. A mudança foi feita no chamado *Diagnostic and Statistical Manual of Emotional Illnes* [*Manual Diagnóstico e Estatística de Transtornos Mentais*], ou DSM – uma espécie de bíblia que os psicólogos usam para diagnosticar seus pacientes.

O que aconteceu em 2012 foi que o DSM acabou sendo atualizado para o DSM-5 – e, assim, o "transtorno de identidade de gênero" foi retirado e a "disforia de gênero", acrescentada ao manual.

Enquanto psiquiatra, a Dra. Grossman pôde me dar informações de bastidores. Ela me disse que, quando organizações como a Associação Psiquiátrica Norte-americana e a Academia Norte-americana de Psiquiatria Infantil se juntam, elas formam comitês menores ou forças-tarefas de oito a doze pessoas para tratar de temas sensíveis — como mudar a definição para pessoas confusas quanto ao gênero.

"Existem cerca de 38 mil psiquiatras neste país, que são as pessoas que acabam fazendo parte dessas forças-tarefas, desses comitês. Em geral, são ativistas, sobretudo quando se trata desses assuntos — temas sexuais, temas de gênero... Ou seja, não há um consenso".

Uma vez que esse grupelho mude a definição, as autoridades médicas, as organizações de classe e outros psiquiatras podem considerá-la a palavra final. Eles usam o peso de uma publicação importante para rebater qualquer opinião contrária, chamando as pessoas de "anticientíficas". "Sou psiquiatra clínica. Tenho certificação para trabalhar com crianças e adolescentes", me disse a Dra. Grossman. "Tenho vários amigos psiquiatras e ninguém nos questionou sobre nada".

Quando a confusão quanto ao gênero deixou de ser uma patologia interna e virou uma identidade, isso permitiu que professores e o sistema educacional lecionassem com mais agressividade sobre os gêneros fluídos, como se eles fizessem parte da sexualidade humana. Gays e lésbicas já tinham passado décadas fazendo pressão pela presença de materiais didáticos pró-gay nas bibliotecas e escolas[161]. O movimento trans não perdeu tempo.

---

161. *Ibid.*, 40.

O manual mais recente da SIECUS diz que "uma das características do adulto sexualmente saudável" é "afirmar a própria identidade de gênero e respeitar a dos demais". Outra parte afirma que "o entendimento das pessoas quanto à própria identidade de gênero pode mudar com o tempo" e que "os estereótipos dos papeis de gênero são prejudiciais tanto para os homens quanto para as mulheres"[162].

A Dra. Grossman, como sempre, resume bem: "as crianças estão aprendendo que o gênero é o que acontece na cabeça delas, é o que elas pensam, e o sexo é o que existe entre as pernas – e que as duas coisas são totalmente diferentes".

A propaganda é quase onipresente hoje em dia. Um livro infantil distribuído na Virgínia e intitulado *My Princess Boy* [*Meu menino "princeso"*] fala sobre transição de gênero para crianças de cinco anos de idade. Como detalhou Anna Anderson, do *American Principles Project* [*Projeto de Princípios Americanos*],

> entre os outros títulos disponíveis estão: *Prince and Knight* [*Príncipe e cavaleiro*] (segunda série), *Beyond Magenta: Transgender Teens Speak Out* [*Para além do magenta: adolescentes trans falam*], *Some Girls Bind* [*Algumas meninas ficam*], *Weird Girl and What's His Name* [*Menina esquisita e qual o nome dele*] (apresentando uma visão positiva do estupro de um menino por seu chefe, e a relação entre uma menina e a professora dela), e *Being Jazz: My Life as a Transgender Teen* [*Jazz: minha vida com um adolescente trans*][163].

A apresentadora de TV Megyn Kelly contou que a escola do filho promoveu um programa experimental sobre transgenerismo para os meninos da terceira série, que aprenderam que "podiam tomar um remédio para evitar a puberdade" e que

---

162. "GUIDELINES for Comprehensive Sexuality Education", *op. cit.*
163. ANDERSON, *op. cit.*

mais tarde podiam ter seus genitais "cortados"[164]. Os pais só ficaram sabendo depois que o "treinamento" acabou.

O dinheiro dos contribuintes também está sendo usado para divulgar uma coisa chamada "gênero unicórnio". Tudo começou em 2016, no distrito educacional de Charlotte, na Carolina do Norte, e foi criado para ajudar os professores a construírem uma "sala de aula inclusiva para todos os gêneros"[165]. Baseado em desenhos infantis, o gênero unicórnio pensa em forma de arco-íris e tem entre as pernas uma hélice de DNA (como se a única parte do unicórnio determinada pela genética fosse o que existe entre as suas pernas).

Numa demonstração de que as pessoas doentes que promovem esse tipo de coisa realmente acreditam que não existe uma idade mínima para sexualizar as crianças, o gênero unicórnio é usado com crianças no jardim de infância e pré-escola. Ele pretende ajudar as crianças a entenderem sua sexualidade mostrando a elas escalas de identidade de gênero, expressões de gênero, o sexo que lhes foi determinado quando do nascimento, o sexo das pessoas pelas quais elas se sentem física e emocionalmente atraídas, e por aí vai. Crianças nessa idade geralmente não sabem ler. Elas estão aprendendo coisas como formas geométricas, cores e conceitos como o do compartilhamento. Elas choram quando estão nervosas e mães emocionadas as deixam na escolinha. Agora, estão pedindo

---

164. JERKOVICH, Katie. "Megyn Kelly Says Son's School Told Third Grade Boys About Taking Bloqueadores de puberdade So They Can Have Genitals 'Chopped Off'". *In* Daily Caller, 20 de outubro de 2021. Disponível em https://dailycaller.com/2021/10/20/megyn-kelly-sons-school-told-boys-taking-puberty-blockers-can-have-genitals-chopped-off/.

165. INGRAHAM, Keri D. "The Radical Reshaping of K-12 Public Education: Gender Redefinition and Self-Selection". *In* American Spectator, 1º de junho de 2021. Disponível em https://spectator.org/public-schools-gender-radical-reshaping/.

para que essas crianças explorem abertamente sua identidade sexual com a ajuda de desenhos.

Quando o gênero unicórnio foi apresentado em escolas do Oregon, o especialista em saúde sexual e educacional do Departamento de Educação (sim, aparentemente estados esquerdistas têm esse tipo de coisa) disse: "temos mais e mais crianças em idade pré-escolar saindo do armário e se identificando [como trans]"[166]. Aparentemente ninguém disse para essas crianças que elas podiam se identificar com um tiranossauro ou com a Elsa de *Frozen* se quisessem.

Outra abordagem do gênero unicórnio é o "biscoito sexual". Assim como o gênero unicórnio, o biscoito sexual faz distinção entre a identidade de gênero, atração sexual, sexo biológico e expressão sexual, e faz isso de uma forma que as crianças entendam[167]. Em alguns distritos, os pais podem tirar os filhos das aulas de educação sexual. Mas o avanço da ideologia de gênero é ainda mais totalitário quando os pais fazem isso. Quando uma mãe do Oregon reclamou da presença de uma pessoa interpretando o "biscoito sexual" na sala do filho e perguntou por que o filho não pôde ser tirado da atividade, o diretor lhe disse que o ensino da identidade de gênero ocorreria em todas as matérias ao longo do ano escolar[168]. Assim, ela manteve o "direito" de tirar o filho das aulas de educação sexual, mas sem saber quando a criança seria exposta à ideologia de gênero.

Algo semelhante aconteceu em Connecticut, onde um livro intitulado *Introducing Teddy* [*Apresentando Teddy*] foi distribuído entre os alunos do ensino fundamental. O livro conta a história

---

166. *Ibid.*

167. "GENDERBREAD PERSON". Disponível em https://www.genderbread. org/, acessado em 14 de janeiro de 2022.

168. INGRAHAM, *op. cit.*

de Teddy, fabricado como menino, mas que em seu coração insistia que era menina. Assim como aconteceu no Oregon, o distrito educacional disse aos pais que eles não podiam ter controle sobre o que era ensinado aos filhos. As crianças teriam que ler e ponto final[169].

É incrível a rapidez com que a ideologia de gênero passou de algo inédito para algo estranho, e depois para algo socialmente aceito e obrigatório no currículo. Eles fazem isso nas escolas porque sabem que crianças são mais maleáveis e se deixam impressionar. Não só isso, mas também porque se divulgarem a ideologia de gênero primeiro para as crianças, eles sabem que os pais com certeza as apoiarão posteriormente.

O plano parece estar dando certo. Afinal, a sala de aula não é o fim para os reformistas sociais. É só o começo. A partir dali, dá para ver todo tipo de contágio social. Não dá para ir a nenhum lugar, ler nada, assistir a nenhum filme, ver nenhum anúncio publicitário nem ter uma conversa sem que a ideologia de gênero esteja presente. A ideologia de gênero é a nova religião secular. Como descobri logo depois, ela se diz dona de tudo – e os hereges são inaceitáveis.

---

169. TAYLOR, Sarah . "Parents Say Kindergarten and First-Grade Students Are Being Read Wildly Age-Inappropriate Books About Sexuality and Gender Identity – and the Schools Refuse to Let Them Opt Out". *In* Blaze Media, 16 de novembro de 2021. Disponível em https://www.theblaze.com/news/parents-kindergarten-students-books-sexuality-gender-identity.

CAPÍTULO 5

O controle total do movimento trans

Não sabemos exatamente quantos trans há nos Estados Unidos. Fontes diversas mencionam números muito diferentes. As estimativas mais generosas falam que de tratam de menos de 1% da população norte-americana[170].

Não tem problema se você achava que era mais. Afinal, como parte da militância pela diversidade e inclusão, a cultura popular está cheia de personagens trans. Se um alienígena começasse a assistir a um filme, um programa de TV ou um telejornal norte-americano escolhido aleatoriamente, ele ficaria chocado quando lhe contasse que a maioria dos norte-americanos são pessoas comuns, brancos heterossexuais.

Esse desequilíbrio é proposital. Quanto mais os seres humanos veem uma coisa, mais eles a aceitam. Transar com qualquer um parece estranho se, ao seu redor, você só encontra casamentos monogâmicos. O sadomasoquismo não vai lhe parecer estranho se você consumir com regularidade pornografia cada vez mais violenta. Talvez o fato de o Estado tirar

---

170. HOFFMAN, Jan. "Estimate of U.S. Transgender Population Doubles to 1.4 Million Adults". *In* New York Times, 30 de junho de 2016. Disponível em https://www.nytimes.com/2016/07/01/health/transgender-population.html.

a custódia dos pais porque eles se recusaram a permitir que o filho fosse castrado não pareça assim tão ruim se um punhado de personagens na TV e nas redes sociais tiverem sido capados também – e veja como eles são felizes!

Mas estou me adiantando.

★ ★ ★

Do anonimato ao estrelato

O transgenerismo tomou o mundo (ocidental) de assalto, e não há mídia em que não sejamos confrontados com ele, quase todos os dias. Apesar de parecer que foi um fenômeno rápido, a pressão já se acumulava faz um tempo.

No começo dos anos 1950, um ex-soldado do Bronx que mudara o seu nome para Christine Jorgensen foi para Copenhague, na Dinamarca, se submeteu a uma cirurgia de mudança de sexo e tomou doses cavalares de estrogênio, se tornando a primeira estrela trans internacional[171]. Três agências de notícias distribuíram um total de cinquenta mil palavras contando a história de Jorgensen nas duas primeiras semanas de cobertura. Enquanto Alfred Kinsey e John Money conduziam seus experimentos e ideias sobre as cirurgias de mudança de sexo e a ideologia de gênero se espalhava pela Academia, a sociedade como um todo demonstrou um discreto interesse pelo tema dos transgêneros depois de Jorgensen. Não era incomum, em meados do século XX, temer que sua filha voltasse para casa se dizendo homem. Eram tempos mais simples. O frisson em torno de Jorgensen, como todos os sucessos passageiros, foi logo amainado.

Nos anos 1970, a controvérsia envolvendo Renee Richards estourou, dando início a debates ainda hoje em voga. Ele era um tenista que se submeteu a uma cirurgia de mudança

---

171. MEYEROWITZ, *op. cit*, 2001, p. 1.

de sexo e, por isso, dizia ser mulher. Como me contou o Dr. Bowers, "Renee Richards era um tenista profissional que nasceu homem, se submeteu à transição e, quando descobriram a situação dela [sic], as mulheres do circuito feminino de tênis ficaram irritadas. Achando que Richards tinha uma vantagem competitiva, tentaram tirá-la [sic] das competições".

O caso de Renee chegou à Suprema Corte do estado de Nova York, que lhe deu ganho de causa, determinando que obrigar Renee a se submeter a um exame para determinar seu sexo antes que ela [sic] pudesse competir era "uma injustiça evidente, um ato discriminatório e desigual, e viola os direitos dela [sic] de acordo com a Lei de Direitos Humanos deste estado"[172].

Depois disso, tudo se manteve relativamente tranquilo no *front* ocidental, até que, de repente, o movimento trans começou a aparecer nas manchetes, criando um tsunami que varreu toda a sociedade. Em 2008, o *reality show* "America's Next Top Model" teve como participante um trans, normalizando assim o transgenerismo com aparições regulares no cardápio televisivo de muitos norte-americanos. Alguns anos mais tarde, Bruce Jenner renasceu como "Caitlyn". A revista *Vanity Fair* publicou uma matéria elogiosa de capa e praticamente todos os veículos de comunicação dos Estados Unidos o trataram como herói. Pouco depois, o governo Obama liberou o serviço militar para trans (uma proibição que voltou com o presidente Trump e foi novamente derrubada por Biden)[173].

---

172. AMDUR, Neil. "Renee Richards Ruled Eligible for U.S. Open". *In* New York Times, archive, 17 de agosto de 1977. Disponível em https://archive.ph/jCjkq, com print feito em 30 de setembro de 2019.
173. ASSOCIATED PRESS. "A Look Back at the History of US Transgender Rights". *In* Wesh 2 News, atualizada pela última vez em 23 de fevereiro de 2017. Disponível em https://www.wesh.com/article/a-look-back-at-the-history-of-us-transgender-rights/8972867.

O transgenerismo deixava de ser coadjuvante para se tornar protagonista, em absolutamente todos os aspectos da vida norte-americana. Não há como evitar. Está no centro do debate cultural dos Estados Unidos, e a única saída é a morte ou se tornar Amish.

No cinema, a Amazon Prime produziu a refilmagem do clássico Cinderela, escolhendo um trans para interpretar a fada madrinha[174]. No Universo Marvel – que produz os maiores sucessos de bilheteria hoje em dia – a Disney (proprietária da Marvel) anunciou que em breve lançaria um super-herói trans[175].

A televisão tem a sua própria gama de personagens trans. A série *Glee*, da Fox, já mostrava um trans em 2012[176]. Uma série chamada *Transparent*, sobre um pai que anuncia que é trans, teve cinco temporadas e foi exibida até 2019[177]. Em *Orange is the New Black*, da Netflix, um personagem trans foi interpretado por um ator trans, Laverne Cox[178]. Depois, a Netflix anunciou que pretende apresentar o primeiro personagem não-binário

---

174. ALEXANDER, Jared. "Billy Porter on 'Cinderella' Role: I Dreamed of Being 'Male Whitney Houston'". *In* Yahoo News, 3 de setembro de 2021. Disponível em https://news.yahoo.com/billy-porter-cinderella-role-dreamed-180800438.html.

175. AVILES, Gwen. "Transgender Character Coming to Marvel Cinematic Universe, Studio President Suggests". *In* NBC News, atualizada pela última vez em 3 de janeiro de 2020. Disponível em https://www.nbcnews.com/feature/nbc-out/transgender-character-coming-marvel-cinematic-universe-n1109521.

176. KANE, Matt. "Glee Introduces Its First Transgender Character". *In* Glaad, 18 de abril de 2012. Disponível em https://www.glaad.org/blog/glee-introduces-its-first-transgender-character.

177. TRANSPARENT. IMDb. Disponível em https://www.imdb.com/title / tt3502262/?ref_%3Dnv_sr_1, acessado em 14 de janeiro de 2022

178. "6 TV Shows With Transgender Characters Played By Transgender Actors". *In* Hypable, 6 de junho de 2019. Disponível em https://www.hypable.com/tv-shows-transgender-characters-played-by-transgender-actors/.

(o que significa que ele não é nem masculino nem feminino) numa série para crianças em idade pré-escolar[179].

O mundo das celebridades está cheio de pessoas trans ou não-binárias, de Chaz Bono aos criadores de *Matrix*, os irmãos Wachowski (que agora se dizem "irmãs"), passando pela atriz, cantora e compositora Demi Lovato. Lovato – uma ex-estrela infantil da Disney – é uma autointitulada profetiza da anarquia sexual da qual Kinsey e Money foram pioneiros. Numa de suas publicações no Instagram, lê-se:

> Seja vadia. Mostre seu corpo. Fique nua. Faça sexo seguro, diferente, e consensual à vontade. Seja doida. Se masturbe. Faça e assista pornô. Ganhe dinheiro. Lembre-se de que não há nada de errado em ser sexual[180].

Para o caso de você estar preocupado, achando que apenas adultos e ex-estrelas infantis da Disney estão nessa, Desmond is Amazing[181] é uma *drag queen* pré-pubescente que se apresentou no programa *Good Morning America*[182]. Seus pais, que já foram acusados de abuso, também permitiram que Desmond dançasse nu em uma boate gay do Brooklyn, enquanto homens adultos

---

179. FIROZI, Paulina. "Singer Demi Lovato Says They Identify As Nonbinary: 'This Is My Truth and I Can't Shove It Down". *In* Washington Post, 19 de maio de 2021. Disponível em https://www.washingtonpost.com/arts-entertainment/2021/05/19/demi-lovato-nonbinary-identity/.

180. FAIRBANKS, Cassandra. "Former Disney Star Demi Lovato Tells Followers to 'Be a Sl*t' and 'Make Porn'". *In* Gateway Pundit, 8 de setembro de 2021. Disponível em https://www.the gatewaypundit.com/2021/09/former-disney-star-demi-lovato-tells-followers-slt-make-porn/.

181. "Desmond is Amazing" trata-se de seu nome artístico, sendo seu nome civil, Desmond Napoles. (N. E.)

182. FREIBURGER, Calvin. "'Good Morning America' Promotes Child Drag Queen". *In* LifeSiteNews, 16 de novembro de 2018. Disponível em https://www.lifesitenews.com/news/good-morning-america-promotes-child-drag-queen/.

lhe jogavam cédulas de dólar. Claro que não foi permitido o uso de celular enquanto o garoto performava na casa noturna.

Mesmo que você não seja fã da cultura pop, é impossível assistir ao noticiário sem enfrentar um desfile interminável de trans "pioneiros". Rachel Levine foi confirmada como primeiro secretário de governo trans e ele hoje comanda o Departamento de Saúde e Serviços Humanos, responsável por políticas públicas que dizem respeito, entre outros assuntos, ao Medicare, Obamacare e ao coronavírus. Tivemos nosso primeiro bolsista Rhodes[183], nosso primeiro escoteiro trans[184], nosso primeiro presidente de convenção partidária trans[185] e até nosso primeiro espião trans, na figura de Chelsea Manning. A quantidade de história sendo feita é impressionante.

A Drag Queen Story Hour (DQSH)[186] se espalhou por todo o país depois que homens confusos e com roupas assustadoras, com uma estranha afeição por crianças, criaram filiais e invadiram as bibliotecas públicas de toda a nação. Especialistas em Recursos Humanos e simpatizantes de todos os lugares chamaram para si a responsabilidade por anunciar seus pronomes inclusivos em

---

183. AVILES, Gwen. "Trans Woman Is First Rhodes Scholar in Program's 117-Year History". *In* NBC News, 25 de novembro de 2019. Diponível em https://www.nbcnews.com/feature/nbc-out/trans-woman-first-rhodes-scholar-program-s-117-year-history-n1090866.

184. LEVINE, Sam. "9-Year-Old Becomes First Openly Transgender Boy Scout". *In* Huffington Post, 8 de fevereiro de 2017. Disponível em https://www.huffpost.com/entry/transgender-boy-scouts_n_589b3bd0e4b04061313a959d.

185. STEINMETZ, Katy. "Meet the First Openly Transgender Speaker at a Party Convention". *In* Time, 26 de julho de 2016. Disponível em https://time.com/4422613/democratic-convention-first-transgender-sarah-mcbride/.

186. Que em tradução livre ficaria "A Hora da História com Drag Queens", trata-se de um evento infantil iniciado por volta de 2015 pela autora e ativista Michelle Tea em São Francisco. O intuito declarado do evento é promover a inclusão trans e drag ao mundo infantil, se valendo para isso de contistas drags que se apresentam aos participantes. (N. E.)

e-mails, conversas cotidianas no trabalho e em eventos sociais. Se você se recusar a fazer o mesmo, pode ter certeza de que sua falta de "inclusibilidade" será notada.

Até o ato de ter um bebê se tornou espaço suscetível ao toque da ideologia de gênero. Hoje em dia é difícil de encontrar um hospital dos Estados Unidos que ofereça mantas e bonezinhos azuis ou rosas para os recém-nascidos. Eles são ou uma mistura de rosa e azul ou sem cor definida, num aparente esforço para impedir o serzinho fofo de ter um gênero imposto a ela ou ele.

Não há como fugir. Talvez você já tenha seus filhos e não pretenda ter mais. Talvez você trabalhe de casa, por si próprio, e talvez até eduque seus filhos em casa. Talvez você já tenha tirado a televisão da tomada, deletado suas redes sociais e só seja capaz de citar celebridades como Elvis Presley, John Wayne, Audrey Hepburn e Mickey Mouse. Bom, isso não impede os outros pais da rua de entrarem para a moda de criar seus filhos Zyler e Kadyn como crianças sem gênero ou de gênero fluido. (Zyler e Kadyn, por sinal, são gêmeos reais de Cambridge, Massachusetts, cujos pais os estão criando sem gênero, para que as crianças possam decidir por si mesmas quando forem mais velhas)[187].

Você não pode se preocupar apenas com seus filhos. Quando foi a última vez que conversou sobre ideologia de gênero com a sua esposa? Quando entrevistei o Dr. Bowers, perguntei a ele como a família tinha reagido à sua transição de gênero, já que fora casado e tinha filhos. "Se você se casa com alguém que é também seu melhor amigo, é provável que entenda e esteja ao seu lado ao longo do processo", disse. "Ainda estamos legalmente casados",

---

187. COMPTON, Julie Compton. "'Boy or Girl?' Parents Raising 'Theybies' Let Kids Decide". *In* NBC News, 19 de julho de 2018. Disponível em https://www.nbcnews.com/feature/nbc-out/boy-or-girl-parents-raising-theybies-let-kids-decide-n891836.

contou sobre sua esposa, "não chamaria isso de casamento. Está mais para uma família moderna".

"Você teve uma esposa que lhe deu apoio. Mas a sua experiência é comum?", perguntei.

"Cada vez mais", disse ele. "Acho que, à medida que os trans, enquanto fenômeno, surgirem e se tornaram mais aceitáveis, os parceiros darão apoio". Ele continuou: "Se a pessoa não é um bom companheiro, seja ela homem ou mulher, e você acrescenta isso à confusão, é provável que tenha problemas. Mas se tem alguém que é seu amigo e por quem você nutre um respeito mútuo, geralmente a relação permanece". Entendi. Então se seu parceiro disser que pertence ao sexo oposto e o casamento se desfaz, a culpa é sua por não aceitar isso. Você provavelmente já tinha problemas com isso antes.

★ ★ ★

Qual é a verdade?

Uma palavra usada pelo Dr. Bowers ficou em minha mente, talvez porque variações dela apareceram na fala de todos os trans que entrevistei. A palavra é "aceitável". Parece que para os trans a palavra "aceitável" ou "aceitação" é fundamental. Ou, indo um pouco além, "afirmar" proativamente as pessoas em sua decisão de mudar de gênero. Na verdade, comecei a notar que o avanço rápido do movimento trans na cultura popular foi motivado pelo poder concomitante da aceitação e da afirmação. É que isso soa tão bom e positivo que é difícil resistir.

Ninguém com quem conversei teceu essa manta confortável de afirmação melhor do que a terapeuta Gert Comfrey. "Meu trabalho é ouvir atentamente e oferecer apoio quando necessário. Como podemos ser criativos na busca de soluções para a sua vida?", me disse bem no começo da nossa entrevista.

"Como podemos experimentar outras formas de ser no mundo, e que possam ser mais autênticas e generosas?".

As palavras dela eram tranquilizadoras. Afinal, quem não quer ser autêntico e viver a vida em sua totalidade?

De acordo com a tradição dos anos 1960, o caminho para a autenticidade e a completude da vida, de acordo com ela, é não cumprir suas obrigações e deveres nem enfrentar o desafio da existência humana nem viver de acordo com a verdade. Em vez disso, o senso de realização vem do afrouxamento das restrições e do livramento de inibições que talvez possam paralisar a pessoa. "Como você age num mundo onde temos um binarismo bem rígido em nossa cultura dominante?" é a pergunta retórica que Comfrey faz a seus clientes. "Isso tem uma ressonância em você? Isso se encaixa naquilo que você sabe que é? Ou há algo a mais, algo além ou um pouco das duas coisas?".

A autoaceitação e a autodescoberta vêm em primeiro lugar. Esse conceito não é exclusivo da ideologia de gênero. Filosofias populares chanceladas por celebridades que vão de Oprah Winfrey a bons influenciadores promovem a ideia de que a autorrealização provém do autoconhecimento. A totalidade vem de dentro. A felicidade é encontrada quando se descobre "minha verdade".

Tudo isso me lembra uma famosa música hippie do filme *Fama* (1980), intitulada "*I sing the body electric*". Numa tradução apressada, a letra diz: "Celebro o eu ainda por surgir/ Faço um brinde à minha união comigo mesmo". Tudo está no ego e não há nada fora dele ou contra ele – e a filosofia contemporânea em resumo.

Tudo é tão embriagante, tão... revigorante. Sou eu quem defino a minha verdade. Me sinto afirmado e amado e aceito. Ao me sentar para conversar com Comfrey, me perguntei se ela poderia ser a *minha* terapeuta. Se eu poderia me abrir com ela como nunca me abri com ninguém antes. Por onde começar?

"Não quero que isso soe como uma pergunta boba, mas com a fluidez dessas coisas todas, sem definições, como sei que sou uma mulher?", perguntei, hesitante e sinceramente.

"É uma ótima pergunta!", me disse.

Expliquei no que estava pensando.

"Gosto de velas perfumadas".

"Legal", disse ela.

"Assisto à série *Sex in the City*".

"Uau!

"E então, como eu fico sabendo?".

"Matt, a questão aqui, tipo, aquela pergunta, quando feita com curiosidade, esse é o começo, para muitas pessoas, tipo, da jornada de amadurecimento da identidade de gênero".

Eu já iniciara a jornada para descobrir o que é uma mulher. Acho que não tinha tempo para começar outra. Não só isso, como também os perigos que vi nessa jornada do gênero.

Definir algo a partir de dentro, do eu, causa frustrações profundas. Torna-se impossível apontar fatos e ideias. Perguntei à Dra. Forcier como decidimos se alguém é homem ou mulher. Ela começou mencionando uma montoeira de coisas, de hormônios até "como você será lido ou terá seu gênero especificado em nossa cultura". Insisti: "Mas e no mundo real? De verdade?".

"Da verdade de quem estamos falando?", questionou ela.

"A mesma verdade que diz que estamos sentados nesta sala agora mesmo. Não estamos num avião ou no céu. Não estamos na Inglaterra vitoriana".

"A verdade dos meus pacientes não pode ser determinada por você", comentou com seriedade.

Comecei a entender que pessoas como a Dra. Forcier e Gert Comfrey operavam em planos bem diferentes dos meus. Eu estava em busca da verdade. Minhas perguntas pareciam diretas. Para elas, era impossível compreender essas perguntas.

Não dá para combater a ideologia de gênero com a lógica. Sinceramente, não dá nem para entender dessa forma. Logica significa a busca pela verdade. Ela exige uma realidade externa a partir da qual pode-se julgar ações e determinar eventos e processar experiências. A ideologia de gênero não tem nada disso. É relativismo puro.

Ninguém pode ser totalmente relativista. Os relativistas acreditam que não existe uma verdade externa – exceto quando eles preferem acreditar nela. Claro que não botam a mão no fogo dizendo que "a verdade deles" é a de que o fogo não é quente, esperando saírem ilesos. Eles não são estúpidos. São apenas incoerentes.

Sem qualquer motivo aparente, os teóricos da ideologia decidiram que o gênero não se baseia na realidade, mas outras coisas sim. A distinção é arbitrária.

"Meu filho me disse recentemente que ele é um brócolis", eu disse a Comfrey. "Acho que ele anda assistindo muito ao desenho *Os vegetais*. Não pretendo cortá-lo e colocá-lo na salada nem nada disso. Mas como saber a diferença entre fantasia, brincadeira e ilusão, e a verdade de cada um?".

Ela contornou a pergunta. "Acho que aqui é importante ter em mente que, tipo, de novo, não basta apenas acordar um dia e, tipo, ah, é assim que sou a partir de hoje. Trata-se realmente de um processo de identidade de gênero, um processo em desenvolvimento que leva anos".

Então meu filho é mesmo um brócolis? Ela não respondeu, obviamente sem querer afirmar que a verdade existe em alguns casos e não em outros. Ainda assim, ela quis dizer que minha pergunta estava errada, e que pensar que você é um brócolis é diferente de acreditar que é de outro gênero. São duas perguntas diferentes. Esqueci de questionar o que aconteceria se a identidade brocoliana do meu filho se desenvolvesse ao longo dos anos, mas não importa. A ideia é a de que o gênero é diferente de toda a realidade. Não há explicação. Não há motivo. O fato de algumas pessoas se sentirem mal acreditando que seu gênero diverge do seu sexo basta para rejeitar a realidade.

Mas talvez eu não esteja sendo justo. Afinal, nenhum dos ativistas trans com quem conversei me disse acreditar em qualquer verdade. Talvez eles botassem, sim, a mão no fogo. Talvez eles aceitassem, sim, a identidade do meu filho como um brócolis. Talvez fossem logicamente coerentes.

Recentemente escrevi um livro intitulado *Johnny the walrus*[188] [*Johnny, a morsa*], sobre um menino que finge ser uma morsa e a mãe dele, que acredita nessa sua nova identidade e tenta ajudá-lo na transição. O livro não se pretende a sério, claro. Ou talvez não seja algo tão óbvio assim. Talvez eu esteja mesmo no limite do transespecismo e o único motivo para os ideólogos de gênero contemporâneos não mencionarem seus irmãos e irmãs *interespécies* é o fato de eles não serem aceitos nem afirmativos o bastante.

★ ★ ★

Fluidez da linguagem

Tudo parece uma piada, mas é algo que tem consequências reais – a mais comum delas está no nosso debate quanto à linguagem.

Quando se trata de gênero, a linguagem está sempre mudando. É "mastectomia" ou "cirurgia das partes altas"? É "cirurgia de mudança de sexo" ou "cirurgia das partes baixas"? "Enfermeira" é agora "enfermeire". "Dar o peito" é "dar o tórax". Dizem-nos que mulheres podem ter pênis e homens

---

188. Walsh, Matt. *Johnny the walrus*. DW Books: Tennesse, 2022. (N. E.)

podem menstruar. A linguagem permitida muda com tanta frequência que nem os defensores dos transgêneros são capazes de acompanhar.

"Muitas das terminologias [...] são usadas hoje para descrever pessoas que não necessariamente se adequam a um sistema binário de masculino e feminino", me disse o Dr. Bowers.

"No seu site, o senhor se refere a uma 'cirurgia de homem para mulher', então fiquei me perguntando..." Imaginei como ele pode dizer que muita gente não é binária se suas cirurgias são propostas em termos binários.

"Sendo bem sincero, digo, às vezes nós... Até eu sou antiquado. Então isso de definir esse termo é uma coisa antiga. É um desafio para nós nos mantermos atualizados nessa terminologia". Cuidado: nem mesmo um dos mais requisitados cirurgiões para mudança de sexo é capaz de acompanhar as regras em constante mudança.

Esse campo minado é ainda mais perigoso quando se trata de pronomes. As pessoas simplesmente declaram que agora preferem pronomes que não combinam com seu sexo e que tampouco refletem o fato de que são singulares, e não plurais. Espera-se que todos se submetam a essa declaração e usem os pronomes preferidos, mesmo que não faça sentido.

Discuti o assunto com Comfrey. "Então você nasceu mulher, mas agora se identifica com eles/deles[189]. Esses são seus pronomes, certo? O que isso quer dizer?", perguntei.

Ela contou que foi chamada de "ela/dela", e foi assim que ela cresceu. "Daí gastei algum tempo com amigos de confiança para explorar", disse. "Como seria se eu ouvisse as pessoas da minha vida se referindo a mim usando os pronomes eles/deles? [...] E pedi que as pessoas fizessem exatamente isso.

---

189. Ver nota 134. (N. E.)

Você poderia experimentar? Você falar de mim? Tipo, posso ouvir você falando de mim? E assim que ouvi as pessoas se referindo a mim usando eles/deles, tipo, 'essa é a casa deles' [...] ou 'realmente gosto deles, Gert.' 'Ah, eles são incríveis". Certo. Isso realmente fez sentido [...] Eu disse, ah, é isso aí, isso me parece muito melhor".

Era uma demonstração clara da identidade de gênero performática de Butler. Comfrey percebeu algo que a deixava insatisfeita, mas não buscou a mudança dentro de si. Ao contrário, pediu que as pessoas ao seu redor mudassem. A identidade de gênero dela só podia ser validada quando o mundo externo começasse a reconhecê-la pelo que ela mesma sente que é. O mundo tem de que se adaptar à sua realidade. O fato de alguém ter uma realidade diferente, na qual as palavras "eles" e "deles" só façam referência a mais de uma pessoa, não importa.

"Como você se sente sendo 'eles'?". Sentimentos são um dos assuntos preferidos dos não-binários e seus aliados.

"Para mim é uma honra que, tipo, meu gênero está além da binaridade. Não sou homem nem mulher. [...] Meu gênero ou minha expressão de gênero é algo que vai além da binaridade", respondeu. "Então, para mim, é algo que parece ampliar os horizontes, uma forma de afirmação. Sinto uma liberdade e uma liberação que se apresentam diante de mim".

Na mente de Comfrey, ela está vivenciando uma inversão das palavras de Jesus: não é a verdade o libertará, e sim *minha* verdade *me* libertará.

E quem é você para negar essa liberdade? Se a verdade dela a liberta, mas só pode ser validada, só pode se tornar realidade, por meio do reconhecimento externo da identidade de gênero dela, então essa liberdade só pode ser conquistada por meio da afirmação.

Algumas pessoas, como eu, insistem em usar apenas os pronomes adequados ao sexo da outra pessoa. Outros preferem usar apenas os pronomes adequados, biológicos para os demais, mas não exigem que os outros façam o mesmo. Para essas pessoas, se alguém quer se fazer chamar por "eles" ou "senhore" ou "sua excelência", não importa. Eu o chamarei como bem entender. Você usará os pronomes que quiser. Tanto fez quanto tanto faz – esse é o mantra.

Mas isso não funciona. De um jeito estranho, os libertários sociais e os ideólogos de gênero se baseiam em pressupostos semelhantes. Ambos defendem a primazia da liberdade e da autodefinição. Assim, soa natural que você seja livre para fazer o que quer em sua esfera de atuação, desde que não prejudique ninguém. Sua liberdade de mexer os braços acaba no meu rosto, como se diz[190].

A discordância surge quando perguntamos o que constitui "prejuízo". Para um libertário social, não há prejuízo no uso dos pronomes biológicos de alguém, em vez dos pronomes preferidos da pessoa. Uma pessoa não-binária é livre para usar os pronomes que quiser; eu sou livre para usar os meus. Teoricamente, não haveria problema algum nisso. Mas ao não usar os pronomes "certos", ao não *afirmar,* subvertemos a identidade da pessoa trans. Ouvir outros dizendo "eles" ou "deles" não faz apenas com que Comfrey se sinta bem. A identidade dela, a concepção que faz de si mesma, exige que você use "eles" e "deles". Não usar os pronomes "certos" talvez não mate o corpo. Mas, para esses sujeitos, destrói a sua essência.

É importante reconhecer que a interação entre o transgenerismo e a sociedade como um todo não é uma via de mão única. Não temos apenas os trans "descobrindo suas

---

190. No original: *Your freedom to swing your arms ends at my face, as the saying goes*. (N. E.)

essências" e exigindo que os outros respeitem e afirmem essa essência explicitamente, como no uso dos pronomes preferidos; a sociedade também influencia o gênero. Como disse Comfrey, "Um ponto importante é que, tipo, isso não está acontecendo num, tipo, vácuo. Não é só, tipo, tenho sentimentos de menino ou sentimentos de menina. O gênero é, tipo, um diálogo que estamos tendo na sociedade".

★ ★ ★

Disforia de Gênero de Desenvolvimento Rápido

O fato de a percepção social influenciar a identidade de gênero não é apenas uma extensão da teoria de Judith Butler sobre o gênero performático. É um fato documentado. Em nada mais se percebe isso com tanta clareza quando no fenômeno assustador da disforia de gênero de desenvolvimento rápido (ROGD, na sigla original)[191].

Diz-se que, quando a sociedade condena e desestimula algo, a oferta diminui; quando afirma e promove, a oferta aumenta. E a nossa sociedade com certeza reafirma e promove o transgenerismo, então faz sentido que hoje em dia haja mais trans. Mas a ROGD é muito maior do que um aumento natural no sentimento pró-trans – e até da quantidade de pessoas que se identifica como trans –, como se poderia esperar da aceitação cada vez maior do transgenerismo. É um contágio social que afeta grupos demográficos inteiros, transformando um conjunto de meninas normais em trans de uma hora para a outra.

Abigail Shrier, uma jornalista corajosa e ostensivamente independente, tem pesquisado esse assunto. A disforia de gênero de desenvolvimento rápido "é diferente da disforia de gênero

---

191. No original: *Rapid onset gender dysphoria*. (N. E.)

tradicional, um transtorno psicológico que começa na infância e se caracteriza por uma sensação grave e persistente de que se nasceu no sexo errado", escreve Shrier. "A ROGD é um contágio social que aparece repentinamente na adolescência e aflige jovens que nunca exibiram qualquer confusão quanto ao seu sexo"[192].

Eis como isso funciona. Em geral, se manifesta em meninas adolescentes e pré-adolescentes que estão mais suscetíveis à pressão social — o grupo mais sensível em toda a história humana. Elas são ansiosas e inseguras quanto a seus corpos, psicologicamente confusas e estão desesperadas por aceitação social. Não que estejam doentes. Isso é normal na puberdade e na adolescência. Infelizmente para elas, foram convencidas de que o que estão sentindo é diferente do que todas as adolescentes e pré-adolescentes da história sentiram.

Sinceramente, o sentimento delas talvez não seja diferente, mas as circunstâncias são. Poucas épocas estiveram tão repletas de lares desfeitos, pais divorciados, transformações sociais, comunidades instáveis, mudanças constantes, falta de uma cultura, fé e experiências comuns, aceitação autoindulgente da experimentação sexual na juventude e acesso imediato à pornografia, sem falar das inescapáveis redes sociais que permitem que alguns finjam ter vidas perfeitas, ao mesmo tempo em que atacam anônima e perversamente os outros, usando os termos mais pejorativos possíveis. Então apesar de esses sentimentos basilares serem comuns às adolescentes de todas as épocas, o ambiente social e moral no qual os jovens vivem parece criado para cultivar a instabilidade e a infelicidade.

---

192. SHRIER, Abigail. "When Your Daughter Defies Biology". *In* Wall Street Journal, 6 de janeiro de 2019. Disponível em https://www.wsj.com/articles/when-your-daughter-defies-biology-11546804848.

Nessas circunstâncias, as meninas mais novas estão desesperadas em busca de amor, aceitação, identidade e, claro, afirmação. Talvez elas não consigam tudo isso em casa. Ou talvez até consigam. Mas aprenderam desde cedo, na cultura pop e nas escolas, a desconfiarem e odiarem seus pais e tudo o que cheira a tradicionalismo. É aí que a ideia da disforia de gênero entra e começa seu ataque.

Lisa Littman, médica com mestrado em saúde pública, conduziu pesquisas sobre esse fenômeno, entrevistando centenas de pais cujos filhos vivenciaram a disforia de gênero de desenvolvimento rápido, durante ou depois da puberdade. Em 2018, a Dra. Littman divulgou um relatório com suas descobertas[193], no qual mostrou como a ROGD progride. "Os pais descrevem que a disforia de gênero de desenvolvimento rápido parece ocorrer no contexto do pertencimento a um grupo no qual um, vários e até todos os membros se tornam disfóricos quanto ao gênero, ou então passam a se identificar como trans num mesmo intervalo de tempo", revelou. "Os pais também contam que seus filhos passaram a usar mais a internet ou redes sociais antes de revelarem sua identidade de gênero"[194].

Essa é uma versão bem diferente do que costumávamos considerar transgenerismo. A Dra. Grossman explicou a diferença. "Há indivíduos – indivíduos raros, bem raros – que desde muito cedo, desde os primeiros anos de vida, sentem um desconforto consistente, contínuo e grave com seu sexo biológico. Essas crianças, como disse, são bem raras. Algo entre uma em trinta mil e uma em 110 mil pessoas, números obtidos há muito tempo. Essas crianças sofrem, e os pais delas

---

193. LITTMAN, Lisa. "Parent Reports of Adolescents and Young Adults Perceived to Show Signs of a Rapid Onset of Gender Dysphoria". *In* Plos One, 2018. Disponível em https://journals.plos.org/plosone/article? id=10.1371/journal.pone.0202330.

194. *Ibid.*

também, imensamente. Elas têm o que antes era chamado de transtorno de identidade de gênero".

O Dr. Bowers confirmou que, tradicionalmente, a maioria das pessoas que sofriam de transtorno de identidade de gênero não começaram a vivenciar isso na adolescência. "Nas histórias que coleto, pergunto a todos: 'Quando você começou a sentir que estava no corpo errado?' A maioria responde que antes da puberdade já sentia que havia algo de diferente, sabiam que tinham algo de diferente".

Não é apenas a idade o que diferencia as pessoas que sofrem da disforia de gênero tradicional da que sofrem de ROGD [Disforia de Gênero de Desenvolvimento Rápido]. É também o sexo. De acordo com a pesquisa da Dra. Littman, dentre aqueles que disseram ter sofrido de transtorno de identidade de gênero logo depois da infância, 82,8% eram meninas, e a crise de identidade delas apareceu por volta dos quinze ou dezesseis anos. Eu não sabia, mas quando Money abriu sua clínica de gênero no hospital Johns Hopkins, ele recebeu dois mil pedidos de cirurgia de mudança de sexo, 80% vindos de homens biológicos – uma inversão absoluta da ROGD. A Dra. Grossman confirmou isso com números bem semelhantes, me dizendo que sofrer de transtorno de identidade de gênero "era algo muito mais comum em meninos; acho que cinco vezes mais comum em meninos do que em meninas".

Até onde se sabe, o transtorno de identidade de gênero é uma doença real na qual as pessoas – majoritariamente meninos – efetivamente sofrem, ainda na infância, de uma sensação de inadequação entre a percepção que têm de si mesmos e a verdade de seu sexo. "Realmente rezo para que você inclua isso", me disse a Dra. Grossman enfática e lentamente. "Tenho muita pena das pessoas que sofrem de disforia de gênero. É um pesadelo para elas e suas famílias. Esse é um transtorno horrível".

Eu concordei. E ela tirou as palavras da minha boca. "Mas só porque certo dia um jovem, depois de mergulhar na ideologia, decidiu que seus problemas, tanto sociais quanto emocionais, se baseavam no fato de terem lhe designado o gênero errado, e que isso bastava para que passasse pela transição, tomasse remédios e se submetesse a uma cirurgia, isso não significava que ele seria um ser humano saudável. De jeito nenhum!"

O transtorno de identidade de gênero realmente existe para a medicina. Não se trata se uma psicose criada pela sociedade e que aflige adolescentes. Mas isso não quer dizer que devamos "afirmar" a desconexão de alguém com a realidade – não importa quando teve início.

Outra verdade é a de que existe, sim, um problema chamado "intersexo", que antigamente era chamado de hermafroditismo – quando o ser humano nasce tanto com a genitália masculina quanto com a feminina. A Dra. Grossman me disse que bebês intersexo "nascem na proporção de um para cada dez mil" – o que significa que há três vezes mais pessoas intersexo do que sofrendo de disforia de gênero na infância.

Esses sujeitos sofrem horrivelmente, uma vez que a sua anatomia física não corresponde à percepção que fazem de si mesmos. Em geral, realmente têm seu sexo "determinado quando do nascimento" porque é incerto. Pessoas intersexo são raras, mas as circunstâncias e dificuldades delas não devem ser ignoradas. Ainda assim, costumam ser aliciados pelo movimento trans a fim de se criar uma associação entre eles e a fluidez de gênero.

"As pessoas intersexo estão muito irritadas pela forma como a ideologia de gênero tem usado alguns dos termos que se aplicam somente a elas, como 'sexo determinado' e 'intersexo'", me disse a Dra. Grossman. "Se você os seguir nas redes sociais, vai ver que eles estão furiosos porque são mesmo intersexo, e não um adolescente confuso de catorze anos que nunca tinha ouvido falar disso e que agora decide que o problema dele é esse".

A Dra. Grossman, claro, estava descrevendo a disforia de gênero de desenvolvimento rápido [ROGD], que surgiu depois da aceitação e da disseminação do transgenerismo na cultura popular.

Ao contrário das pessoas intersexo e daquelas que sofrem de transtorno de identidade de gênero na infância, os que entram tardiamente para o transgenerismo são influenciados por seu grupo e pela pressão social. "As curtidas dos amigos podem estabelecer as normas para o corpo, a imagem corporal da pessoa", escreveu a Dra. Littman num estudo sobre ROGD. Nos grupos que estudou, a Dra. Littman descobriu que mais de um terço – 36,8% dos grupos – teve a maioria dos indivíduos se identificando como trans. "Os pais descreveram dinâmicas de grupo intensas, nas quais os amigos elogiavam e demonstravam apoio a pessoas que se identificavam como trans e ridicularizavam e agrediam os não-trans".

Esse massacre social intenso acontece em meio a uma população psicologicamente vulnerável. 41% dos jovens que sofreram de disforia de gênero de desenvolvimento rápido se identificavam antes como não-heterossexuais, e quase dois terços (62,5%) foram diagnosticadas com algum tipo de transtorno de saúde mental ou neurodesenvolvimento antes da transição.

"Você provavelmente já ouviu falar que crianças que têm disforia de gênero em geral apresentam comorbidades sérias; e sofrem de ansiedade muito antes de o tema do gênero surgir", disse a Dra. Grossman. "Elas são neurodivergentes, e muitas estão no espectro do autismo. Às vezes sofrem de depressão e têm problemas familiares". Em meio a toda essa confusão e dificuldade, a ideologia de gênero lhes dá um lugar no mundo e uma aparente resposta para as suas dúvidas.

"Elas não se encaixam com seus pares, sofrem *bullying*, não sabem ao que pertencem", continuou a Dra. Grossman. "Daí elas descobrem um novo mundo no YouTube ou Reddit ou Discord ou na escola. E, hei!, existe um grupo de pessoas que também não se adequam. Elas são diferentes, se sentem diferentes, não sabem direito onde se encaixar. Elas também são socialmente estranhas. Meu Deus, é a esse grupo que pertenço. E não há sensação melhor do que essa, sobretudo para um adolescente louco para encontrar identificação".

Essas crianças são confusas e problemáticas. Talvez elas não tenham boas famílias. A baixa cultura lhes diz que o transgenerismo está por todos os lados, e isso é ótimo. Se elas não adotarem algum tipo de sexualidade alternativa, estarão condenadas. Assim que fazem isso, essas crianças são aceitas. São *afirmadas*".

★ ★ ★

Que identidade é ou não "essencial"?

Mas vamos parar por um segundo. Não é verdade que a gente não leva a sério os adolescentes justamente porque eles costumam a falar coisas estúpidas sobre si mesmos e o mundo o tempo todo? O jovem comunista com camiseta de Che Guevara ainda usa seu iPhone e tênis Nike, e nem por isso achamos que ele quer criar esquadrões de fuzilamento. Aliás, é provável que ele jamais tenha pegado numa arma. Uma jovem "literalmente" odeia seu pai e nunca vai perdoá-lo porque ele disse que ela não vai poder pegar o carro para passar o fim de semana com amigos e o namorado. Essa mesma filha abraça e encontra consolo no pai quando o namoradinho termina com ela. Então por que levamos essa coisa de identidade de gênero, algo que surgiu do nada, tão a sério?

"Você não tem medo de que os jovens simplesmente não entendam o bastante sobre si mesmos? Que eles não estejam neurologicamente desenvolvidos para tomar decisões definitivas?", perguntei ao Dr. Bowers.

"De jeito nenhum. Não. De jeito nenhum", respondeu imediatamente. "Se eu pudesse voltar no tempo, aos dezesseis ou dezessete anos, será que eu teria me comportado de outro jeito ou deixado de cometer os erros que cometi ou de fazer as loucuras que fiz? Com certeza. Mas quando se trata do princípio fundamental da identidade de gênero, ah, aí não. A identidade de gênero é algo fundamental. É quem você é".

"A identidade de uma pessoa é a essência dela? Ou a essência da pessoa é conferida pela identidade de gênero?", questionei. "Talvez eu esteja indo longe demais, mas você já ouviu falar da comunidade transdeficiente? São pessoas com corpos sadios, mas que sentem que deveriam ser, ou se identificam como, deficientes físicos. Por exemplo, um homem com dois braços sente que só deveria ter um. Você acha que, se esse sujeito desse tipo de comunidade marginalizada for a um médico e disser que quer que lhe cortem o braço, você acha que..."

O Dr. Bowers me interrompeu. "Isso não tem nada a ver com a identidade de gênero. Digo, esse é um argumento conservador, então não sei de onde você está tirando isso". No mundo trans, é claro que argumentos considerados "conservadores" são ilegítimos a priori. Ele continuou: "Isso parece o grupo da apotemnofilia, que tenta comparar, sabe, tirar o pênis com, sabe...

A apotemnofilia é uma condição na qual uma pessoa tem um desejo incontrolável de amputar um de seus membros.

"Isso é nojento. É um argumento nojento", disse o Dr. Bowers.

Eu estava confuso. Não notava a diferença. Então perguntei: "O que há de errado com isso?".

"Isso não tem nada a ver com a identidade de gênero", respondeu.

Obviamente ele não estava entendendo a pergunta – por que a identidade de gênero é tratada de um jeito diferente dos demais tipos de autoidentidade?

Tentei esclarecer, mas ele continuou falando. "Aceito que a apotemnofilia é um diagnóstico mental. Um transtorno psiquiátrico. [...] De alguma forma, é a ideia de que, sabe, você fica fascinado ou encantado pela ideia de ter um membro ou partes de um membro amputadas. Certo, eu diria que isso é, com o perdão do jargão não-médico, uma loucura. E acho que essa é uma opinião subjetiva, mas é isso mesmo: loucura".

Loucura. Hmmm... Algumas pessoas talvez descrevessem mudar de sexo da mesma forma.

Sem falar, e o Dr. Bowers talvez tenha esquecido ou nem saiba, que o transtorno de identidade de gênero era há até pouco tempo considerada um "transtorno mental" ou "transtorno psiquiátrico". A disforia de gênero só passou de psicose para identidade em 2012, depois que o Manual Diagnóstico e Estatístico de Transtornos Mentais foi atualizado num gesto de vontade política, por um grupelho de psiquiatras ideologizados.

"Você acha que isso é totalmente irrelevante?", perguntei.

"Sim", respondeu imediatamente.

"Trata-se de um homem que diz que sente que não deve ter um pênis, um apêndice do seu corpo".

Não quis baixar a guarda. Tampouco o Dr. Bowers. Ele respondeu com a história de um paciente de vinte e poucos anos que se identificava como homem, queria ser socialmente homem, não era feminino e não tomava hormônios, mas que gostaria de se submeter a uma cirurgia de mudança de sexo porque ele "considerava seu pênis feio demais, tão feio que não queria conviver com aquilo". O Dr. Bowers o atendeu durante anos e tentou convencê-lo a não passar pela cirurgia, "até que fiz a cirurgia e criei uma vagina", disse o Dr. Bowers. "Ele ficou superfeliz".

Sem que eu pedisse, devo dizer, o Dr. Bowers acrescentou que concordava que o pênis do homem era esteticamente prejudicado. Na verdade, ele foi mais direto: "Era o pênis mais feio que já vi na vida".

Não sei por que disse isso, mas o fato é que estranhamente a história provava meu argumento. Se aquele jovem pode se submeter à cirurgia e se mutilar, e isso não tem nada a ver com a ideologia de gênero – e o Dr. Bowers validou a decisão dele da forma mais clara possível ao realizar a cirurgia –, como isso não é o mesmo que alguém que quer cortar o próprio braço?

"Acho que não. Não. Acho que não", disse o Dr. Bowers. A diferença parece se resumir à estética. "É como dizer que estou com uma verruga enorme no braço, uma coisa tão feia que tem pelos crescendo nela, e eu, tipo, você sabe, acho que qualquer cirurgião plástico ou dermatologista diria que é melhor tirá-la".

Mas e se o braço da pessoa for horrível? Bom, não é a feiura o que importa; é o desperdício, de acordo com o Dr. Bowers. "Não cortei o pênis. Nós o reconstruímos. Tudo é usado [...] todos os componentes são usados. [...] Não vamos cortar um braço saudável e jogá-lo na lata de lixo".

E se o amputado reutilizar o braço?

"Você vai criar um enxerto a partir do braço?", perguntou o Dr. Bowers. "Pode procurar outro cirurgião".

Aquilo parecia minha conversa com Comfrey sobre o meu filho se identificar com um brócolis. Em essência, ambos disseram que o gênero é diferente de outro tipo de identitarismo. É uma opinião, não uma explicação. Não há base lógica para essa afirmação mas, se repetida a contento, funciona. Se insistir o bastante, as pessoas acreditarão mesmo que o gênero é diferente de qualquer outro tipo de identidade.

"Jovens estão aprendendo que o gênero é o que você acha que você é, como se fosse um dogma. É um fato, como dois mais dois são quatro e a capital dos Estados Unidos é Washington, D.C. Você pode se dizer menino mesmo que tenha vagina e seja uma menina. Você é o que sente que é", explicou a Dra. Grossman. "Eles estão aprendendo isso num pacote. Estão aprendendo que essa é a realidade, isso é o que as autoridades estão ensinando – médicos, enfermeiros e todos os professores".

Assim que você questiona o dogma, deixa de *afirmar*. Você é ostracizado. Você pode ser chamado de inimigo ou preconceituoso, pode perder a sua filha para sempre. Como escreveu Abigail Shrier sobre pais cujas filhas tiveram disforia de gênero de desenvolvimento rápido, "eles morrem de medo que suas filhas descubram a profundidade da discordância deles e se afastem". As crianças têm os amigos, têm uma cacofonia virtual de apoio e afirmação, têm terapeutas afirmativos e médicos e orientadores. Por que você precisaria de um pai que lhe diz "não", um pai que nega *quem você é?*

O resultado dessa campanha de pressão social é mensurável. Em 2014, havia 24 clínicas de gênero nos Estados Unidos, quase todas na Califórnia e na costa leste. No ano seguinte, havia quarenta. Há pouco tempo, a ideia de "cuidados afirmativos" nem existia. Hoje, há duzentos e quinze programas de residência pediátrica de afirmação de gênero, que formam futuros pediatras que acreditarão toda vez que alguém disser que tem disforia de gênero, e começarão a ajudar as crianças a passarem pela transição[195].

---

195. CRETELLA, Michelle. "I'm a Pediatrician. How Transgender Ideology Has Infiltrated My Field and Produced Large-Scale Child Abuse". *In* Daily Signal, 3 de julho de 2017. Disponível em https://www.dailysignal.com/2017/07/03/im-pediatrician-transgender-ideology-infiltrated-field-produced-large-scale-child-abuse/.

A ideologia de gênero foi criada e propagada pelas gerações anteriores, pelos médicos nos consultórios de Money no hospital Johns Hopkins e pelos roteiristas e produtores de filmes de Hollywood. Agora, está sendo absorvida pela geração atual, que a está implantando com toda a força. Para onde isso está nos levando?

"Isso é o legal sobre o gênero", disse-me a Dra. Forcier. "A busca continua para todos nós, e a busca continua para a geração seguinte, que já está nos dizendo que nossas ideias antiquadas de que as coisas devem ser de certo jeito não se aplicam a ela. E isso é empolgante".

O Dr. Bowers afirmou algo semelhante. "Sabe, quem está entendendo tudo direitinho é a próxima geração. Eles estão começando a perceber, falam sobre o assunto, o exploram, rejeitam a maior parte dos nossos códigos morais e essas regras arbitrárias".

Mas não são apenas as ideias e a moral que estão sendo derrubadas. A próxima geração está trilhando o caminho rumo a um novo mundo que transcende o antigo. "Sempre houve uma minoria que quer voltar no tempo e ter [Barbara] Billingsley[196] como aquela mãe que prepara biscoitos de manteiga de amendoim todos os dias, depois que voltam da escola", argumentou o Dr. Bowers. "Mas isso não é progresso. E sempre houve outros que procuram criar um mundo melhor, tentam seguir um caminho até onde pode mesmo haver felicidade universal, um planeta que cuida de todos os indivíduos e todas as criaturas, e onde a felicidade humana é realmente possível".

"Progresso". "Felicidade universal". O paraíso na Terra. Esse é o objetivo dos revolucionários de todas as eras. As ideias e as causas eram diferentes no passado – liberdade, igualdade,

---

196. Atriz e modelo norte-americana cuja imagem está associada às donas de casa dos anos 1950. (N.T.)

fraternidade; o triunfo do proletariado; a irmandade de homens – mas o desejo sempre foi o mesmo, o desejo de que a Humanidade finalmente viva em paz uns com os outros e consigo mesmo. Esses novos revolucionários acreditam terem encontrado a resposta que escapou a seus predecessores: a verdadeira felicidade vem da aceitação, da afirmação e do ego. Ela nasce da minha vontade, do meu entendimento e da minha identidade.

Mas o ego não basta. O ego por si não satisfaz – sobretudo quando o mundo se recusa a afirmar a "minha verdade". Então a realidade tem de ser alterada para se adequar ao ego. As palavras têm de mudar. As roupas têm de mudar. A cultura tem de mudar – e tem mudado. Mas o corpo – a natureza – resiste. Por isso o corpo também tem que se submeter.

A felicidade exige sacrifício. O progresso exige o derramamento de sangue. Essa revolução, como todas as outras, chega por meio da espada – talvez não nos campos de batalha, mas com certeza nos centros cirúrgicos.

CAPÍTULO 6

A promessa da transição

"Todos os países que recolhem dados sobre isso dizem que hormônios e cirurgia são eficientes. E são. O bem-estar psicológico melhora. O prestígio social aumenta. As notas na escola melhoram. As pessoas deixam de tomar antidepressivos, desistem ou diminuem o envolvimento em comportamentos antissociais e autodestrutivos, e têm uma maior probabilidade de interromper o uso de drogas e álcool. São mais felizes, e mais ajustadas. É incrível. Não há dúvida. Pronto. Não vale nem a pena discutir".

O Dr. Bowers foi enfático. Os benefícios de se submeter à transição médica são inegáveis. Ponto final. A ciência se manifestou.

Ele não foi o único a se surpreender que eu tenha ousado questionar isso. As matérias que saem na imprensa também são enfáticas. Os efeitos dos bloqueadores de puberdade são "totalmente reversíveis". Tomar testosterona ou estrogênio é uma questão de afirmação. As cirurgias de mudança de sexo reduzem o suicídio e melhoram a saúde mental.

A terapeuta Gert Comfrey e a Dra. Michelle Forcier também se mostraram confiantes. Eu poderia ter feito outras perguntas óbvias, como se elas acreditavam que o Sol era quente, se sabiam que a Terra era redonda ou se consideravam Trump ruim. As virtudes da transição eram claras e não se pode perder tempo discutindo princípios tão basilares.

Mas eu estava aqui para aprender. Então eu perguntei.

★ ★ ★

O único tratamento médico
sem efeitos colaterais!

"Outros trans já me disseram que há, tipo, um componente espiritual. Tomar hormônios e ter os níveis hormonais alinhados ao que são é uma experiência incrivelmente espiritual", contou Comfrey. "Digo, tenho um amigo que, sempre que toma os hormônios, tipo, toda semana, realiza um ritual. É uma experiência profundamente espiritual ser capaz de praticar esse tipo de autonomia corporal. É poder estar no corpo que eles querem. E eles se sentem bem por isso".

Algumas pessoas vão à igreja. Outros comungam com a natureza. Alguns tomam estrogênio. Transcendência espiritual: isso vai muito além do que prega a literatura médica.

O Dr. Bowers acrescentou: "Eu pessoalmente posso dizer que, depois de ter feito 2.200 dessas cirurgias, acho que só em três casos — e nenhum deles nos últimos dez anos — as pessoas se arrependeram. Dois desses três casos eram pessoas que se arrependeram porque não arranjaram namorados em seu novo gênero. E só. O outro caso não conseguiu arranjar emprego".

Dois mil e duzentos casos e ninguém se arrependeu da cirurgia em si. Uma taxa de sucesso de 100%. Eu nunca tinha ouvido falar de uma intervenção médica que fosse tão popular.

A Dra. Forcier enfatizou que a transição médica não apenas torna as pessoas felizes e sem nenhum arrependimento como também é mais segura do que praticamente qualquer coisa que se faça na vida. "Quando uma criança diz que a puberdade está fazendo mal a ela, tenho uma medicação cujos efeitos são reversíveis. Uma medicação sem efeitos permanentes sobre o seu gênero e fertilidade e outras tantas coisas com as quais os pais se preocupam. Tenho um remédio que pode ser usado e que é mais seguro do que um Tylenol".

"Como pode ter tanta certeza?", perguntei.

"As pessoas não têm overdose de bloqueadores de puberdade, mas podem ter de Tylenol e arruinar suas vidas".

Quem poderia imaginar? Fico me questionando por que os bloqueadores não estão disponíveis sem receita médica e por que o Tylenol é um remédio tão usado. Anotei para pesquisar sobre isso depois.

Sendo justo, tanto o Dr. Bowers quanto Comfrey reconheceram que a transição médica não é esse paraíso todo.

"A cirurgia tem consequências. Os hormônios têm consequências", falou o Dr. Bowers – e foi tudo o que disse. As consequências ficaram no ar, então supus que não fossem tão ruins assim.

Comfrey comentou algo parecido. "Acho que há sempre riscos", reconheceu ela. "Acho, tipo, e não sou médica, mas sei que, tipo, exames de sangue regulares são importantes para pessoas que estão tomando hormônios, para verem se, tipo, está tudo bem com o fígado. Coisas assim". Hmmm. Quer dizer que bloqueadores de puberdade não fazem mal para o fígado, mas hormônios do sexo oposto sim?

Mesmo a admissão de Comfrey de que as pessoas que passam por intervenções médicas têm de se submeter a serviços simples de manutenção, como exames de sangue e *check-ups*, precisam ser comparadas à descrição que os trans fazem do procedimento. "O tratamento pode ter impactos negativos quando as pessoas realmente precisam ou querem ter certa aparência e isso lhes é negado". Ela me fez um alerta: "Observe todas as cirurgias através das lentes do, tipo, isso é o melhor para a pessoa como um todo, será que isso não a está reduzindo ao seu corpo ou está, tipo, olhando todo o conceito do ser?".

Estava claro que, de acordo com Comfrey, a cirurgia e os hormônios podem ter efeitos colaterais menores, mas o benefício da "autoaceitação da pessoa como um todo" é muito superior aos riscos.

Tenho de admitir que estava cético. Toda intervenção médica tem efeitos colaterais. Em todos os anúncios de remédio, logo depois de vinte e cinco segundos falando sobre como é maravilhoso, exibem-se cinco segundos mencionando todas as formas pelas quais a droga pode matá-lo. Será que a transição de gênero – a utilização de bloqueadores de puberdade, hormônios e a realização de cirurgias de mudança de sexo – é realmente a única intervenção médica de grande porte cujos efeitos colaterais são tão desprezíveis que mal precisam ser mencionados?

Todas essas informações partiam das mesmas pessoas que pareciam não saber de onde vinha a ideologia de gênero, que tinham dificuldade para diferenciar sexo e gênero, e, no caso de Comfrey e da Dra. Forcier, que declaravam enfaticamente que a verdade objetiva não existe. Como elas podem ter tanta certeza disso? Por que todas as coisas relacionadas ao gênero eram fluidas, uma jornada, mas no caso da ciência da transição médica era definitiva e conclusiva?

Quis ter certeza, acreditar na ciência. A ideologia de gênero talvez fosse logicamente inconsistente – como descobri. As ideias basilares talvez viessem de pessoas realmente horríveis e depravadas, como aprendi. Pensar em quão rápido o transgenerismo ocupou o centro do debate nacional de todas as esferas da vida talvez incomodasse alguns. Mas se funciona, funciona, certo? As pessoas com quem eu vinha conversando talvez não soubessem o que é uma mulher, mas se chamar um homem biológico de homem e fazer com que ele pareça uma "mulher de nascimento" o tornam feliz, quem sou eu para julgar?

Decidi engolir minhas dúvidas uma última vez. Afinal, a Dra. Forcier e o Dr. Bowers são médicos. O Dr. Bowers me disse que está entrando em contato com o livro dos recordes para ser considerado o recordista mundial de vaginoplastias, e realiza de duzentas a trezentas cirurgias por ano. A Dra. Forcier atende crianças LGBTQ na Carolina do Norte há vinte anos, além de trabalhar com hormônios. E Gert Comfrey é terapeuta com mestrado em saúde mental. Até aqui, todas as minhas perguntas podiam ser consideradas fora das suas áreas de conhecimento. Mas agora eu estava na seara deles. Decidi confiar na sua palavra uma última vez e tentar descobrir, com a mente aberta, se a tradição médica era uma espécie de milagre dos tempos modernos – uma forma sem riscos de tornar os pacientes realmente felizes.

Para analisar melhor, precisei aprender rapidamente como a transição médica e as cirurgias de mudança de sexo funcionavam. Queria começar recolhendo os fatos.

★ ★ ★

O processo de mudança de sexo

Já no começo, me corrigiram. "Não use o termo 'mudança de sexo'", disse o Dr. Bowers. "Acho que a linguagem também é uma entidade social fluida, e por isso ela deveria mudar, e muda. O dicionário Webster é alterado com o tempo". Segundo ele, "cirurgia de correlação genital" ou "cirurgia de afirmação de gênero" são termos melhores.

O estranho é que o próprio Dr. Bowers tinha usado a expressão "mudança de sexo" quatro vezes em nossas entrevistas até então, sem fazer essa correção linguística. Em geral, aprendi que quando alguém de repente defende o uso de eufemismos é porque está escondendo alguma coisa. Mas achei melhor deixar passar.

O Dr. Bowers disse que ele não era "o último na cadeia alimentar", depois que as pessoas já "trilharam um longo caminho baseado em evidências" e desenvolvido "por um consenso científico". "Passar pela transição não é uma coisa que a pessoa decide num dia e, 'ah, meu Deus, que ideia ótima!'". Mas então quem é que está no começo da cadeia alimentar? Em geral, o processo começa com a terapia. Começa com alguém como Gert Comfrey.

Quando as pessoas acreditam que nasceram no corpo errado, elas geralmente procuram o consultório de um "terapeuta de afirmação de gênero". Os "cuidados de afirmação" se baseiam totalmente em não questionar a desconexão entre a pessoa e o seu sexo biológico, mas apoiar e cultivar esse sentimento. Se o gênero é uma jornada, esse é o ponto de partida, sendo a transição médica completa – com o tratamento hormonal e a cirurgia – o fim do caminho. Como resultado, se houver uma insatisfação em consequência dessa desconexão, não é a mente que deve mudar, e sim o corpo.

"Mudar nossos corpos, tipo, sermos autênticos em relação aos nossos corpos é, tipo, saúde mental", me disse Comfrey. "E, no nível da saúde mental, é importante conseguir praticar esse tipo de autonomia com nossos corpos".

Expressando-se assim, terapeutas como ela ainda conseguem permanecer na equação como um apoio para a saúde mental, ajudando as pessoas a processar e obter validação em cada um dos passos. Mas a jornada em si continua e se aprofunda no campo da medicina. "Não posso prescrever medicamentos nem nada do gênero", me disse Comfrey. Quem pode prescrever hormônios é a Dra. Forcier.

A terapia hormonal é um passo intermediário comum entre o aconselhamento psicológico inicial e a cirurgia de mudança de sexo. "Os trans buscam os hormônios porque terão um efeito afirmativo", me disse Comfrey. Mulheres biológicas podem se sentir como homens e vice-versa graças ao efeito dessas drogas. "Isso inclui alguém dizendo que quer tomar testosterona para ter pelos no rosto ou quer se submeter à terapia de substituição hormonal para que os seios cresçam", acrescentou Comfrey. "Por isso muitas coisas são secundárias, tipo essas características sexuais que os trans buscam e que realmente afirmam o gênero. Então, tipo, sim, se eu tiver essa experiência com meu corpo, isso me afirmará e me aproximará do gênero a que sei pertencer".

A terapia hormonal pode ocorrer de várias formas. Para as crianças, são usados bloqueadores numa tentativa de impedir a puberdade e o desenvolvimento normal do corpo masculino ou feminino. Eles interferem nos hormônios e detêm o desenvolvimento físico e sexual. Talvez o mais comum seja uma droga chamada Lupron.

A ideia é a de que, quando crianças confusas temem se desenvolver de certa forma, essa suposta pausa na puberdade lhes dá tempo para decidirem se preferem passar por uma intervenção médica por meio do uso de hormônios do sexo oposto ou cirurgia para obrigar o corpo delas a se comportar como escolhido – tudo antes de a natureza começar a agir e se desenvolver de acordo com o curso normal. Por outro lado, a Dra. Forcier me disse que os bloqueadores de puberdade permitem que as crianças paralisem a puberdade indefinidamente, continuando pré-pubescente para sempre.

Ela me contou que às vezes as crianças a procuram dizendo: "Preciso que a puberdade pare agora mesmo. Ou não preciso que ela continue, e ponto final, ou preciso de tempo para pensar e tomar decisões quanto a como quero que a puberdade seja para mim". Aparentemente agora a puberdade é opcional.

Parece que essas decisões quanto à puberdade geralmente são tomadas com o uso de hormônios do sexo oposto, capazes de mudar o desenvolvimento físico de uma pessoa. Podem ser tomados por injeção, creme, gel, spray ou um adesivo. Por meio dessa intervenção, a testosterona é usada para que uma mulher desenvolva as características de um homem, e o estrogênio para fazer um homem desenvolver as características de uma mulher[197].

Às vezes, são necessários meses para que os hormônios comecem a fazer efeito. Para as mulheres, o surgimento de pelos, calvície, aumento na massa muscular, fim da menstruação e atrofia da vagina são apenas algumas das possibilidades. Para os homens, o pênis e os testículos diminuem, eles têm dificuldade de ter ereção, há perda de massa muscular e começam a desenvolver um acúmulo de gordura parecido com seios[198].

O uso de hormônios do sexo oposto tanto em meninos quanto em meninas aumenta a gordura corporal e provoca ganho de peso[199]. Além disso, têm de ser tomados por toda a vida a fim de que a pessoa mantenha a aparência desejada. O paciente deve ser monitorado regularmente por um médico[200].

Por fim, muitos trans decidirão se submeter à cirurgia genital para a criação de um pênis, vagina ou seios, de modo a se adequar à sua identidade de gênero. É aí que termina o trabalho da Dra. Forcier e começa a do Dr. Bowers.

---

197. "A GUIDE To Hormone Therapy For Trans People". *In* COI, 2007". Disponível em https://www.scottish trans.org/wp-content/uploads/2013/06/NHS-A-Guide-to-Hormone-Therapy-for-Trans-People.pdf.

198. *Ibid.*

199. KLAVER, M. et al. "Cross-Sex Hormone Therapy in Transgender Persons Affects Total Body Weight, Body Fat and Lean Body Mass: A Meta-Analysis". *In* Andrologia 49, no. 5, 2016. Disponível em https://pubmed.ncbi.nlm.nih.gov/27572683/.

200. "A GUIDE To Hormone Therapy For Trans People", *op. cit.*, p. 10.

O Dr. Bowers me garantiu que a cirurgia de mudança de sexo – ou melhor, cirurgia de afirmação de gênero – é bem simples. "Existe outro termo chamado dimorfismo sexual, que é biológico [...] e refere-se ao grau de correlação cromossômica com o gênero", afirmou. "Em muitas espécies, o nível de dimorfismo sexual é bem alto. Nos seres humanos, 99,7% do DNA é o mesmo. Então o nosso dimorfismo sexual entre homens e mulheres não é tão grande, em termos dos nossos corpos e cromossomos".

O que isso significa? O Dr. Bowers esclareceu: "Nós, homens e mulheres, não somos tão diferentes assim".

Por consequência, para o Dr. Bowers a manipulação cirúrgica do corpo a fim de alterar as características sexuais de acordo ao que o paciente quer não é nada complicada. E tudo pode ser feito de várias maneiras.

É sempre mais fácil tirar do que criar, então vamos começar com a cirurgia para quando homens querem tornar-se mulheres. O procedimento pode incluir várias mudanças cosméticas, que vão desde reconstrução facial até o implante de próteses nos seios, bem como algo chamado condrolaringoplastia. É quando os médicos raspam o pomo de Adão para ajudar o homem a ter um pescoço mais feminino. A intervenção mais drástica, contudo, é a chamada vaginoplastia – em que o Dr. Bowers é especializado. Nela, os testículos são castrados em uma orquiectomia. Depois o pênis é aberto, virado do avesso e enfiado num buraco criado no corpo, e usado de forma a se parecer com uma vagina.

O processo todo é fisicamente doloroso, mesmo depois de uma cirurgia de até seis horas[201]. Os pacientes permanecem no hospital de cinco a seis dias, uma vez que não podem andar

---

201. "WHAT To Expect: Vaginoplasty at the University of Michigan Health System". *In* University of Michigan Health System, atualizado pela última vez em dezembro de 2016. Disponível em https://www.med.umich.edu/pdf/Vaginoplasty.pdf.

nem urinar[202]. Depois da alta, a recuperação leva mais seis a oito semanas, durante as quais o paciente tem a mobilidade reduzida, não pode dirigir e é incapaz de erguer mais do que cinco quilos de peso[203]. Apesar das afirmações do Dr. Bowers quanto ao dimorfismo sexual, o corpo humano masculino não aceita naturalmente a nova abertura criada em seu corpo, por isso são feitas lavagens vaginais regulares a fim de manter a abertura limpa, enquanto máquinas são usadas para que não se feche. "Eles têm dilatadores que são usados para, digamos, manter as paredes do banheiro abertas", me disse o Dr. Bowers.

Perguntei durante quanto tempo os pacientes têm de se submeter a esse "serviço de manutenção".

"Digamos que indefinidamente, o que é verdade, embora depois de um ou dois anos diminua a frequência", disse ele.

Assim como a terapia hormonal, parece que, uma vez que você decide se submeter à cirurgia de mudança de sexo, terá que passar toda a vida convencendo seu corpo a fazer o que você quer. A natureza nunca chega para ajudar.

A chamada transição de mulher para homem é ainda mais difícil. Para as aspirantes, há várias cirurgias plásticas no cardápio, como a masculinização facial, os transplantes de cabelos e a cirurgia de redução dos seios. Quando se trata do que alguns chamam de "cirurgia das partes baixas", as mulheres têm mais opções do que os homens. Elas podem se submeter a algo chamado escrotoplastia, a fim de criar algo semelhante a um escroto, e também têm duas opções diferentes para emular um pênis. A primeira é chamada metoidioplastia, na qual recebe uma alta carga hormonal para aumentar o clitóris a fim de que ele possa ser moldado como se fosse um pênis.

---

202. *Ibid.*
203. *Ibid.*

A segunda é a chamada faloplastia, que usa pele tirada do braço, coxa, costas ou abdômen para se criar um pênis. Essa nova pele é grudada à pélvis por uma espécie de velcro biológico. Outras intervenções médicas são necessárias para que tome forma de um pênis real. Como o órgão criado não é um pênis de verdade, aquelas que se submetem a essa cirurgia podem pôr um implante peniano a fim de ter uma ereção simulada.

O lado pró-trans pode até dizer que os bloqueadores de puberdade são totalmente reversíveis, mas o Dr. Bowers foi bem claro quanto aos efeitos da transição cirúrgica, dizendo que ela é "uma mudança permanente e irreversível do corpo". Quando você remove seus órgãos sexuais e tenta criar outros, não há volta.

Peço desculpas por ter de entrar em tantos detalhes. Para ser sincero, deixei de mencionar muita coisa. O passo a passo de cada procedimento cirúrgico seria uma leitura pesada e repugnante. Mas, por mais que eu tenha poupado o leitor dos detalhes mais assustadores, achei melhor que soubesse o que estão fazendo a si mesmas e a seus filhos. Quando essas pessoas dizem que essa transição deixa os trans felizes, elas não estão falando apenas do uso dos pronomes ou de roupas associadas ao sexo oposto. A cirurgia é uma alternativa também. E a cirurgia é um processo intenso.

Agora que eu sabia o que significava a transição, tive dificuldade para acreditar que toda essa dor e sofrimento eram mesmo o segredo da "felicidade universal", como o Dr. Bowers disse. Alguma coisa não me cheirava bem. Como um homem biológico podia acreditar que é uma mulher se suas tentativas de adotar as realidades biológicas femininas claramente enfrentam a resistência da própria natureza? O corpo dele trata a nova vagina como uma ferida que insiste em tentar cicatrizar, a não ser que ele impeça.

Como uma mulher biológica pode acreditar que é mesmo um homem quando o pênis criado nela precisa ser inflado para parecer ereto? Seu corpo não é capaz nem de reconhecer o novo apêndice, por isso tem de ser artificialmente estimulado a fazer o que a maioria dos homens consegue naturalmente.

Será que essas pessoas conseguem mesmo ser felizes agindo em tamanho contraste com suas estruturas físicas? Será que nossos corpos são mesmo apenas sacos de carne e água a serem manipulados de acordo com a nossa vontade? Para a primeira pergunta, todos os médicos e especialistas responderam um inequívoco "sim". Os especialistas pró-trans com os quais conversei nem se deram ao trabalho de responder à segunda pergunta.

★ ★ ★

O que podemos afirmar?

Parece que ou minha intuição estava totalmente errada ou havia algo de estranho em todo o processo do argumento pró-trans. Voltei ao início. Apesar de não ser um processo nem difícil nem rápido, a transição segue um protocolo: primeiro, terapia afirmativa, depois tratamento hormonal e depois a transição cirúrgica.

Achei melhor questionar a primeira ideia — aquela da qual todas as pessoas pró-trans tinham tanta certeza que era quase um insulto insinuar que podiam estar erradas: cuidados afirmativos são a única e a melhor forma de interagir com os pacientes trans.

A Dra. Forcier foi bastante clara: "Se não damos ouvidos e se não dizemos às crianças que elas são perfeitas do jeito que são, elas não se saem tão bem quanto as 100% afirmadas". Não há nenhum questionamento sobre nenhuma criança.

Percebi que nunca conheci pais bem-sucedidos que faziam algo do tipo. Aliás, que tipo de pai diz aos filhos que eles são perfeitos como são? Por que, então, mandá-lo para a escola? Por que dizer para que se sente direito à mesa? Por que ensiná-lo a dividir os brinquedos? Por que ensiná-lo a não mentir nem enganar os outros? A paternidade e a maternidade são um processo longo e exaustivo de moldagem dos filhos, a fim de que sejam melhores, porque eles *não são* perfeitos do jeito que são.

Isso não significa que você não ame seus filhos. Amor não é a mesma coisa que validação, não é uma repetição interminável de "sims". Na verdade, às vezes é uma sequência de "nãos". Não, você não pode continuar comendo isso. Não, você não pode tocar aquilo. Não, você não deve sair com aquelas pessoas. Sem esses "nãos", um filho se torna obeso, vítima de queimaduras e que sai com amigos drogados.

A Dra. Miriam Grossman mencionou a dificuldade que os pais têm para afirmar total e completamente seus filhos. "O tratamento afirmativo parece tão positivo e maravilhoso. Por que alguém não validaria seus filhos? É maravilhoso afirmar alguém. Bom, mas o que você está afirmando aqui é a autopercepção de uma criança. Uma autopercepção que, por sinal, talvez não seja tão clara assim. As crianças podem ser muito confusas quanto a isso. Um dia elas podem ter certeza e no outro dia podem estar confusas e inseguras".

Levei esse argumento para a Dra. Forcier — a ideia de que afirmação não pode ser apenas dizer "sim" para tudo. Mais uma vez, ela afirmou que a identidade de gênero é uma categoria diferente de tudo o que se encontra na existência humana.

"Teve uma fase, depois que fomos ao zoológico, em que meu filho afirmava ser um macaco-aranha", eu disse.

"Vamos falar sobre isso novamente?", me perguntou a Dra. Forcier. "Vamos falar do exemplo da galinha de novo como uma forma de menosprezar como as pessoas pensam o mundo?".

"Por que você o está menosprezando? Só estou lhe dizendo como ele se identifica", respondi.

"Uma criança que jura que é um macaco-aranha é diferente de uma pessoa explorando a identidade de gênero deles [sic]".

"Mas você não acabou de dizer que tem a sua própria verdade?".

"Sim".

"Essa é a verdade dele".

"Sim, mas não a identidade de gênero dele".

"Sei que são coisas diferentes, mas estou fazendo uma analogia", expressei a minha frustração por estarmos andando em círculos.

"Não, a analogia não funciona", disse ela. "Porque com a analogia, de novo, você está tentado fazer sensacionalismo e tornar uma patologia o que milhares de pacientes sabem ser a verdade e a essência deles".

Mais uma vez ela se recusou a responder por que a identidade de gênero deve ser respeitada e afirmada, enquanto outras identidades podem ser desprezadas e ignoradas.

"Deixe-me perguntar: de quantos pacientes trans você já cuidou, com quantos conviveu e quantos ajudou a tirar dos albergues? Com quantas pessoas trans e famílias de pessoas trans você interagiu nos últimos vinte anos?", ela quis saber.

Confessei que nunca tratara qualquer paciente trans e minhas interações com os trans até então haviam sido limitadas. Se bem que... quantas crianças de seis anos de idade ela tinha tratado e que se identificavam com macacos-aranhas? Apelar à experiência interpessoal talvez faça sentido quando se trata de empatia. Mas só são válidas quando se resumem a fatos.

Dito isso, talvez ela tivesse razão numa coisa – não quanto aos fatos da identidade ou do tratamento, mas quanto à nossa capacidade de entendermos as questões sem conversar detidamente com uma pessoa trans de verdade. E foi isso o que decidi fazer então.

★ ★ ★

A história real de um trans

Ao me sentar diante de Scott Newgent numa bela sala de Nova York, com o sol quente nos banhando, pensei que ela parecia um homem de meia idade: o rosto com a barba por fazer, os cabelos rareando e o corpo robusto. Ela não parecia uma mulher, embora não tivesse a aparência inegável de um homem. Uma coisa que eu notei em todas as pessoas trans que entrevistei é que nenhuma delas consegue escapar totalmente dos limites biológicos de seu verdadeiro sexo. Todas acabam numa espécie de purgatório de gênero.

Newgent mora em Fort Wayne, Indiana, mas viajou até Nova York para conversar comigo. Mais tarde, fiquei sabendo que ela não saía de casa há três anos. Mas ali estava, ansiosa por falar comigo, tamanha a determinação em contar sua história.

Comecei com o básico. "O que a fez tomar a decisão de se submeter à transição?", perguntei.

Ela soltou um suspiro. "Bom, essa é a pergunta que todo mundo me faz". Então, contou que é lésbica e que estava apaixonada por uma menina católica conservadora. A garota não era lésbica e disse a Newgent que ela agia como um homem num corpo de mulher. "Aí fiquei pensando nisso por um bom tempo. Se substituísse a minha vida, se trocasse meus cromossomos de femininos para masculinos, seria totalmente diferente. Eu seria um homem. Digo, que poderia ter sido um jogador de futebol americano. Sabe todos aqueles filmes que a gente assiste? Eu seria um daqueles".

Depois que começou a pensar isso, ela passou a ver sinais por todos os cantos. "Nunca me encaixei. Sempre fui a mulher alfa, uma executiva de vendas que não cabe em nenhuma caixinha". O psicólogo e as pessoas ao redor dela continuavam a semear a ideia de que havia nascido no corpo errado.

"Comecei a pensar: 'Bom, talvez seja isso mesmo'. A partir daí, tudo aconteceu. Na minha primeira sessão de terapia, meu terapeuta disse: 'Quando você começou a se vestir como homem?' O detalhe é que eu nunca tinha me vestido como homem. Nunca fui 'lésbica caminhoneira'. Venho de uma família bastante feminina. Eu era uma vendedora e usava sapato de salto alto e tudo. Claro que não estava usando toneladas de maquiagem – era o fim do dia – mas ainda estava de brinco e parecia bem feminina".

Mas a insinuação a atingiu. Como ela estava numa fase muito sugestionável, ela achou que o terapeuta tinha razão quanto à roupa que ela usava. Talvez ela não fosse muito feminina mesmo. "Eu meio que olhei para baixo, ergui a cabeça e disse: 'Acho que a vida inteira!'", disse ela, imitando a própria surpresa na ocasião.

De repente, todas as experiências lésbicas dela, bem como seu desconforto, fizeram sentido. Aos quarenta e dois anos, ela tomou a decisão drástica e decidiu submeter-se à transição médica. Acho que agora ela considerava-se um homem. Mas aí, seu comentário seguinte me surpreendeu, porque ela falou com uma clareza e uma convicção que eu não havia encontrado no Dr. Bowers, na Dra. Forcier ou em Gert Comfrey.

"Sou uma mulher biológica que se submeteu à transição para ficar parecida com um homem por meio do uso de hormônios sintéticos e cirurgias. Mas nunca serei um homem. Nunca".

Mas o gênero não é uma construção social? Uma jornada? A identidade de gênero é diferente de todas as outras formas de identidade. Ela pode mudar e isso deve ser respeitado e validado. Isso é o que todo mundo me dizia.

"A transição médica é uma ilusão. Você pode criar a ilusão do sexo oposto – mas não existe essa coisa de mudar de gênero. É impossível", continuou Newgent.

Eu estava ficando um pouco nervoso. Se tivesse dito qualquer coisa assim para o pessoal pró-trans, eles teriam me atacado imediatamente. "Isso não é transfobia contra si mesma?", perguntei, hesitante.

"Não, é a realidade. É a realidade", disse ela. "Se alguém se submete à transição médica, cria a ilusão do sexo oposto para se sentir bem. Por que isso seria transfobia?".

Mas para que serve a cirurgia de mudança de sexo se ela não afirma a identidade real da pessoa? "É a mesma coisa que uma mulher de seios pequenos que faz cirurgia plástica e fica com os seios grandes e sai por aí balançando os peitos e gritando: 'Eu nasci assim. Esses seios são meus, geneticamente. São meus!'", me disse ela. "Não a chamamos de maluca, por isso né?".

Então quer dizer que sempre estive certo? Será que a ideia de que se pode mudar de gênero é como a de ser um macaco-aranha ou ser afirmado como uma pessoa transdeficiente e cortar seu braço? Talvez uma coisa não seja real só porque algumas pessoas acreditam nela – mesmo que tenha a ver com o gênero.

Na realidade, para ela, os trans não estão afirmando uma identidade. Eles estão adotando um personagem. "Por que uma pessoa morena quer ficar loira? Por que uma pessoa com lábios normais quer usar batom vermelho? Digo, é tudo uma questão cosmética, certo?", disse Newgent. "Fazemos isso desde sempre. Por que a transição médica seria diferente?".

Talvez tenhamos novas tecnologias e, hoje em dia, possamos tomar medidas drásticas para alcançar a imagem desejada, mas o impulso básico é o mesmo. Ironicamente, isso é bem parecido com o que Comfrey me disse: "Sei que os trans usam hormônios porque têm o efeito de afirmar o gênero. Isso inclui pessoas que dizem que querem usar testosterona para ter pelos no rosto ou se submetem à terapia hormonal para que os seios cresçam".

Comfrey confirmou que a mesma busca por um tipo específico de imagem é o que as leva a desejar uma cirurgia de mudança de sexo. "Cirurgias são alternativas para algumas pessoas, um caminho que querem percorrer. E, sim, a ideia é, tipo, afirmar aquela pessoa; afirmar seu corpo e, tipo, como eles querem se mostrar no mundo e no seu próprio corpo".

Newgent parecia tão confiante quanto as pessoas pró-ideologia de gênero com quem conversei por horas, mas dizia exatamente o contrário. Não deveríamos afirmar as pessoas na transição delas porque isso contradiz a realidade. Submeter-se a uma cirurgia de mudança de sexo não muda o seu sexo. Você não pode ser um homem num corpo de mulher. Tudo o que ouvi antes parecia se basear em uma mentira. "Talvez o objetivo seja fazer com que todos pensem que a verdade é transfobia", disse Newgent. Afinal, isso encerraria o debate.

★ ★ ★

Ameaças de suicídio como chantagem

Pisei fundo no freio. Tudo estava fazendo muito sentido intelectualmente. Mas qual seria o verdadeiro impacto no mundo? Os especialistas me disseram que, se não validássemos a identidade de gênero de todo mundo, eles cometeriam suicídio. Parece uma afirmação bem dura. Nas palavras da Dra. Forcier, "se as famílias amassem e aceitassem as crianças LGBQIA+, elas reduziriam os riscos de depressão, ansiedade e ideação suicida. Elas simplesmente se sairiam melhor. Uma obviedade".

No final das contas, eu não quis acreditar numa mentira. Mas também não queria ter sangue em minhas mãos.

Newgent virou de cabeça para baixo tudo o que eu tinha ouvido antes. "Descobrimos que crianças que tem disforia de gênero, se e quando começam a fazer terapia, 82% delas supera isso e aceitam que são meninas".

A Dra. Grossman endossava Newgent. "A afirmação de que se não afirmarmos todas as crianças – se não validarmos o gênero e a identidade subjetiva delas – elas acabarão se machucando e chegarão ao ponto de se matarem não é verdade".

Newgent acredita que os cuidados afirmativos causam mais problemas ao fazerem pressão para que crianças que não têm outros problemas psicológicos adotem uma identidade que não está em sincronia com o sexo delas – uma desconexão que todos sabem que causa uma grande angústia mental.

"Se dissermos a adolescentes, agora, em uma época em que têm dificuldades de se encaixar, que eles podem sim ajustar-se a algo e a única coisa que precisam fazer é cortar a sua perna direita... Você sabe quantas ambulâncias precisaríamos disponibilizar nas escolas?", levantou.

A Dra. Grossman e Newgent não foram as únicas a falarem com clareza e enfaticamente contra a ideia dos cuidados afirmativos. Durante a minha jornada, tive a oportunidade de conversar com o Dr. Jordan Peterson, um psicólogo clínico internacionalmente reconhecido por ousar dizer a verdade e descrever o caráter científico de como os seres humanos pensam, agem e têm fé.

Versado na terapia, o Dr. Peterson foi rápido em condenar a própria ideia dos cuidados afirmativos. "Não existe essa coisa de terapia de afirmação de gênero. Isso é uma contradição em termos", ele me disse. "Se você é um terapeuta, não é sua função afirmar nem validar nada".

Ele continuou: "Eu não valido o que você está dizendo, pode ter certeza", disse ele. "Isso não é terapia. Isso é um carimbo. Quando você está falando de algo tão complicado quanto a identidade sexual e de gênero, é complexo na essência do ser. Digo, você não recebe um tapinha nas costas do terapeuta por suas conclusões axiomáticas pré-existentes".

Qual o sentido de procurar um terapeuta se ele não vai validar tudo o que digo ou faço? O Dr. Peterson me explicou: "Por que você vem se consultar comigo? Porque vou ouvir você. Vou ouvir e tratar das suas preocupações, seus problemas, seus objetivos, suas ambições, seus sonhos, suas confusões, seus ódios, seus ressentimentos... Talvez você tenha vindo se consultar comigo porque um elemento destrutivo em você está arruinando a sua vida. Estou do lado daquela parte sua que quer salvar-se".

Contei a ele minha experiência com Comfrey. "A terapeuta com a qual conversei até aqui estava prestes a me afirmar como mulher porque eu disse que...", comecei, mas ele me interrompeu.

"Não era uma terapeuta", disse ele. "Era uma ideóloga, uma ideóloga assustada". Tudo aquilo fazia muito sentido. A afirmação parecia a forma totalmente errada de propor terapia. Mas isso não mudava o fato de que os estudos da Dra. Forcier e do Dr. Bowers pareciam estabelecer uma correlação clara: sem afirmação, o risco de suicídio aumenta. Daí me lembrei de uma citação atribuída ao Prêmio Nobel de Economia Ronald Coase: "Se você torturar as estatísticas, elas confessarão qualquer coisa".

A verdade é que as pessoas com disforia de gênero apresentam praticamente a mesma taxa de suicídio que jovens com outros transtornos mentais. Eles não são especiais. Dito isso, o lado pró-trans está certo numa coisa. Pessoas confusas quanto ao gênero e que não têm sua identidade validada apresentam uma taxa maior de suicídio. Mas o inverso também vale. Pessoas confusas quanto ao gênero e que a têm validada também apresentam um risco maior de suicídio. Isso porque pessoas com disforia de gênero tendem mais ao suicídio, independentemente da validação[204].

A Dra. Grossman foi além. "Essas crianças com disforia de gênero, como já disse, têm várias comorbidades. Muitas delas se cortam. Muitas são potencialmente suicidas antes mesmo de sua crise de gênero. Isso nunca é mencionado na discussão quando se fala de jovens que estão se ferindo ou cometendo suicídio".

Pessoas com disforia de gênero sofrem de todo tipo de transtorno emocional, mas pela experiência da Dra. Grossman, interpretamos todas as suas experiências pelas lentes do gênero. Pode haver um milhão de motivos para a infelicidade de alguém. Mas assim que a pessoa dá sinais ou insinua ou diz explicitamente que não está à vontade com seu sexo, o tratamento afirmativo de gênero se torna a resposta automática. Toda outra causa possível é deixada de lado.

"O que estamos fazendo aqui é pôr todos os ovos em um só cesto, o do gênero", disse a Dra. Grossman. "Esse raciocínio não é claro. Não é. Não é endossado por nenhuma evidência que temos, e é uma forma de chantagear emocionalmente os pais. Eles dizem: 'Você prefere uma filha viva ou um filho morto?'".

Verdade. Não era a primeira vez que eu ouvia aquela fala – e tudo tinha origem nas mesmas estatísticas fraudadas da relação entre o suicídio e o transgenerismo. A Dra. Grossman

---

204. DE GRAAF, Natasja M., et al. "Suicidality in clinic-referred transgender adolescents". *In* European Child & Adolescent Psychiatry, 2020. Disponível em https://doi.org/10.1007/s00787-020-01663-9.

continuou falando: "Se é isso o que os profissionais estão dizendo, meu Deus, qual pai ou mãe vai ter essa força? Na verdade, há sim pais e mães tendo coragem para resistir a isso. Mas é uma chantagem emocional horrível".

Ocorreu-me que o lado pró-trans talvez simplesmente não estivesse acompanhando as pessoas com disforia de gênero que passaram pela transição no longo prazo. Talvez tenham perguntado se eram suicidas antes da transição e comparado os dados logo depois da transição. Então, diante do novo, os trans parecem felizes. Parece que elas estão em paz. Mas será que estão? Eu me lembro do Dr. Bowers dizendo que nenhum paciente jamais se arrependeu da cirurgia de mudança de sexo. Sabendo o que sei, é muito difícil acreditar nisso. E quanto à Dra. Forcier?

"Com quantos dos seus pacientes você conversou depois de vinte anos para saber se eles estavam bem?", perguntei.

"Na verdade, tenho vários pacientes dos últimos dez anos com os quais ainda mantenho contato".

"Estou falando de todas essas crianças que estão tomando medicamentos agora", disse.

"Certo, eu não posso... Se estão tomando medicamentos agora, vinte anos começam a contar agora".

"Então não sabemos como eles estão?".

"Não".

Sinceramente, tudo isso era como determinar a felicidade de casais entrevistando apenas recém-casados. As respostas podem ser diferentes daqui a vinte anos, até mesmo depois de dois anos! Só que, no caso em estudo, em vez de se casar com alguém que você ama, você recebe hormônios e tem suas genitálias cirurgicamente mutiladas de uma forma irreversível.

A vida das pessoas que sofrem de transtorno de identidade de gênero não começa quando elas percebem uma desconexão entre seu gênero e sexo, e não termina quando recebem cuidados afirmativos e dão início à transição médica. Essas histórias têm um fim e o fim nem sempre combina com a narrativa pró-trans que me contaram.

Isso lembrou-me de uma que não vi terminar. O que aconteceu aos gêmeos Reimer, aqueles dos experimentos de John Money? Aprendi muita coisa sobre a ideologia de gênero desde que me apresentaram aquele caso horrível. Sei que David Reimer não era feliz e fez a transição reversa para homem depois de todas as mentiras que as autoridades médicas lhe disseram – inverdades que, estava começando a ver, ainda eram contadas –, como a de que o gênero é uma construção social e a identidade de gênero não passa de uma jornada maleável.

Mas o que aconteceu a David Reimer e sua família?

"Uma atualização rápida na história de John Money", confrontei a Dra. Grossman. "David Reimer. O que aconteceu a ele? Ele está bem agora?".

"Não", disse ela com seriedade. "David Reimer acabou se casando com uma mulher, adotando os três filhos dela e trabalhando como zelador num matadouro. A história dele foi contada num livro muito importante, *As nature made him*[205] [*Como a natureza o fez*]. Infelizmente, o trauma pelo qual ele, seu irmão e toda a família passaram deixou cicatrizes profundas. O irmão dele morreu de overdose aos trinta e oito anos[206]. Alguns anos mais tarde, David cometeu suicídio".

Os pais dos gêmeos culparam John Money, o pai da ideologia de gênero, pela cirurgia. Culparam pelas ideias nocivas

---

205. COLAPINTO, John. *As nature made him: the boy who was raised as a girl*. 2ª Ed., Harper Perennial: Nova York, 2008. Há também uma edição nacional da obra citada: COLAPINTO, John. *Sexo trocado*. Ediouro: Rio de Janeiro, 2001. (N. E.)
206. Brian Reimer morreu aos trinta e seis anos, em 2002. David Reimer, aos trinta e oito, em 2004. (N. R.)

que ele pôs nas cabeças de todos. Culparam por ter abusado de David e do irmão durante anos. Não foi a ideologia de gênero o que matou David Reimer; isso seria um exagero. Mas ela serviu de justificativa para causar um sofrimento tão grande que o fez tirar a própria vida.

O que a ideologia de gênero está fazendo com seus filhos? Em pouco tempo eu vim a aprender muito mais.

CAPÍTULO 7

A queda do castelo de cartas

Apesar da insistência dos ativistas pró-trans de que os cuidados afirmativos não só são seguros como também inegavelmente benéficos, estava ficando cada vez mais claro que validar a confusão de gênero gera traumas e sérias complicações. Aprendi que a afirmação causa depressão, ansiedade e pode causar até suicídio, mas o que acontece quando as pessoas levam a afirmação a cabo e interferem quimicamente no corpo? A situação piora depois que eles dão o passo seguinte e se submetem a alterações cirúrgicas irreversíveis? Eu estava prestes a descobrir.

★ ★ ★

"Totalmente reversível?"- Não é bem assim

No princípio, eu estava procurando o lado bom. Milhares, se não dezenas de milhares, de pessoas, entre elas muitas crianças, estão confusas quanto ao gênero, e ouvem repetidamente, por meio da cultura e de terapeutas e médicos, que seu sofrimento será aliviado se elas rejeitarem o sexo biológico e tentarem se tornar outra pessoa. Elas estão ouvindo que a única maneira de ser feliz é deixar de lado quem você é e como você nasceu para se tornar o que você acha que é.

Talvez não fosse tão ruim quanto eu pensava. Sim, os cuidados afirmativos se baseiam numa mentira e levam as pessoas a aceitarem a confusão. Claro que isso não acaba com o uso de roupas do sexo oposto nem se fazendo chamar por novos pronomes. Mas será que piora? Digo, a Dra. Forcier não me disse com toda a certeza do mundo que os bloqueadores de puberdade – a etapa subsequente para jovens que começaram a transição social – são totalmente reversíveis? Estudei minhas anotações.

"Bloqueadores de puberdade – cujos efeitos são totalmente reversíveis e não têm consequências permanentes – são maravilhosos porque você pode fazer uma pausa na puberdade", disse ela. "É como se você estivesse ouvindo música e apertasse o botão de pausar. E, depois, paramos com os bloqueadores e a puberdade volta de onde fora interrompida. O restante da música é apenas adiado por um tempo".

"Como eles fazem isso? Qual o efeito dos bloqueadores?", perguntei a ela.

"É assim que explico para as crianças. Um falso hormônio vai para o cérebro e bloqueia os receptores de modo que as glândulas cerebrais enviam mensagens para suas gônadas e ovários que dizem: 'Ah, meus receptores estão cheios. Não preciso de nada'. Assim, as mensagens do cérebro param".

Ela continuou: "Assim como qualquer remédio, o efeito vai acabar se não dermos outra dose ou se não substituirmos o implante ou se o paciente parar de tomar. Você segue com a puberdade e o sexo designado no nascimento, ou afirma sua identidade de gênero com hormônios que são mais adequados a ela. Essas são as opções disponíveis".

Parecia bem simples. Não deveríamos sair pausando a puberdade de todos – essa é apenas outra forma de nos rebelarmos contra a natureza e validarmos a desconexão da realidade. Mas ao menos é só uma pausa, certo?

"Quer dizer que os bloqueadores hormonais são totalmente seguros. Disseram para mim que, sim...", comecei contando para a Dra. Grossman o que aprendi com a Dra. Forcier.

"É uma catástrofe que tenham lhe dito isso", ela respondeu. "Há um ou dois meses conversei com a mãe de uma menina de catorze anos que começara a tomar bloqueadores dois anos antes. Ela teve hormônios implantados sob a pele dos braços para não precisar tomar injeções. Depois de dois anos, descobriram que a densidade óssea dela diminuíra 30%. Ela tinha osteoporose. Uma menina de catorze anos com osteoporose! Isso é coisa de mulheres velhas. Significa que os ossos eram frágeis, que ela podia cair e quebrar um osso".

Espere um pouco. Eu achava que os bloqueadores de puberdade eram mais seguros do que um Tylenol. E se esse for apenas um efeito colateral?

"É reversível?", questionei a Dra. Grossman.

"Não, mas você pode tratar. Mas pergunte a qualquer mulher de sessenta e cinco anos por aí se a osteoporose dela é reversível. Ela vai dizer: 'Bom, meu médico diz que não'. Uma menina de catorze anos de idade!"

Recorri a Scott Newgent, a mulher transgênero que se submetera a todo o processo de transição médica. Se alguém poderia me dizer se quem estava com a razão era a Dra. Forcier ou a Dra. Grossman, era ela, já que Newgent havia passado por tudo isso.

"Na época de nossas vidas em que nosso corpo nos diz: 'Hei, é hora de seu saco crescer, é hora de seu pênis aumentar, é hora de seu cérebro se desenvolver', vamos dizer que não há nada de mau em pular essa parte e depois voltar ao normal? Nosso corpo não funciona assim. Por isso estamos vendo jovens de dezoito a vinte e um anos com o coração e os pulmões do tamanho do coração e dos pulmões de crianças de onze anos".

Mas e quanto ao uso de hormônios do sexo oposto? Eles não são tão ruins quanto os bloqueadores de puberdade, certo?

"Hoje sabemos que, se os homens tomam estrogênio por um longo período, isso causa perda óssea", me informou Newgent. "Tente encontrar mulheres trans com mais de sessenta anos que tomam estrogênio há trinta. Tente encontrá-las e me diga que elas não estão usando andadores e bengalas".

Mas e todos aqueles estudos? E toda aquela ciência?

"Muitos me disseram: isso tudo é totalmente seguro", comentei.

"Quem disse?", me perguntou.

"Eles".

"Quem é 'eles'? Onde estão os estudos? Será que tudo está escondido por trás do pum de unicórnios e bombas de purpurina?".

A verdade é que nenhum dos ativistas pró-trans com quem conversei jamais pensou em se aprofundar nos estudos. Eles eram capazes de citar milhares de manchetes, mas não sabiam se os dados eram legítimos. Talvez Newgent estivesse certa e toda a estrutura da terapia hormonal se baseasse em nada.

"Não há estudos sobre os efeitos de longo prazo dos bloqueadores hormonais, nem sobre hormônios sintéticos", afirmou. "Quantos estudos de longo prazo sobre o uso de bloqueadores hormonais em crianças nós temos? Nenhum. 82% das crianças se recuperarão da disforia de gênero. Vamos fazer com que elas tomem bloqueadores hormonais? Não temos a menor ideia do que eles estão fazendo com nossas crianças".

Eu me perguntava como os médicos eram capazes de prescrever drogas para crianças se nada disso foi estudado. Perguntei à Dra. Grossman o que estava acontecendo – e ela confirmou tudo. "Os médicos estão promovendo a afirmação com hormônios que nunca foram usados para esse fim na medicina".

O que sabemos, de acordo com o Journal of Clinical Medicine [Diário de Medicina Clínica], é que uso de hormônios do sexo oposto por um tempo prolongado aumenta o risco de ataques cardíacos, danos ósseos, falência renal e do fígado, e embolia pulmonar. A Associação Cardíaca Norte-americana acrescenta que os hormônios podem provocar coágulos e derrames[207]. Newgent já tinha escrito sobre os efeitos dessa terapia:

> Quase um quarto das pessoas que se submetem à terapia hormonal baseada em altas doses de esteroides anabolizantes (como a testosterona tomada para as pessoas que fazem a transição de mulher para homem) exibem sintomas graves de mudança de humor. De 3% a 12% desenvolverão sintomas de psicose[208].

Ainda assim, o uso dos hormônios do sexo oposto está tão disseminado que as pessoas podem entrar numa clínica de planejamento familiar e sair de lá com os remédios no mesmo dia[209]. Quando usados em adultos, os efeitos são terríveis. Mas a tragédia maior é ministrá-los em crianças.

Como me falaram antes, o bloqueador de puberdade mais comum talvez seja uma droga chamada Lupron. Precisei apenas de uma pesquisa rápida para confirmar o que Newgent e a Dra. Grossman haviam dito – uma busca que nem tinha passado pela

---

207. AMERICAN HEART ASSOCIATION. "Hormone therapy may increase cardiovascular risk during gender transition". *In* ScienceDaily, 18 de fevereiro de 2019. Disponível em www.sciencedaily.com/releases/2019/02/190218093959.htm.
208. NEWGENT, Scott. "Forget What Gender Activists Tell You". Here's What Medical Transition Looks Like. *In* Quillette, 6 de outubro de 2020. Disponível em https://quillette.com/2020/10/06/forget-what-gender-activists-tell-you-heres-what-medical-transition-looks-like/.
209. "TRANSGENDER Healthcare". *In* Planned Parenthood. Disponível em https://www.plannedparenthood.org/planned-parenthood-greater-texas/patient-resources/transgender-healthcare, acessado em 7 de janeiro de 2022.

minha cabeça fazer, já que todos os outros médicos pareciam categóricos. Não só o Lupron não é aprovado pelo FDA para ser usado como bloqueador de puberdade em crianças confusas quanto ao gênero como também provoca uma série de efeitos colaterais sobre os quais ninguém falava[210].

Uma mulher teve de fazer uma cirurgia para substituir uma articulação deteriorada na mandíbula com apenas vinte e um anos. Ela desenvolveu uma doença degenerativa da cartilagem e fibromialgia. Outras pessoas ficaram com os ossos frágeis e problemas nas articulações, tiveram graves oscilações de humor, enxaquecas e até problemas de coluna. Uma pessoa teve que se submeter a uma cirurgia na bacia com apenas vinte e seis anos de idade. De acordo com outra reportagem, o efeito mais comum do medicamento é a depressão e a ansiedade – talvez não por causa do Lupron em si, mas sim como resultado da dor e do sofrimento que as pessoas enfrentam ao tomá-lo[211].

Não que o Lupron seja uma novidade. Ele existe há décadas. O que parece impensável é que façamos experiências em crianças antes de realizarmos testes em laboratório. Newgent me disse que tudo se resume a manter a máquina da indústria da transição de gênero funcionando. Se as pessoas soubessem a verdade, o Lupron seria tirado do mercado.

"Eles não querem a aprovação do FDA porque senão a transição médica seria imediatamente interrompida em todo o país".

---

210. BERRY, Susan. "FDA: Thousands of Deaths Linked to Puberty Blockers". *In* Breitbart, 2 de outubro de 2019. Disponível em https://www.breitbart.com/politics/2019/10/02/fda-thousands-of-deaths-linked-to-puberty-blockers/
211. JEWETT, Christina. "Women Fear Drug They Used to Halt Puberty Led to Health Problems". *In* Kaiser Health. News, 2 de fevereiro de 2017. Disponível em https://khn.org/news/women-fear-drug-they-used-to-halt-puberty-led-to-health-problems/.

★ ★ ★

Crianças quimicamente castradas

Muito antes de o Lupron ser usado como bloqueador de puberdade em adolescentes, ele tinha outra finalidade: a castração química. O Lupron reduz os níveis de testosterona nos homens como se tirasse os testículos, reduzindo, assim, seu apetite sexual. Em alguns países, a droga é usada em predadores sexuais e outros pervertidos a fim de se evitar crimes sexuais[212].

Perguntei a Newgent sobre isso: "Usar Lupron é castração química?".

"Sim", respondeu veemente. "Nós os damos a pedófilos, não?".

Tive de confrontar a Dra. Forcier a respeito disso. Afinal, ela prescreve bloqueadores de puberdade para crianças.

"Os bloqueadores de puberdade reduzem a produção de testosterona", falei. "Então isso equivale a uma castração química".

"Não. As gônadas ainda estão presentes", disse ela.

"Mas é castração química porque paralisa a produção de testosterona", insisti.

"Não. Acho que você está tentando usar palavras exóticas e sensacionalistas como 'drogas' e 'castração química' para fazer o que a imprensa gosta de fazer, que é criar um drama em torno do assunto".

"É bem isso", eu disse. Afinal, pensei comigo mesmo, se descrever com precisão é dramatizar, a droga é problemática, e não a descrição.

---

212. COCHRANE, Joe. "Indonesia Approves Castration for Sex Offenders Who Prey on Children". *In* New York Times, 25 de maio de 2016. Disponível em https://www.nytimes.com/2016/05/26/world/asia/indonesia-chemical--castration.html.

"Estamos falando de crianças para as quais temos uma medicação que é segura e eficiente". Ela repetiu as mentiras que eu já tinha ouvido.

Insisti. "Ela impede o crescimento, afeta a densidade óssea e outras coisas do tipo, não?".

"De jeito nenhum", respondeu enfaticamente. "Usamos os bloqueadores de puberdade de várias formas para interferir na altura... A densidade mineral dos ossos é recuperada".

Diga isso para aquela menina com osteoporose, pensei. Diga para a mulher que teve que fazer uma cirurgia na mandíbula aos vinte e um anos.

"Mais uma vez, essas são coisas da imprensa que as pessoas querem ouvir para ficar com a impressão de que é emocionante ou perigosa ou má...", a Dra. Forcier comentou.

Eu a interrompi. "Não acho nada disso emocionante. Eu só acho que usar os termos corretos é importante. Porque castrar quimicamente crianças...".

"Esse não é o termo correto", me interrompeu. "Esse não é o termo correto para o bloqueio da puberdade".

"Posso dar uma olhada no meu celular. Tenho certeza de que se eu pesquisar...".

"Pode pesquisar no seu celular".

"Aqui diz 'definição médica: a administração de drogas para causar uma redução considerável na produção de hormônios, sobretudo da testosterona'. Isso é a castração química".

"Gênero é diferente do diagnóstico de um problema de saúde", argumentou. "Assim, se você quiser usar conceitos médicos, patológicos e patologizantes, acabará fazendo mal às crianças. E eu não quero fazer mal a elas. Por isso usamos 'bloqueadores de puberdade'".

Sou eu quem está fazendo mal às crianças com a minha linguagem? E quanto ao fato de ela estar prejudicando-as com suas drogas? A Dra. Forcier não discordou da definição. Assim como o Dr. Bowers, ela só queria usar um eufemismo, adoçar a realidade para torná-la mais palatável às crianças.

Eu não podia deixar barato.

"Uma das drogas usadas é o Lupron", falei, "que tem sido usado para castrar quimicamente criminosos sexuais".

"Sabe de uma coisa? Não tenho certeza se devemos continuar com essa entrevista porque parece que você está querendo direcioná-la".

"Você não quer falar sobre as drogas que ministra em crianças?", perguntei.

Ela não queria. Como muitos esquerdistas, ela fugia do debate de ideias, me atacando pessoalmente e pretendendo me deixar com medo de fazer perguntas.

"Quando você usa essa terminologia, está sendo malicioso e perverso", disse ela. "Gostaria que você usasse palavras e terminologia que não demonizasse o processo de dar ouvidos à diversidade. E gostaria que, em vez de tentar passar uma mensagem sensacionalista, nós conversássemos sobre a ciência, de um jeito que fosse respeitoso para com as crianças e as famílias que enfrentam isso. E o que você está fazendo neste momento não é nada disso".

Respondi calma e firmemente. "Há quem diga que ministrar drogas de castração química para crianças é malicioso e perverso".

"Há quem diga isso. E por acaso essas pessoas são trans?".

Sim, pensei, me lembrando de Scott Newgent.

"São profissionais da saúde?", insistiu.

Sim, pensei novamente, me lembrando da Dra. Grossman. Mas quem se importa?!

"O que é que isso tem a ver?", perguntei.

"Tem a ver com o contexto", ela afirmou. "O contexto de cuidar das crianças e ver o sofrimento delas, o sofrimento pelo qual nós adultos já passamos e que pode ter péssimas consequências para a saúde no caso de vários pacientes trans que não tiveram acesso ao tratamento, que não viveram situações familiares de validação e afirmação. Há uma vasta literatura que diz que a ausência de apoio e de tratamento afirmativo para pessoas gênero-divergentes ou trans causa danos".

Aí vamos nós mais uma vez. De volta à estaca zero. Ela não negava que os bloqueadores de puberdade são uma forma de castração química, só dizia que não podíamos falar assim. E quando finalmente se viu intimidada a explicar como justificava a castração química de crianças, repetiu a ladainha de que pessoas confusas quanto ao gênero *devem* ter cuidados afirmativas, do contrário serão infelizes – os estudos nem mesmo explicam o fato de que pessoas confusas quanto ao gênero são quase sempre infelizes, com ou sem afirmação.

Novamente a Dra. Grossman acertou em cheio: "A abordagem afirmativa envolve tratamentos perigosos e alguns que, eu diria, são experimentais. O tratamento nos leva a pensar, como escreveu Orwell, que a linguagem pode ser usada para mudar a forma como pensamos". Era exatamente isso o que a Dra. Forcier estava tentando fazer comigo, mudar a forma como penso sobre a castração química chamando-a por outro nome, mudar a forma como penso sobre o uso de drogas de castração química em crianças dizendo que eu era malicioso e perverso.

Hormônios não aumentam a felicidade

Seria até admirável se as terapias hormonais, apesar dos efeitos colaterais, aumentassem a felicidade das pessoas. Mas dos dois principais estudos que avaliaram os efeitos dos bloqueadores de puberdade sobre a saúde, um deles não encontrou melhora alguma[213] e o outro detectou uma melhora absolutamente marginal[214]. Outros foram fraudados ou não conseguiram mostrar qualquer impacto positivo na saúde mental[215].

A Dra. Forcier rejeitava a ideia de que a terapia hormonal não ajuda os pacientes, citando especificamente o estudo de Jack Turban, de 2020, que supostamente mostrava adolescentes trans com acesso a bloqueadores de puberdade terem uma probabilidade 70% menor de cometer suicídio[216]. Nas palavras da Dra. Forcier, o estudou mostrou que "pessoas trans são mais saudáveis, seguras e felizes quando têm acesso a serviços médicos trans-afirmativos e trans-sensíveis".

O problema é que esse estudo também é uma fraude. O estudo foi feito *online* por um grupo ativista pró-trans, e apenas 11% dos 3.494 entrevistados tinham recebido drogas bloqueadoras de puberdade – uma amostragem muito pequena. Ainda assim, essa pesquisa financiada por ativistas pró-trans descobriu que, apesar de 58% daqueles que não receberam bloqueadores de puberdade terem planejado cometer suicídio, o mesmo aconteceu com 55% dos que haviam recebido bloqueadores de puberdade – não que a diferença importe muito, considerando

---

213. CARMICHAEL, et al. "Short-term outcomes of pubertal suppression in a selected cohort of 12 to 15 year old young people with persistent gender dysphoria in the UK". *In* Plos One 16(2): e0243894, 2021. Disponível em https://journals. plos.org/plosone /article? id=10.1371/journal.pone.0243894.

214. DE VRIES, et al. "Puberty Suppression in Adolescents with Gender Identity Disorder: A Prospective Follow-Up Study". *In* The Journal of Sexual Medicine, 2011. Disponível em https://www.jsm.jsexmed.org/article/ S1743-6095(15)33617-1/fulltext.

215. BIGGS, Michael. "Puberty Blockers and Suicidality in Adolescents Suffering from Gender Dysphoria". *In* Archives of Sexual Behavior 227–2229, 2020. Disponível em https://doi.org/10.1007/s10508-020-01743-6.

216. TURBAN, et al. "Pubertal Suppression for Transgender Youth and Risk of Suicidal Ideation". *In* Pediatrics, 2020. Disponível em https://publications. aap.org/pediatrics/article/145/2/e20191725/68259/Pubertal-Suppression-for-Transgender-Youth-and.

que a amostragem para essa pergunta era de apenas oitenta e nove pessoas.

Mas piora. De acordo com um analista, "o número daqueles que realmente tentaram o suicídio no último ano foi maior entre os que tomaram bloqueadores de puberdade". Entre as pessoas hospitalizadas depois de tentarem o suicídio, quase duas vezes mais usavam bloqueadores hormonais[217].

O estudo que a Dra. Forcier citou foi financiado por um grupo pró-trans, era estatisticamente suspeito e não só não conseguiu endossar as opiniões dela como na verdade contradisse o que falava. Ela estava me vendendo uma ilusão, mas eu precisava agradecer a ela pela lição importante que aprendi. Quando a imprensa e o lado pró-trans citam o estudo provando sua ideologia, *não acredite em nada do que dizem*[218]. A Dra. Forcier estava mentindo para mim – ou ela nunca leu o estudo. As manchetes confirmavam aquilo em que ela já acreditava, e isso bastava.

Algumas pessoas estavam percebendo as mentiras. O Serviço Nacional de Saúde (NHS, na sigla original) do Reino Unido decidiu limitar os bloqueadores de puberdade para crianças depois que um tribunal descobriu que as muito pequenas não aguentam as consequências de longo prazo, e a pesquisa revelou que os impactos dos bloqueadores de puberdade na densidade óssea e na altura das pessoas não são totalmente reversíveis[219]. Discretamente, o NHS retirou aquela linguagem online que dizia que os efeitos dos bloqueadores de puberdade podiam ser revertidos[220].

---

217. *Ibid.*, tabela 3.

218. Ênfase do autor. (N. E.)

219. CARMICHAEL, et al., *op. cit.*

220. SHOWALTER, Brandon. "NHS removes trans guidance claim that puberty lockers are 'fully reversible'". *In* Christian Post, 6 de junho de 2020. Disponível em https://www.christianpost.com /news/nhs-removes-trans-guidance-claim- -that-puberty-blockers-are-fully -reversible-adds-list-of-risks.html.

A Finlândia, um dos primeiros países a adotarem a transição médica para adolescentes, também descobriu que o processo não melhorava a saúde mental dos pacientes[221]. Em 2020, o Serviço Finlandês de Identidade de Gênero recomendava a psicoterapia como o principal tratamento para jovens confusos quanto ao gênero, e não a redesignação sexual[222].

Na Suécia, muitos hospitais e clínicas pararam de oferecer transição de gênero para jovens com menos de dezoito anos por causa das evidências de graves efeitos colaterais sem melhora no bem-estar psicológico[223].

Oras, há estudos[224] que revelam até que a transição social – sem qualquer tipo de intervenção médica – é incapaz de melhorar a saúde mental das pessoas porque leva os jovens a insistirem na desconexão entre o gênero e o sexo, quando muitos simplesmente superariam isso[225].

---

221. RIITTAKERTTU, et al. "Adolescent development and psychosocial functioning after starting cross-sex hormones for gender dysphoria". *In* Nordic Journal of Psychiatry, 2020. Disponível em https://www.tandfonline.com/action/showCitFormats?doi=10.1080%2F08039488.2019.1691260.

222. "MEDICAL Treatment Methods For Dysphoria Associated With Variations In Gender Identity In Minors: recommendations". *In* Palveluvalikoima, 16 de janeiro de 2020. Disponível em https://palveluvalikoima.fi/documents/1237350/22895008/Summary_min ors_en.pdf /aaf9a6e7-b970-9de9-165c-abedfae46f2e/Summary_minors_en.pdf.

223. NAINGGOLAN, Lia. "Hormonal TX of Youth with Gender Dysphoria Stops in Sweden". *In* Medscape, 12 de maio de 2021. Disponível https://www.medscape.com/viewarticle/950964.

224. SIEVERT, Elizabeth, *et al.* "Not Social Transition Status, But Peer Relations and Family Functioning Preduct Psychological Functioning". *In* Sage Journals, 20 de outubro de 2020. Disponível em https://journals.sagepub.com/doi/10.1177/1359104520964530.

225. WONG, *et al.* "Childhood social gender transition and psychosocial well--being: A comparison to cisgender gender-variant children". *In* Clinical Practice in Pediatric Psychology, *7(3), 241–253 (2019).*p. 1.

O Reino Unido, a Finlândia e a Suécia não são exatamente exemplos da opressão aos trans. Esses países estão apenas se atendo aos fatos. Enquanto isso, nos Estados Unidos, as terapias hormonais e a transição médica são sacrossantas. Não podemos questioná-las sem que profissionais como a Dra. Forcier fiquem irritados. Na verdade, enquanto outros países pisam no freio, nossas autoridades médicas estão pisando no acelerador.

Quando perguntei a Comfrey onde entra o consentimento parental na hora de se tomar essas gigantescas decisões médicas, a resposta dela foi: "Existe alguma margem de manobra, tipo, idade de consentimento [no Tennessee] para, tipo, certos procedimentos médicos. Mas, sim, é só isso". A Dra. Forcier foi ainda mais didática: "A afirmação médica começa quando o paciente diz que elu [sic] está pronto". Se um paciente estiver "pronto" aos nove anos de idade, que seja, acho.

Nem mesmo discutir dados e fatos reais é permitido quando se corre o risco de contradizer a narrativa partidária. Em 2021, a Sociedade para a Medicina de Gênero Baseada em Evidências quis divulgar informações sobre os impactos do tratamento de afirmação de gênero na reunião anual da Academia Norte-americana de Pediatria (AAP, na sigla original). A AAP rejeitou a inscrição sem explicar – eles se recusaram até mesmo a analisar os dados que contradiriam o lado pró-trans – apesar de, dias antes, 80% dos pediatras presentes à reunião terem feito um apelo por mais cautela quando se trata da transição de gênero em menores[226].

---

226. NAINGGOLAN, Lisa. "AAP 'Silencing Debate' on Gender Dysphoria, Say Doctor Group". *In* Medscape, 16 de agosto de 2021. Disponível em https://www.medscape.com/viewarticle/956650.

★ ★ ★

A história de horror de uma mudança de sexo que deu errado

Mas a terapia hormonal está longe de ser o fim da história de horror. Os hormônios costumam ser uma etapa intermediária. A intervenção cirúrgica é a cereja do bolo.

Newgent me contou como a transição médica suga as pessoas para dentro de um redemoinho em busca da promessa que lhe fizeram.

"Estamos falando das crianças mais vulneráveis do mundo, e estamos dizendo a eles que há uma solução para isso... Porque eis aqui o que acontece com a transição médica", me disse ela, falando por experiência própria. "Você começa com a ideia de que 'nasci no corpo errado. Graças a Deus a vida vai melhorar agora, certo?'. Aí começamos com os hormônios e depois, seis meses após os hormônios, ouve-se: 'Bom, isso não ajudou em nada'".

Mas as pessoas já foram tão longe. Elas não podem retroceder agora. A única opção que acham que têm é seguir em frente. Todos aqueles em posição de autoridade estão dizendo que, se elas não estão felizes ainda, é porque não foram afirmadas o bastante.

Newgent prosseguiu: "'Mas ainda preciso de cirurgia na parte de cima'. Então você se submete à cirurgia e então: 'Certo, ainda tenho aquela coisa dentro de mim, sabe?' Ainda preciso de uma cirurgia das partes baixas e preciso mudar meus pronomes e preciso fazer isso, e a sociedade é transfóbica porque estão errando meu gênero, e há sempre um tipo de correção a ser feita, né? Bom, em algum momento, você meio que olha para um lado e para o outro e diz: 'Isso não resolveu nenhum problema!'".

O arco narrativo de Newgent é endossado pelos dados, uma vez que quase 100% das crianças que começaram a tomar bloqueadores de puberdade tomarão hormônios do sexo oposto e se submeterão a cirurgias[227].

O Dr. Bowers me disse que ninguém se arrepende de se submeter a uma cirurgia de mudança de sexo. Não achei que ele estivesse me dizendo a verdade. Tudo o que os ideólogos pró-trans haviam me dito desabou feito um castelo de cartas. A transição cirúrgica era o ponto alto – a forma mais elevada e invasiva de afirmação. Eu tinha dificuldade para acreditar que as cirurgias de mudança de sexo funcionavam depois que tudo o mais já havia dado errado.

O Dr. Bowers disse que as cirurgias de mudança de sexo são "uma alteração permanente e irreversível". Perguntei a Newgent o que aquela alteração significou para ela. A emoção jorrou.

"Passei por sete cirurgias. Tive um ataque cardíaco por estresse. Tiveram de me resgatar de helicóptero com embolia pulmonar. Tomei dezessete ciclos de antibióticos, inclusive intravenoso por um mês. Tive um cirurgião que usou a pele errada para criar minha uretra. Ele foi proibido de realizar cirurgias em São Francisco e se mudou para o Texas, onde uma lei diz basicamente que a chance de ganhar um processo contra alguém que realiza um procedimento experimental é insignificante. Eu tive quase vinte centímetros de pelos na uretra durante dezessete meses. Eu não dormi durante dezessete meses. Perdi meu emprego, minha casa, meu carro, minha esposa e tudo pelo que havia trabalhado. E ninguém jamais soube o que havia de errado comigo".

Não sabia nem por onde começar. Ela submeteu o próprio corpo a um tormento infernal. Como foi que isso aconteceu?

---

227. CARMICHAEL, *et al.*, *op. cit.*

"A transição médica é experimental", disse. Não tem regulamentação. Ela foi aperfeiçoada. Ainda assim, muita coisa pode dar errado. Ela tentou me ajudar a entender a intensidade de sua dor física. "O médico usou o tipo errado de pele para criar minha uretra", que é o tubo que leva urina da bexiga para o pênis. "Imagine se você tivesse pelos crescendo por dentro no seu rosto. Agora imagine isso com urina passando, aquilo tudo cheio de pus e infeccionando".

Todo movimento, toda virada de corpo, toda vez que ela tinha de ir ao banheiro eram marcados por uma dor insuportável. "Eu estava muito doente. Ainda estou doente", acrescentou ela. Mas a dor física é apenas parte da equação. Ela gastou tanto do seu dinheiro na cirurgia que precisou de ajuda para solucionar os problemas que a operação causou.

"Consegui trabalhar apenas três meses, e nem sei como. Eu precisava de um plano de saúde e a minha cabeça não estava funcionando direito. Com uma infecção generalizada, imagine só como eu poderia pensar direito. Me mudei para o outro lado do país para descobrir como alguém poderia me ajudar".

Eu me perguntava por que o médico que causou os problemas não os resolvia. Foi então que ela me contou: "Ninguém queria me ajudar, inclusive o médico que fez isso comigo, porque eu fiquei sem plano de saúde. Trabalhei durante três meses para ter um plano de saúde". No total, os gastos médicos superaram os US$900 mil[228].

Esse não foi o único problema. Como a condição era muito específica, ela não podia se consultar com um médico qualquer. Poucos conhecem os detalhes das cirurgias de mudança de sexo. "Eu tinha de sair do estado onde morava porque ninguém sabia o que estava fazendo", me disse ela. "Tive, tenho e sempre terei

---

228. NEWGENT, *op. cit.*

infecções, para o resto da minha vida. Em algum momento, os antibióticos deixaram de fazer efeito".

Olhei para Newgent, percebendo que estava conversando com uma mulher que vivia uma sentença de morte. "Tenho uma infecção a cada três ou quatro meses", acrescentou. "Provavelmente não viverei por muito mais tempo".

E quanto aos impactos na saúde mental dela? Claro que a dor física e o caos financeiro eram ruins. Mas será que houve alguma melhor na saúde mental dela ao fazer com que seu corpo "combinasse" com sua identidade de gênero?

"A verdade é que a maior parte das pessoas que se submetem a faloplastias têm Transtorno de Estresse Pós-Traumático. Não saí de casa por três longos anos, e estou aqui em Nova York. Três anos!".

A história de Newgent era trágica, mas talvez tivesse sido apenas um acaso trágico.

"A sua história é rara ou comum?", perguntei. "Porque me disseram que isso tudo que você está me contando é extremamente raro".

"Não é raro", afirmou ela. "Por que você não entra no meu website?".

Entrei e encontrei vários depoimentos de pessoas que se arrependeram da transição – pessoas do tipo que o Dr. Bowers havia me dito que não existiam.

"Temos um senhor no Canadá, Aaron Kimberly", disse Newgent. "Ele passou pela mesma cirurgia, realizada pela mesma pessoa. Por que você não pergunta quantas vezes ele viu isso acontecer? Raro? Não é nada raro".

Mencionei as supostas provas que embasavam a transição médica e levaram o Dr. Bowers a me dizer, sem hesitar, que "todos os países com dados a respeito mostram que os hormônios e a cirurgia são eficientes". Ele me disse que as pessoas que fizeram a transição estavam mais felizes e ajustadas – e que "não faz nem sentido ficar discutindo isso hoje em dia".

Newgent falou: "O único estudo de longo prazo diz que de sete a dez anos após a cirurgia é quando os trans têm uma chance maior de cometer suicídio".

Mas e quanto a todos os outros dados? Tem que haver dados mostrando o contrário, certo? O Dr. Bowers e a Dra. Forcier não tiraram aquele falatório todo da cartola.

Newgent admitia que os estudos existiam. Mas esse não é o fim da história. "Temos estudos que dizem que a transição médica ajuda a saúde mental, a saúde mental de crianças", disse Newgent. "Todos tiveram retratação ou foram modificados. Mas ninguém fala nada. A *ABC* não fala sobre isso, nem a *NBC*[229], porque eles têm medo".

Como ela sabe que os estudos tiveram retratações se a imprensa não divulga?

"No Reino Unido, o advogado que conseguiu que os bloqueadores hormonais fossem proibidos em crianças, no caso Keira Bell... Você sabe como ele conseguiu isso? Toda vez que alguém lhe mostrava um estudo e dizia: 'Olhe, bloqueadores hormonais são seguros'. 'Pois é, mas esse estudo foi corrigido'. 'Olha, ajuda a saúde mental'. 'Pois é, mas esse estudo foi corrigido'. Até que o juiz disse: 'Temos algum estudo que diz que os bloqueadores ajudam a saúde mental e que não teve retratação?' Não? Certo, chega de falar sobre isso. Sigamos em frente".

Em consequência dessa decisão, no Reino Unido os bloqueadores de puberdade e o uso de hormônios do sexo oposto só podem ser administrados em menores de dezesseis

---

229. Tanto a *ABC*, quanto a *NBC*, são famosas redes televisivas norte-americanas, comumente relacionadas a um editorial de posições progressistas. (N. E.)

anos com ordem judicial[230]. Mas a vitória das crianças durou pouco, porque outro tribunal reverteu a decisão[231].

A Dra. Grossman confirmou tudo o que Newgent tinha me dito sobre a transição médica não ajudar a saúde mental. "Quando analisamos as estatísticas de adultos cuja transição química e médica, incluindo cirurgias, está sendo acompanhada há anos, vemos que eles ainda cometem suicídio a uma taxa muito maior do que o restante da população".

É preciso apenas um pouco de bom senso para entender por que essas intervenções médicas não estão dando certo. Ao contrário de outros tratamentos e cirurgias para lidar com problemas físicos reais, a transição de gênero mutila o corpo a fim de resolver um problema psicológico. Mas as pessoas não encontrarão a paz se se rebelarem contra a natureza. Elas não poderão ser felizes ao se submeterem a uma mutilação ao longo dessa rebelião.

Uma roupa, um pronome, um novo nome, um corte de cabelo, um bloqueador hormonal aqui, uma injeção ali, um corte aqui, uma prótese ali – a litania de ilusões e lacerações, tanto da sociedade quando da medicina, não refuta a verdade de que todas as células no corpo humano gritam que são "masculinas" ou "femininas".

Isso não é uma opinião. É ciência.

A Dra. Grossman descreveu o processo que todos aprendemos na escola, mas do qual nos esquecemos. "Como

---

230. SAVAGE, Rachel, GREENHALGH, Hugo. "UK court rules against trans clinic over treatment for children". *In* Reuters, 30 de novembro de 2020. Disponível em https://www.reuters.com/article/us-britain-lgbt-transgender-trfn-idUSKBN28B3AV.

231. SIDDIQUE, Haroon. "Appeal court overturns UK puberty blockers ruling for under-16s". *In* The Guardian, 17 de setembro de 2021. Disponível em https://www.theguardian.com/society/2021/sep/17/appeal-court-overturns-uk-puberty-blockers-ruling-for-under-16s-tavistock-keira-bell.

um homem fica com corpo de homem? Isso acontece graças a seus cromossomos Y. Na concepção, quando o óvulo é fertilizado pelo espermatozoide, o organismo resultante tem ou dois cromossomos X ou um X e um Y. A presença do cromossomo Y determinará o desenvolvimento do feto na direção masculina, não apenas no que diz respeito às genitálias, mas quanto ao cérebro dele também. Isso significa que, ainda no útero materno, o corpo dele será masculinizado, inclusive seu cérebro. O que aconteceu é que, na oitava semana depois da fertilização, o cromossomo Y enviou informações para que os testículos produzissem testosterona, e essa testosterona depois foi distribuída por todo o corpo".

Esse não é um processo arbitrário – e não pode ser facilmente alterado mais tarde na vida. O impacto desse desenvolvimento específico de acordo com o sexo pode ser visto em outros aspectos da medicina sem relação com a "identidade de gênero".

"Digamos que uma mulher precise de um transplante de rim e obtenha esse rim de um homem", propôs a Dra. Grossman. "Isso quer dizer que todas as células no rim transplantado têm o cromossomo Y, e o corpo dela reconhece o órgão como um corpo estranho. O corpo feminino dela não aceita o cromossomo Y. Ela nunca teve um cromossomo Y. Por isso é melhor dar a uma mulher sempre um rim feminino". Ironicamente, ao mesmo tempo em que a ideologia de gênero se espalhava feito um câncer, o campo das cirurgias específicas de acordo com o sexo também ganhou espaço.

"Quer dizer que temos essas duas coisas acontecendo ao mesmo tempo na história", disse a Dra. Grossman, referindo-se às pesquisas sobre tratamentos específicos de acordo com o sexo e a ascensão da ideologia de gênero. "Enquanto as bibliotecas, as bibliotecas médicas, e os periódicos estão cheios de artigos indicando as diferenças profundas entre homens e mulheres, e explicando por que temos de reconhecer essas diferenças, temos essa ideologia que está impondo ideias falsas sobre nós e nossos filhos, e não sei por quanto tempo essas duas correntes poderão continuar coexistindo".

O Dr. Jordan Peterson atribuiu esse experimento médico horrível e nada científico à afirmação básica da ideologia de gênero. Não que os teóricos estejam errados ao quererem distinguir o sexo biológico das pessoas de suas características externas ou psicológicas. É que eles inventaram essa coisa de "gênero", e todas as suas consequências, sendo que estávamos perfeitamente bem com o que tínhamos.

"A questão do sexo e do gênero, boa parte disso é apenas ignorância e confusão, com um quê de perversidade e um pouco de cegueira voluntária", disse ele. "O sexo biológico é binário. É binário há cem milhões de anos – ou mais do que isso, já que o sexo evoluiu há muito tempo. Não há três sexos. Não há um, exceto em organismos unicelulares, em alguns deles. Os sexos são dois".

Então onde é que a ideia de gênero entra? O Dr. Peterson explicou: "E quanto à personalidade? E quanto ao temperamento? Bom, os defensores de que tudo é uma construção social chamam isso de 'gênero'. Mas eles não são bons em terminologia. A deles é extraordinariamente imprecisa. O sexo é binário, o temperamento não é binário".

"Então o temperamento é um gênero?", perguntei.

"Gênero não é uma boa palavra", respondeu ele. "Não é uma boa palavra porque é vaga, não mensurável, não pode ser definida e não é precisa".

"Não podemos dizer apenas 'temperamento'?", perguntei. "Por que precisamos da palavra 'gênero', então?".

"Não precisamos", respondeu ele. "Mas o que queria dizer é que aqueles que falam em diversidade de gênero estão falando, na verdade, de diversidade de personalidade e temperamento. E nem percebem".

Parece que estamos discutindo minúcias. Mas a mudança de "temperamento" para "gênero – sobretudo associando-o à identidade de gênero – teve graves consequências.

"Certo, então digamos que você tem uma menina com um temperamento bem masculino", continuou o Dr. Peterson. "Isso quer dizer que ela precisa alterar seu corpo? Não! Claro que você não chega a tanto, sobretudo com a catástrofe e o trauma e o sofrimento da transformação hormonal, e a severidade da cirurgia. É algo do tipo, olha, temos meninas que são masculinas. Há meninos femininos. O que vamos fazer sobre isso? Vamos esculpi-los? Vamos convencê-los de que eles vivem no gênero errado? Não é uma boa ideia. Com certeza não é a primeira coisa a que você recorre, ainda mais porque também sabe que, de certa forma, os adolescentes geralmente são confusos, não sobre sua identidade de gênero, e sim sobre sua *identidade como um todo*". O erro na base da ideia da ideologia de gênero não causa apenas confusão intelectual. Causa danos físicos.

★ ★ ★

Os médicos estão nisso por dinheiro

Sabendo o que sabemos agora, perguntei para Newgent por que ela não processava o médico que não só cometeu erros na cirurgia dela como também foi contra as evidências disponíveis na literatura científica.

"Todos os advogados recusaram meu caso. Sabe por quê? Eu tive um colapso total ao telefone com um advogado. Fiquei louca mesmo. Alguém deveria ter ligado para o hospício. Eu me desequilibrei, quebrei uma TV e comecei a chorar copiosamente".

Ela fora recusada muitas vezes e só queria entender por quê. O caso parecia uma vitória certa. "O senhor pode apenas me explicar por que não está pegando meu caso?", perguntou Newgent ao advogado. A resposta foi: "Consultamos a WPATH (Associação Mundial de Profissionais da Saúde Trans) e não existe um protocolo. Assim, para pegarmos seu caso teríamos de criar um protocolo. Isso custaria milhões de dólares. Naquele pedacinho de papel que você assinou, reconheceu que sabia que o tratamento era experimental".

Na medicina, o protocolo estabelece práticas e condutas comuns mínimas que garantem que os pacientes serão bem--tratados e que não estão sendo submetidos à negligência ou à violência. Quando os médicos não seguem o protocolo, podem ser processados. Mas como as cirurgias de mudança de sexo são consideradas procedimentos experimentais, nunca foram criados protocolos – e por isso os cirurgiões raramente são responsabilizados.

"Como seria a criação desse protocolo?", eu quis saber.

"Ele usaria vários estudos de caso", me respondeu ela – estudos de casos que não existem para as terapias e cirurgias em trans. "Empresas como a que fabrica o Lupron teriam de realizar estudos sobre o uso de bloqueadores e conseguir a aprovação do FDA".

Mas se eles submetessem drogas como o Lupron à aprovação do FDA, o mundo todo saberia a verdade, e não só sobre os terríveis efeitos colaterais e o uso na terapia afirmativa de gênero, como também que os trans que recebem terapia hormonal e que fazem a transição médica não são mais felizes do que os que não se submetem a essas coisas.

O Lupron existe há décadas, assim como a cirurgia de mudança de sexo, a terapia hormonal e o transgenerismo. O FDA não aprova drogas como essa para a transição de gênero e os médicos não criaram protocolos para as cirurgias de mudança de sexo. Não porque eles não tiveram tempo, e sim porque não têm vontade.

"[O laboratório que fabrica] Lupron se recusa a realizar os estudos", me disse Newgent, "porque, assim que eles realizarem esses estudos, nenhum médico do mundo vai concordar com seu uso".

Algumas pessoas, contudo, preferem acreditar em mentiras. Elas ignoram as evidências em contrário, ignoram os riscos dos tratamentos experimentais e acreditam mesmo que estão ajudando os trans por meio da transição médica. Acredito que o Dr. Bowers, a Dra. Forcier e Gert Comfrey se enquadram nessa categoria. Mas isso não explica tudo. Há algo mais forte e mais convincente do que uma empatia equivocada alimentando essa máquina. Assim como tantos outros males da sociedade, esses problemas são exacerbados pelo dinheiro.

"Toda criança que eles convencem que é trans e precisa de transição médica gera US$1,3 milhão em receitas para a indústria farmacêutica", contou Newgent.

Não pude confirmar esse número, mas dava para ver como o custo era alto. Todas as "cirurgias das partes baixas", da metoidioplastia à faloplastia e vaginoplastia, custam dezenas de milhares de dólares. A terapia hormonal requer manutenção pelo resto da vida, com custos acoplados. Isso sem mencionar as cirurgias cosméticas para tornar a aparência de alguém mais masculina ou feminina. Depois de tudo isso, há ainda a ação dos efeitos colaterais: os ossos frágeis e a insuficiência cardíaca e os erros médicos e coisas assim.

"Temos cinco hospitais pediátricos nos Estados Unidos dizendo para as meninas que elas podem ser meninos ao custo de US$70 mil", disse Newgent. "Você liga para eles e diz: 'Ah, vocês fazem faloplastia em crianças'. 'Não é bem isso.

Só com a permissão dos pais' – numa cirurgia que tem uma taxa de complicações de 67%, que vai me matar por causa das infecções". Outros estudos são mais conservadores, mas não muito, quanto aos riscos. Eles confirmam altas taxas de complicações nas faloplastias, incluindo uma taxa de 25% por causa da pele usada para formar o falo e 64% com a extensão da uretra – o tipo de complicação que deixou Newgent com uma dor debilitante e intermináveis infecções[232].

Antes, eu já tinha perguntado ao Dr. Bowers qual o custo das cirurgias, só para ter uma ideia. "O custo de uma vaginoplastia, por exemplo, é – quando você paga do próprio bolso – por volta de US$30 mil", disse ele, me garantindo que esse valor "não é alto demais".

Mas aí, completou: "Estamos descobrindo que temos cerca de 95% de cobertura das seguradoras, já que muitos estados hoje reconhecem o problema como um diagnóstico real e obrigam-nas a oferecer cobertura".

Quando são as seguradoras que pagam, aí é que o dinheiro jorra. "Mas o que acontece quando você convence as pessoas de que elas nasceram no corpo errado? O que acontece com o bloco de receitas? O que acontece àquilo?", perguntou Newgent. "O problema se torna uma doença que precisa ser curada. Quando a doença precisa ser curada, quem é que paga pelas receitas? O governo e as seguradoras".

A cronologia é perfeita. O manual de psiquiatria trocou "transtorno de identidade de gênero" para "disforia de gênero" em 2013. Num movimento aparentemente sincronizado, a Medicare e Medicaid – os maiores planos de saúde dos Estados

---

232. RACHID, *et al.* "Phalloplasty: The dream and the reality". *In* Indian Journal of Plastic Surgery May-Aug; 46(2): 283–293, 2013. Disponível em https://www.ncbi.nlm.nih.gov/pmc/articles/PMC3901910/.

Unidos – começaram a oferecer cobertura para cirurgias de mudança de sexo em 2014. Seguradoras privadas passaram a oferecer o mesmo, sendo que a cobertura para uma cirurgia de mudança de sexo passou de 25% do valor em 2011 para 45% em 2014. Tudo isso abriu as comportas do financiamento público para a transição médica[233]. Em 2025, a indústria da cirurgia de redesignação sexual deve movimentar mais de US$1, 5 bilhão[234].

Você já parou para se perguntar por que nessa época as clínicas de gênero começaram a aparecer aos montes? A fonte *"Trans Health Care"* confirmou que

> a cobertura mais ampla por parte dos planos de saúde começou em 2015, mudou o jogo e deu início à abertura de cursos de cirurgias para trans em centros médicos de todo o país. Hoje, há mais de trinta centros médicos acadêmicos com cursos sobre cirurgias de mudança de sexo[235].

Mas esses lugares precisam de pacientes. Não por acaso, durante o mesmo período em que as mudanças clínicas e nos planos de saúde aconteciam, o transgenerismo apareceu com toda a força no cenário cultural, o tratamento afirmativo que pressiona as crianças a aceitarem uma identidade de gênero diferente de seu sexo biológico passou a ser adotado e a disforia

---

233. "TRANSGENDER HEALTH CARE: Does health insurance cover gender--affirming surgery?" *In* HealthSherpa. Disponível em https://blog.healthsherpa. com/transgender-health-care-gender-affirming-surgery-health-insurance, acessado em 17 de janeiro de 2021.

234. KEARNS, Madeleine. "The grim reality of gender reassignment". *In* Spectator Australia, 14 de novembro de 2021. Disponível em https://www. spectator.com.au/2021/11/the-grim-reality-of-gender-reassignment/.

235. "WHY The Growth Of Transgender Surgery Centers In The U.S. Matters". *In* Trans Health Care, 11 de novembro de 2019. Disponível em https://www. transhealthcare.org/news/transgender-surgery-centers/.

de gênero de desenvolvimento rápido apareceu. De repente, houve um aumento súbito na quantidade de pacientes em potencial para a transição médica. No Reino Unido, a quantidade de jovens que buscavam "tratamento de gênero" aumentou 4.000% entre 2009 e 2018. Não, eu não errei. O número é mesmo esse: 4.000%.

A Dra. Grossman me disse que, durante os doze anos que ela passou na UCLA, entre 1996 e 2008, ela conheceu três ou quatro alunos trans. Hoje? "Hoje o mundo é bem diferente", contou.

Qualquer que tenha sido a causa, a ganância da indústria farmacêutica, a empatia equivocada dos terapeutas, as crenças falsas dos médicos, o medo dos pais ou a insistência dos jovens, o resultado é o mesmo. Estamos submetendo nossos filhos a experiências perigosas que enchem os bolsos da indústria médica.

Nas palavras de Newgent, "estamos pegando crianças com ideação suicida, que já querem se matar e dizendo que há algo de errado com elas. Estamos submetendo-as a procedimentos experimentais. Elas ainda sabem quem são por dentro. Elas têm de lidar com o fato de que podem até parecer homens, mas por dentro se sentem mulheres porque é o que elas são. A verdade está sempre ali. Então vamos pegar essas crianças que não se encaixam, todas as crianças que queremos proteger de verdade, e vamos incluí-las no grupo social que é o mais suicida de todos. Vamos dizer a elas que tudo ficará bem. Não! Eles me ligam. Por isso não durmo à noite. Por isso estou ao telefone o tempo todo, tentando encontrar terapeutas para essas pessoas. Por isso olho para os médicos e pergunto se eles não têm vergonha na cara. Essa é a verdade".

Ela tem uma mensagem para os pais que seguem adiante com isso e que acreditam nas mentiras que estão lhe dizendo. "Vocês não têm o direito de submeter seus filhos à transição médica. Vocês não têm esse direito. Ninguém tem o direito, só um adulto tem o direito de decidir sobre o próprio corpo, e com todas as informações disponíveis. É uma vergonha estarem fazendo isso. Uma vergonha".

Por trás da fachada feliz da "afirmação" e "identidade" e "saúde mental" pairam as trevas. Os defensores da transição se expressam com palavras grandiosas e gentis. Eles dizem que estão preocupados com os pais. Mas eles são lobos em pele de cordeiro. São carniceiros com um sorriso no rosto.

A ideologia de gênero é um monte de mentiras. A história é pervertida. A ciência, invalidada. Na melhor das hipóteses, estamos infligindo um dano irreversível em troca de objetivos duvidosos. Na pior das hipóteses, estamos mutilando as pessoas sem que haja qualquer benefício psicológico nisso.

Os ideólogos dizem que é uma questão de autonomia e escolha. Talvez. Talvez as pessoas sejam livres para ser infelizes e causar danos irreparáveis a si mesmas. Mas elas não estão prejudicando apenas a si próprias. Os ideólogos estão impondo isso às crianças. Eles "validam" qualquer capricho por meio de intervenções médicas que as crianças não entendem e que ninguém jamais poderá reverter.

Eles ignoram a verdade de tudo – da biologia, da ciência social e do DNA. Mas há um fato maior que eles não conseguem aceitar porque ela faria desmoronar tudo em que eles acreditam. É tão óbvio que Newgent ouviu pela primeira vez da sua sogra. "Tenho uma sogra que é piegas, mas eu a amo demais. E ela sempre me diz que a felicidade é um assunto de foro íntimo. Sempre mando ela se ferrar, mas ela está certa. Porque em determinado momento, percebemos que é mesmo um assunto de foro íntimo".

Eis a armadilha do transgenerismo. Eles fazem o sujeito acreditar que a felicidade surge da validação de quem é por dentro, mas daí dizem que você só será feliz se manipular externamente seu corpo. Eles pregam que tem que aceitar quem é, mas depois vendem uma ilusão cara para que possa mudar o que é.

Mentiras não se sustentam. Por isso é que, quando as pessoas começam a ter dúvidas, os mentirosos recorrem à força. A ideologia de gênero se espalhou primeiro pela educação e depois pela cultura pop e pelas redes sociais. Mas há quem resista. A próxima fase do ataque não abandonará as armas que vem usando. Ela só vai acrescentar outra: a coerção.

CAPÍTULO 8

A guerra cultural trans

Quando decidi investigar o que é uma mulher, não achei que me envolveria numa intrincada teia de planos de saúde, médicos, guerreiros culturais esquerdistas, educadores, acadêmicos, jornalistas, sexólogos, ícones da cultura pop e tantos outros, orquestrando para convencer adultos e crianças a se submeterem às experiências "frankesteinianas" e irreversíveis da transição de gênero.

Até ali, em todo o processo de busca e descoberta, ninguém havia sido capaz de dizer o que é uma mulher. Mas eu aprendi que, ironicamente, pessoas sem a menor ideia de como responder a essa pergunta são as que têm o poder de determinar no que milhões de outros acreditarão e farão em se tratando de gênero e sexo. Elas estão submetendo seres humanos a terapias e cirurgias experimentais, sem qualquer benefício mensurável, e fizeram inúmeros outros acreditar em mentiras óbvias, como a ideia de que uma mulher pode ter um pênis. E a influência dessas pessoas só aumenta.

Os ideólogos trans antes tentavam vencer o debate por meio da persuasão e da publicidade. Ainda temos muito disso – desde a estrela trans Jazz Jennings promovendo seu estilo de vida alternativo no canal *TLC* ao agora infame comercial da

Gillette que mostrava uma menina que tomou tantos hormônios que agora precisa se barbear. Como resultado, a causa trans tem ganhado cada vez mais espaço.

Antes desconhecido, o transgenerismo passou a ser celebrado de uma hora para outra. A quantidade de jovens trans explodiu. Há clínicas sendo abertas por todos os lados. Não se pode ligar a TV ou ler o jornal sem se confrontar com uma coisa – qualquer coisa – que seja sexualmente diversa. Até onde se sabe, eles estão convertendo pessoas todos os dias.

Talvez você ache que eles já estariam satisfeitos. Afinal, a maioria das pessoas que conheço – as pessoas normais e bem ajustadas dos Estados Unidos – não se importam tanto com as opiniões de gente que elas nunca viram. Em geral, só queremos viver nossas vidas, ir à igreja, ganhar um bom salário e gozar da companhia de parentes e amigos. Claro que não gostamos quando outros tomam decisões ruins. Sim, queremos um mínimo de decência, limpeza, segurança e ordem em nossas comunidades e nosso país. Não ficamos confortáveis quando outros nos odeiam. Mas desde que nos deixem criar nossos filhos e viver em paz, e desde que mantenham o crime, a sujeira e as perversões bem longe de nossas crianças, estamos tranquilos com a ideia do "viva e deixe viver". Claro que estou falando de um mundo ideal aqui. Decisões privadas sempre interferirão na esfera pública. Mas o argumento é o de que não exigimos que todos pensem, ajam e vivam como nós. Em termos que um esquerdista entenderia, não temos nenhum problema com um pouco de diversidade.

Por isso é tão difícil entender os ativistas trans, que exigem que aceitemos a ideologia deles em sua totalidade. Eles não toleram o fato de que, quanto mais aprendemos sobre o transgenerismo, menos gostamos dele, e não queremos sacrificar nossos filhos à máquina médica deles. Alguns dissidentes viram a verdade e não pretendem voltar atrás. E toda vez que nos recusamos a dizer "pessoa que menstrua", toda vez que insistimos em falar "homem" em vez de "mulher trans", toda vez que nos recusamos a mudar os pronomes de alguém só porque eles querem, isso faz com que se lembrem de que enxergamos por trás da fachada e sabemos exatamente o mal que a ideologia trans tem causado.

Mas, para sermos sinceros com nós mesmos, mesmo que mudemos a linguagem e sigamos as regras instáveis deles, isso não basta. Claro que eles querem que digamos essas coisas, mas também que falemos essas coisas *do fundo do nosso coração.*

Como descobri, a afirmação é a essência do transgenerismo. De acordo com eles, é o segredo de tudo – notas mais altas, empregos melhores, hábitos mais saudáveis, uma vida melhor e sobretudo mais saúde mental. Tudo na vida deles depende da afirmação, e a afirmação vem dos outros. Eles não sabem ser felizes por si só. Eles não conseguem alcançar a paz interior.

Isso significa que, quando você não oferece a validação que tanto buscam, isso não só impede que o trans seja feliz como você também se torna uma ameaça para a saúde mental dele. E o prejuízo vai muito além de uma pessoa, alcança *todos* os trans. Quando se rejeita a identidade de gênero de uma pessoa, afasta-se a ideia de que a sua identidade se baseia no gênero. Isso ameaça mais do que saúde mental de uma única pessoa, é um risco para todo mundo. E se aprendemos algo com a pandemia de Covid-19 é que ameaças à saúde pública não serão toleradas.

É por isso que o movimento trans não ficaria só na persuasão e propaganda. Eles se sentem no direito de usar a força. Os ideólogos trans pretendem usar todo o poder do Estado para acabar com a dissidência porque, para eles, a contrariedade é ilegítima e perigosa. É só uma questão de tempo até que se chegue a esse ponto (explicarei como eles pretendem fazer isso no próximo capítulo). Mas antes que o totalitarismo seja imposto pela lei, os ativistas trans usam um totalitarismo mais leve para acabar com as discordâncias por meio da pressão econômica e social. Um coquetel nocivo de influência social, campanhas panfletárias, mudança na linguagem e poder do setor privado está sendo criado para impor sofrimento a qualquer um que resista à pauta identitária.

★ ★ ★

Sempre vítima, nunca algoz

Em parte, o motivo para o ativismo trans não parar é que, apesar de todas as provas, eles não acham que estão ganhando. Até que todos se submetam, há trabalho a ser feito. E a melhor pessoa para falar sobre isso é o Dr. Patrick Grzanka, presidente do "Programa Interdisciplinar de Mulheres, Gênero e Sexualidade" da Universidade do Tennessee, em Knoxville. Era um belo dia quando cheguei para conversar com ele em seu gabinete no famoso campus da universidade: ensolarado, clima perfeito, o ambiente estava animado por causa do jogo de futebol americano do dia seguinte contra os Georgia Bulldogs. Minha recepção na sala do Dr. Grzanka foi menos cálida do que a atmosfera do lado de fora.

O Dr. Grzanka se autointitula um "ativista erudito", o que na academia moderna é também chamado de "redundância". Já de cara, ele rejeitou a ideia de que a sociedade aceitou o transgenerismo.

"Acho que não temos provas o bastante hoje em dia que nos permitam dizer que a nossa sociedade é mais receptiva", afirmou. "Talvez estejamos tendo uma visibilidade maior da diversidade, mas também vemos retrocessos em praticamente todos os aspectos da vida social. O país está cheio de leis antitrans em escola, leis que proíbem a participação – como em meu próprio estado, o Tennessee – de atletas trans em esportes femininos. Vemos a aprovação de leis contra o uso de banheiros de gênero neutro em todo o país, leis que tentam controlar como os trans usam os banheiros nos espaços públicos".

Ele disse acreditar que essas leis revelam "no mínimo, a transfobia institucional, a ponto de vermos as estruturas como a lei, a educação e os esportes continuando a usar formas reducionistas e transfóbicas de pensar sobre a identidade e expressões de gênero", acrescentando em seguida que acha que esse "retrocesso" diante da "diversificação das identidades de gênero" está ocorrendo sobretudo em "instituições historica-mente conservadoras, como os esportes e a educação".

Não sei em que planeta ele vivia. Até onde eu enxergava, atletas profissionais se ajoelham para o hino nacional e estrelas milionárias reclamam do racismo. Como já tinha aprendido, a educação é onde as formas mais radicais do ensino sexual e de identidade de gênero são apresentadas, à força, para as crian-ças. Nunca conheci ninguém que visse essas instituições como instituições conservadoras – ao menos não nos últimos tempos.

Independentemente, ficou claro pela nossa conversa que o Dr. Grzanka entende que há muito trabalho a ser feito para que o povo norte-americano aceite o transgenerismo.

Ele mencionou as leis antibanheiros, então achei melhor explorar o assunto um pouco mais. Foi quando vi o Dr. Grzanka usar uma das táticas mais comuns e sinistras dos ativistas para calar o debate e obrigá-lo a recuar. Tudo se resume a insinuar perversamente que você é uma pessoa má que está tentando ferir, quando não matar, os mais fracos.

Ele disparou sua bomba retórica depois que fiz a pergunta simples: "E quanto às mulheres que dizem: 'Olha, não me sinto à vontade num banheiro ou vestiário com um corpo masculino'?". Achei que era uma dúvida legítima levantada por uma mulher igualmente legítima.

O Dr. Grzanka rejeitou imediatamente: "A forma como você expressa a dúvida, sabe, revela que você não acredita que mulheres trans são mulheres. Nesse caso, não sei nem como começar uma conversa ou um debate porque você está *negando a existência de uma pessoa* já de cara".

A acusação era discreta, mas muito ameaçadora. Ele não disse que eu estava errado ou que a minha pergunta era ruim, e não refutou meu argumento. Ele apontou que a minha fala disseminava uma espécie de violência existencial contra as pessoas. Não há como reagir a isso. É uma afirmação pensada para calar o debate.

O fato de eu acreditar ou não que trans existem não vem ao caso. A conclusão implícita era a de que a identidade de gênero da pessoa está na própria essência, de modo que discordar disso é apagar a sua existência. Isso eleva o gênero a um plano mais alto, tornando-o um princípio do qual tudo o mais depende. Por isso, os ideólogos não veem limite para o que estão dispostos a fazer a fim de que nos submetamos. Para eles, trata-se de uma batalha de vida ou morte.

Esse tipo de acusação velada talvez detivesse algumas pessoas, mas não eu. "Se 'mulheres trans' e mulheres são a mesma coisa, então na verdade, no mundo real, o que é uma mulher?".

"Você continua usando a palavra 'verdade', o que é condescendente e grosseiro", me atacou ele. "Estou realmente incomodado com essa linguagem que fala em 'alcançar a verdade', porque é algo que me parece profundamente transfóbico".

Lá vai ele novamente com os ataques pessoais. Fiz uma pergunta simples e ele me acusa de transfobia. O objetivo não é me fazer aceitar o transgenerismo, e sim me obrigar a aceitá-lo por medo de ser chamado de preconceituoso.

"Como a palavra 'verdade' pode ser condescendente e grosseira?", insisti calmamente.

"Você está me provocando" Ele ameaçou interromper a entrevista.

Tentei acalmá-lo. Claro que ele não estava acostumado a falar com pessoas que questionavam sua ideologia. Acho que, mesmo sendo professor numa "instituição de ensino superior", não estava acostumado ao debate. Ele esperava uma conversa chapa-branca, e não uma entrevista de verdade.

Consegui que ele se acalmasse o bastante para conversarmos por mais alguns minutos. Disse que não estava ali para manipulá-lo, mas para entender a crença dele. Ele é professor de estudos da sexualidade, gênero e das mulheres, então teoricamente deveria saber como definir a palavra "mulher".

"Não saio por aí falando na 'verdade com V maiúsculo', porque ela geralmente é usada como arma contra pessoas cujas ideias, experiências e vidas não se encaixam nas histórias que livros mal-intencionados tentam contar".

Pelo tom, estava clara a acusação, assim como que ele morria de medo da verdade. Até aqui, eu tinha aprendido muitas coisas sobre ela, e para radicais como o Dr. Grzanka o medo era compreensível. Afinal, destruiria todo o mundo dele.

Tentei questionar por que ele estava evitando a minha pergunta. Por que ele não respondia o que é uma mulher? Por fim, a entrevista foi encerrada. Ele se virou de lado e olhou para uma pessoa da equipe. "Por favor, mantenha a máscara no rosto"[236], gritou. Estávamos falando com ele há meia hora,

---

236. Aqui o autor está falando dos bastidores da entrevista com o Dr. Grzanka, pois no documentário tal diálogo não aparece; cabe salientar também que as filmagens aconteceram durante a pandemia de COVID-19, entre o final de 2021 e início de 2022, supõe-se, assim, que a "máscara" citada era relacionada à pandemia que ainda estava em voga naquele momento. (N. E.)

sem o uso de máscaras e, até aquele momento, ele não havia demonstrado qualquer incômodo com isso. Claro que estava usando a desculpa da máscara como uma forma de nos sujeitar à sua vontade, já que nos recusávamos a aceitar cegamente o que ele dizia da ideologia de gênero.

Depois da entrevista, recebemos um e-mail com ameaças de processo – sinceramente, outra tática comum que a esquerda pró-trans usa para silenciar o debate e esconder a verdade.

★ ★ ★

Guerra contra as mulheres

O Dr. Grzanka pode não ter querido considerar que as mulheres se sentem ameaçadas pelos avanços imperialistas do transgenerismo. Mas conversei com uma pessoa que considerava isso, porque enfrentou esse medo ano após ano. O nome dela é Selina Soule, uma corredora que foi obrigada a competir contra homens biológicos no ensino médio. Agora na faculdade, ela ainda corria.

Conversamos numa pista de corrida durante um dia frio de outono e eu entrei no assunto:

"Vamos voltar ao ensino médio. Você corria pela...", comecei.

"Escola Glastonbury de ensino médio", respondeu ela – uma instituição normal e simples de Connecticut, perto de Hartford.

"O que aconteceu exatamente?".

"Então. Ao longo dos quatro anos do ensino médio, fui obrigada a competir contra homens biológicos. Só competi contra eles nas corridas rasas. Mas corri contra esses atletas uma dúzia de vezes ao longo dos anos, e perdi sempre. Nunca cheguei nem perto de ganhar".

Tudo isso porque o estado de Connecticut mudou as regras dos esportes femininos. Para competir, homens biológicos só tinham que assinar um papel dizendo à escola que mudaram de gênero. Só isso!

Depois dessa resolução, dois meninos mudaram seu gênero e passaram a competir contra as meninas da escola, que não tinham a menor chance.

"Quando entrei para o ensino médio, meu objetivo era conseguir boas notas, abrir caminho para a faculdade e entrar para uma equipe universitária", disse ela. "Nunca imaginei que enfrentaria esse problema".

Sempre que meninos competiam, a corrida não era justa. Soule continuou: "Eles me venciam por vinte metros de vantagem. Perdi as corridas de classificação da Nova Inglaterra. Tive de competir no salto em distância e no revezamento" – modalidades em que ela não costumava competir – "então fui deixada à margem em minha especialidade. Se eles não estivessem competindo, eu conseguiria me classificar. Perdi muita coisa ao longo de minha carreira no ensino médio por isso".

"Eles venciam todas as corridas ou quase todas as corridas?".

"Às vezes um, às vezes outro, mas eles venceram todas as competições", respondeu ela.

Não era exatamente um mistério o motivo de terem vencido.

"Foi cientificamente provado que os homens têm uma enorme vantagem física sobre as mulheres", afirmou ela. "Tudo, da massa muscular à estrutura esquelética e tamanho dos órgãos. Claro que a testosterona é provavelmente um dos fatores mais importantes. Tudo isso cria uma diferença enorme entre o corpo de um homem e o de uma mulher".

Soule não foi a única a vivenciar essa diferença. Recentemente, um homem biológico chamado Lia Thomas entrou para a equipe feminina de natação da Universidade da Pensilvânia. Em pouco tempo, se tornou o principal nadador universitário "feminino" do país. Depois de uma de suas vitórias, ele provocou as mulheres biológicas: "Foi fácil demais. Foi moleza"[237]. Pois é. Difícil imaginar por que foi tão fácil... Claro que as verdadeiras mulheres contra as quais Thomas nadou estavam desestimuladas, uma vez que sabiam que perderiam.

Perguntei a Soule se esses homens biológicos precisavam se submeter a algum tipo de intervenção médica – talvez terapia hormonal – antes de competir contra elas.

Parecia improvável. "Um deles competiu com os meninos durante três temporadas. Daí, nas duas semanas entre as temporadas, ele fez a transição para concorrer na equipe feminina". Duas semanas não é tempo o bastante para a terapia hormonal fazer efeito. Sem falar que isso não importa. Todos os ativistas pró-trans insistem em dizer que o aspecto físico não tem nada a ver com a identidade de gênero. Tenho certeza de que eles diriam que exigir que homens biológicos tomassem estrogênio antes de competir em esportes femininos (ignorando brevemente o dano físico que isso causa) também seria "transfóbico".

Quando se trata de trans competindo em esportes femininos, a preocupação sempre parece se ater a como um trans se sentiria se não pudesse competir. Poucas pessoas se questionam sobre como as atletas se sentem tendo de competir contra homens biológicos.

"Depois de tantas derrotas, cheguei ao ponto de me perguntar por que estava fazendo aquilo. Por que continuar treinando duro e sacrificando tanto para chegar no máximo em terceiro lugar? Entrar na pista sabendo que nunca conseguiria vencer é humilhante. Não deveríamos estar competindo pelo terceiro lugar. Deveríamos competir pelo primeiro lugar".

---

237. HUSTON, Warner Todd. "'So Easy I was Cruising': Trans U. Penn Swimmer Bragged About Beating Female Opponents". *In* Breitbart, 13 de dezembro de 2021. Disponível em https://www.breitbart.com/sports/2021/12/13/so-easy-i--was-cruising-trans-upenn-swimmer-bragged-about-beating-female-opponents/.

O sentimento dela não é um problema para a causa trans, e sim uma característica normal. Eles querem nos desmoralizar para que não ofereçamos resistência ao que estão tentando fazer. E Soule não tinha saída. Ela não podia montar uma outra liga apenas de mulheres biológicas. Se fizesse isso, os homens biológicos reclamariam em nome dos direitos dos trans.

Mas Soule não caiu sem lutar. Ela não só falou da injustiça cometida contra ela e todas as meninas da equipe de corrida como também entrou na justiça alegando discriminação sexual. Sem resposta do governo federal, ela processou o órgão que administra os esportes em Connecticut.

Eu quis saber se as outras meninas da equipe concordavam com ela.

"Nenhuma daquelas contra quem competi achava que era justo".

"Mas nenhuma disse nada?".

"No começo, eu era a única disposta a me manifestar e tentar resolver isso", começou dizendo.

Há uma explicação simples para isso. Todo mundo tem medo. As meninas sabiam que não podiam apenas discordar e deixar o passado para trás. Elas sabiam que o lado pró-trans as perseguiria e tentaria destruir suas vidas. "Elas ficaram com medo de falar por causa da retaliação da imprensa e técnicos e diretores e tudo o mais. Elas ficaram com medo de que isso afetasse a entrada delas na universidade, que ninguém as quereria se elas se envolvessem nisso".

Perguntei se esses medos eram justificados.

"Me xingaram e fizeram ameaças de morte", disse Soule com uma calma impressionante para uma menina de dezenove anos. "E ouvi muitas coisas ruins na imprensa".

Ela também recebeu comentários anônimos nas redes sociais. "A maioria dizendo que eu era má perdedora e que deveria me esforçar mais se quisesse vencer. Não há nada que possa fazer para compensar as enormes vantagens físicas que aqueles atletas têm em relação a mim e minhas colegas competidoras".

Tudo isso foi feito contra uma adolescente, aluna do ensino médio. Ela não estava cometendo atos de violência nem vendendo drogas, marchando com a KKK ou abrindo uma filial da Juventude Hitlerista na escola. Ela só queria poder praticar seu esporte e competir. Por causa disso, a massa revoltada tentou destruí-la. Eles a atacaram perversa e pessoalmente, quiseram torná-la um exemplo para mostrar que certas opiniões e ações são inaceitáveis e não serão toleradas.

Como ela suportou tudo isso?

"Eu estava mais preocupada em tornar as corridas justas de novo, de modo que nenhuma menina tivesse de passar pelo sofrimento que eu passei durante meus quatro anos de ensino médio".

Selina Soule é uma jovem corajosa, mais corajosa do que a maioria dos homens barbados que eu conheço.

★ ★ ★

A cruzada cultural trans

Ataques pessoais e retaliações se tornaram parte integrante da máfia LGBTQ. Eles sabem que as pessoas não são livres para dizer e agir como bem entenderem se isso lhes custa o orgulho. Selina está longe de ser a única vítima.

O ex-arremessador e ex-comentarista da *ESPN* Curt Schilling aprendeu isso da pior maneira possível depois de expor algo com o que a maioria das pessoas concordaria há alguns anos. No Facebook, ele publicou que "um homem é um homem, por mais que diga ser outra coisa. Não me importo com quem eles são nem com quem durmam. O vestiário masculino foi feito para o pênis, e não para mulheres. Por que são necessárias leis nos dizendo o contrário disso? Patético".

Apesar de apagar a postagem e de pedir desculpas, ele acabou demitido de seu emprego. A *ESPN* anunciou que ele não era bem-vindo na emissora porque trata-se de uma "empresa inclusiva", mas que não pode, claro, incluir alguém que acredita que apenas homens têm pênis[238].

J.K. Rowling, autora da série "Harry Potter" e antes ícone feminista, também descobriu que você pode até aceitar 99% dos dogmas sexuais e sociais da esquerda; mas se discordar de um ponto, se torna um anátema. Tudo começou, como toda tempestade num copo d´água, com um tuíte. Rowling escreveu: "'Pessoas que menstruam'. Tenho certeza de que costumava haver uma palavra para essas pessoas. Alguém me ajude". A esquerda pró-trans não achou isso nada engraçado. Ao contrário de Schilling, Rowling não recuou. Na verdade, defendeu suas opiniões com base em seus próprios princípios esquerdistas, provando que, embora a coerência lógica esteja em falta na esquerda, ela ainda não se extinguiu.

"Se o sexo não é uma coisa real, então não existe atração entre pessoas do mesmo sexo", escreveu Rowling. "Se o sexo não é real, a realidade das mulheres no mundo todo será apagada. Conheço e amo os trans, mas apagar o conceito do sexo tira de muitos a capacidade de discutir suas vidas. Não é ódio falar a verdade". Ela insistiu: "Respeito o direito dos trans de viverem como eles se sentem mais autênticos e à vontade consigo. Eu marcharia ao lado de vocês se fossem discriminados por serem trans. Ao mesmo tempo, minha vida

---

238. GRENOBLE, Ryan. "ESPN's Curt Schilling Goes on Anti-Transgender Rant". *In* Huffpost, 19 de abril de 2016. Disponível em https://www.huffpost.com/entry/curt-schilling-transgender-rant _n_571690bee4b0018f9cbb713b.

foi moldada pelo fato de eu ser mulher. Não acredito que seja um ato de ódio dizer isso".

A defesa dela foi insuficiente. Rowling passou a ser chamada de "TERF", um termo pejorativo usado pela esquerda e que significa "feminista radical que exclui os trans". Imitando a forma como as pessoas se referem ao maléfico Voldemort na saga Harry Potter, os fãs da escritora passaram a chamar Rowling de "a inominável". Os sites dos fãs continuaram adorando o trabalho dela, mas tiraram suas fotos, *links* para o site oficial e agora evitam mencionar o nome dela sempre que possível[239]. Dois atores que construíram a carreira interpretando personagens de Harry Potter – Daniel Radcliffe e Emma Watson – divulgaram notas condenando Rowling. Por confirmar a realidade do sexo biológico, Rowling foi chamada de "antitrans" pela mídia[240].

O policiamento está por todos os lados no mundo intelectual também. Abigail Shrier – autor do livro *Irreversible Damage*[241] [*Dano irreversível*], que retrata a ascensão do transgenerismo e os efeitos da transição médica, sobretudo em crianças – enfrentou uma campanha coordenada de cancelamento. O livro dela quase não foi publicado.

O primeiro editor desistiu depois que a equipe da editora reclamou. Assim que Shrier encontrou um segundo editor, a Amazon proibiu a editora de promovê-lo, apesar de o site

---

239. COVER MEDIA. "JK Rowling now 'she who must not be named' for Harry Potter fans". *In* Newshub, 7 de abril de 2020. Disponível em https://www.newshub.co.nz/home/entertainment/2020/07/jk-rowling-now-she-who-must-not-be-named-for-harry-potter-fans.html.

240. MOREAU, Joran. "J.K. Rowling Gets Backlash Over Anti-Trans Tweets". *In* Variety, 6 de junho de 2020. Disponível em https://variety.com/2020/film/news/jk-rowling-transphobic-tweets-controversy-1234627081/#!.

241. SHRIER, Abigail. *Irreversible Damage: The Transgender Craze Seducing Our Daughters*. Regnery: Washington, D.C., 2020. (N. E.)

permitir anúncios de obras que promovem a transição médica de adolescentes. Os críticos ignoraram a existência do livro e, quando Shrier foi ao *podcast* de Joe Rogan para promover o livro, os funcionários do Spotify – empresa que hospeda o programa – ameaçaram entrar em greve e exigiram que o episódio fosse retirado do ar[242]. Um professor de Berkeley, a faculdade mais importante e de maior prestígio da Universidade da Califórnia, exigiu que o livro fosse queimado. A Target tirou os exemplares das prateleiras depois de reclamações nas redes sociais, e ele só voltou às lojas depois que os defensores da liberdade de expressão (que finalmente se opuseram à campanha de censura) atacaram a rede de varejo por sua covardia.

Os problemas não acabaram depois que o livro foi lançado. A tentativa de Shrier de falar na Universidade de Princeton, em dezembro de 2021, deu origem a tantas ameaças de morte que os organizadores realizaram o evento num local secreto, foram do campus[243]. Como se não bastasse, outro capítulo nessa história mostra a que ponto os ativistas estão dispostos a chegar para calarem o debate e esconderem a verdade. Um casal quis arrecadar dinheiro no site de financiamentos coletivos GoFundMe para promover o livro de Shrier num outdoor. Num sinal de que a esquerda pretende acabar com qualquer resistência, por menor que seja ela, o GoFundMe derrubou a vaquinha do casal ao mesmo tempo em que abrigava dezenas de milhares de outras para pessoas que pretendem arrecadar

---

242. SHRIER, Abigail. "Gender activists are trying to cancel my book; Why is Silicon Valley helping them?" *In Pittsburgh Post-Gazette*, 24 de novembro de 2020. Disponível em https://www.post-gazette.com/opinion/2020/11/22/Gender-activists-Silicon-Valley-Transgender-LGBTQ/stories/202011220021.
243. WILSON, Matthew. "Conservative journalist's Princeton talk given in secret location as students protest, denounce event". *In* The College Fix, 10 de dezembro de 2021. Disponível em https://www.thecollegefix.com/conservative-journalist-s-princeton-talk-given-in-secret-location-as-students-protest-denounce-event/.

dinheiro para se submeter a cirurgias da parte de cima ou das partes baixas[244].

A obra de Shrier usa o mesmo estudo sobre a disforia de gênero de desenvolvimento rápido que mencionei antes, da Dra. Lisa Littman. Depois que a descoberta de Littman de que o transgenerismo se espalha entre adolescentes como uma doença de contágio social ganhou notoriedade entre o público em geral, os ativistas trans reclamaram e a editora exigiu que a Dra. Littman "corrigisse" a pesquisa.

Apesar de a Dra. Littman ter acrescentado informações e "mais descrições detalhadas do recrutamento" dos indivíduos na pesquisa, ela declarou que "o resultado final permanece inalterado na versão atualizada deste artigo"[245].

Até mesmo Scott Newgent, a pessoa trans com quem conversei e que contou os detalhes assustadores de sua própria transição e de como a indústria médica visa as crianças, foi censurada. O Twitter baniu para sempre Scott por publicar um vídeo com imagens reais da transição médica, semelhante que veríamos em um livro didático de medicina, juntamente com os fatos de que meninas de treze anos estão se submetendo a mastectomias e que bloqueadores de puberdade causam osteoporose precoce. A informação não é contestável. É um fato conhecido. Mas como esses contradizem a ideologia do movimento trans, são proibidos.

O curioso é que publicar as mesmas imagens médicas nas redes sociais, de modo a validar da transição de gênero,

---

244. SHOWALTER, Brandon. "GoFundMe takes down 'puberty is not a medical condition' billboard campaign; new effort launched". *In* Christian Post. Disponível em https://archive.fo/PUWZo (o print do site foi feito em 10 de fevereiro de 2022) , acessado em 10 de fevereiro de 2022.
245. LITTMAN, Lisa. "Correction: Parent reports of adolescents and young adults perceived to show signs of a rapid onset of gender dysphoria". *In* Plos One, 2019. Disponível em https://www.ncbi.nlm.nih.gov/pmc/articles/PMC6424391/.

não enfrenta censura[246]. Ironicamente, muitas das pessoas que censuram e atacam Selina Soule, J.K. Rowling, Abigail Shrier, Dra. Lisa Littman e Scott Newgent são mulheres biológicas, um grupo que há bem pouco tempo ainda precisava ser protegido pelas mesmas pessoas que agora estão na linha de frente da cruzada trans.

A exclusão do "pensamento errado" da opinião pública é uma tática comum na esquerda, agora usada por ativistas trans para calar a discordância. Afinal, as pessoas não podem pensar sobre o que nunca ouviram falar; assim, se não houver quem saiba que há alternativas à ideologia de gênero, mais pessoas a aceitarão.

É esse mesmo raciocínio o que leva uma empresa como a Netflix a mudar rapidamente o nome da atriz Ellen Page para "Elliot Page" em todos os filmes realizados antes de ela se declarar trans[247]. O fato de Ellen/Elliot ser retratada como mulher e se parecer com uma mulher quando filmes como *Juno*, *Inception* e *X-Men* foram lançados não importa. À moda soviética, o passado foi alterado para se adequar à nova identidade dela.

Isso está relacionado ao conceito trans do "*deadnaming*", que é quando alguém usa o nome que os pais do trans lhe deram quando do nascimento ao invés do nome que o trans escolheu para si depois da transição. Assim como as acusações de que rejeitar a ideologia de gênero seria o mesmo que "negar a existência" dos trans, dizer que alguém "deadnomeou" outrem é só mais uma arma usada para assustar as pessoas e levá-las

---

246. THE CENTER For Bioethics And Culture Network. "Scott Newgent On His Permanent Ban From Twitter". *In* YouTube, *8* de agosto de 2021. Disponível em https://www.youtube.com/watch?v=ziBc6HYHVUM.

247. TIRAMILLAS. "Netflix proud as Ellen Page announces she is transgender and changes name to Elliot". *In* Marca, 12 de fevereiro de 2020. Disponível em https://www.marca.com/en/lifestyle/2020/12/02/5fc80e4e268e3ec5518b468a.html.

a se submeterem, acusando-as de uma forma de assassinato. O *"deadnaming"* não precisa nem ser intencional. Se você acidentalmente chamar Page de "Ellen", em vez de "Elliot", você matou o eu trans dela ao não reconhecer sua nova identidade. O reconhecimento público da mentira é obrigatório.

A aceitação pública à força não se limita aos nomes, livros ou empresas de *streaming*. A guerra cultural trans já chegou à arena pública, exigindo conformidade e afirmação em todas as instituições. O dinheiro do contribuinte está sendo usado agora para financiar cirurgias de mudança de sexo, não apenas por meio do Medicare e Medicaid, mas também nas Forças Armadas. Mas não se preocupe; as Forças Armadas nos garantiram que exigirão dos trans o mesmo desempenho físico e padrão militar exigidos dos demais[248]. Há quem seja rejeitado pelo exército por ter eczema ou por ter quebrado um osso quando criança, com a desculpa de que essas são "condições pré-existentes". Como uma "mulher" trans operada e que toma hormônios prejudiciais ao corpo com regularidade, além de ter de se submeter a uma manutenção contínua para "manter as paredes do banheiro abertas" pode entrar para o contingente é algo que me escapa. Claro que essa mudança enfraquece as nossas Forças Armadas. Mas essa não é a questão. A vitória dos trans é a questão.

As escolas são outro campo de batalha na ofensiva da guerra cultural. O lado pró-trans sabe que, se tiverem como alvos as crianças, quando elas ainda são pequenas e maleáveis, e quando seus pais não estão olhando, sairão no lucro nos próximos anos. As crianças não precisam se submeter à

---

248. WAMSLEY, Laurel. "Pentagon Releases New Policies Enabling Transgender People to Serve In The Military". *In* NPR, 31 de março de 2021. Disponível em https://www.npr.org/2021/03/31/983118029/pentagon-releases-new-policies-enabling-transgender-people-to-serve-in-the-milit.

transição para se tornarem "aliadas" porque toda a força da ideologia de gênero está sendo imposta a elas como um princípio inquestionável desde a pré-escola.

Já contei como o transgenerismo contaminou o sistema de educação. Mas isso vai além de incluir livros nas bibliotecas e salas de aula. Professores e diretores estão se esforçando ao máximo para doutrinar as crianças e expurgar os dissidentes.

Um áudio vazado da Associação Californiana de Professores (CTA) mostrou os docentes tramando como fazer com que os alunos entrassem para os clubes LGBTQ sem que seus pais soubessem. Bastava que eles não formassem um clubinho oficialmente e jamais revelassem os membros. "Na verdade, às vezes não guardamos registros porque, se um pai fica brabo, dizemos: 'Ah, sei lá. Será que eles fizeram parte do clube mesmo?' Tipo, não queremos que ninguém tenha problemas com os pais por fazerem parte do clube", comentou um professor no áudio gravado.

Essa é uma revolução de cima para baixo. Às vezes os alunos não querem gastar seu pouco tempo livre para discutir gênero e sexualidade. Surpresa! É aí que os educadores começam a "perseguir" alunos online – nas palavras dos próprios professores –, a fim de recrutá-los para os clubes LGBTQ. "Conseguimos alguns no fim do ano passado. Não muitos, mas alguns", falou um professor no fim do ano escolar de 2020. "Então começamos a tentar identificar os alunos. Durante o aprendizado virtual, a gente acompanhou o que eles faziam no Google quando não estavam fazendo a lição de casa. Um deles estava buscando 'dia da visibilidade trans' e a gente disse: 'certo, vamos convidar esse aluno quando as aulas voltarem'".

Os professores também supervisionaram as conversas dos alunos para saber se estavam comprometidos com a ideologia de gênero. "Sempre que eles clicam no Google Doodle ou coisa assim, a gente também toma nota dos alunos e das coisas que eles falam uns com os outros em chats ou por e-mail. Usamos nossa observação dos alunos na sala de aula, conversas que ouvimos, para convidar pessoalmente os alunos, porque essa é a única forma de atraí-los".

Outra professora gravada contou como ela se ofereceu para fazer os anúncios matinais na escola a fim de incluir propaganda LGBTQ. Outra falou em fazer "um truquezinho com os alunos da sexta série", apresentando-lhes materiais didáticos de gênero o mais rápido possível para que, quando os pais ficassem sabendo, eles não poderiam mais fazer nada para impedir.

Qual foi a resposta dos professores quando os pais reclamaram? "Obrigado, CTA, mas somos concursados! Vocês não podem nos demitir por isso. Vocês podem ficar com raiva, mas não podem nos demitir![249]". Eles chamam isso de igualdade. Eu chamo isso de corrupção de menores legalmente protegida.

E antes que você pense que isso só está acontecendo na progressista Califórnia, há leis em vários estados, do Wisconsin[250] à Flórida[251], que obrigam professores e funcionários a ocultarem dos pais a identidade de gênero do aluno. Em Maryland, os professores foram instruídos a usar os nomes

---

249. SHRIER, Abigail. "How Activist Teachers Recruit Kids". *In* Substack, 18 de novembro de 2021. Disponível em https://abigailshrier.substack.com/p/how-activist-teachers-recruit-kids.

250. PERRY, Sarah Parshall, PHIPPS, Alexander. "School Districts Are Hiding Information About Gender-Transitioning Children From Their Parents. This Is Unconstitutional". *In* The Daily Signal, 24 de março de 2021. Disponível em https://www.dailysignal.com/2021/03/24/school-districts-are-hiding-information--about-gender-transitioning-children-from-their-parents-this-is-unconstitutional/.

251. STEWART, Steve. "Leon School Officials Develop Gender Transition Plan Without Parent Approval". *In* Tallahassee Reports, 26 de setembro de 2021. Disponível em https://tallahasseereports.com/2021/09/26/leon-school-officials-develop-gender-transition-plan-without-parent-approval/.

e pronomes escolhidos pelos alunos na escola, e depois usar o nome e os pronomes normais dos alunos quando os pais estão presentes[252].

Mas o sistema escola não tem como alvo apenas as crianças. Os professores que não compactuam com isso enfrentam um ambiente de trabalho tão hostil que muitos preferem pedir demissão a se tornarem cúmplices da doutrinação. Depois que o condado de Loudon, na Virgínia, adotou a política de permitir que homens biológicos usassem os vestiários e banheiros femininos, ao mesmo tempo exigindo que todos os professores usassem os nomes sociais e os pronomes preferidos dos alunos, uma professora foi obrigada a pedir demissão. Ela fez o pedido publicamente para o conselho da escola. "Neste verão, tive dificuldades para voltar à escola sabendo que estarei trabalhando novamente numa escola dividida que, apesar de toda a sua tecnologia e seus pomposos salários, promove ideologias políticas que não estão de acordo com o que sou enquanto cristã", disse a professora. "Claramente vocês fizeram uma escolha. Vocês não me valorizam nem valorizam muitos dos professores que trabalham para este distrito". Outro professor da mesma região foi suspenso por se posicionar contra essas regras numa reunião do conselho[253].

Uma controvérsia semelhante apareceu em Indiana, onde um professor foi obrigado a pedir demissão ao se recusar a usar o nome social e os pronomes escolhidos pelos alunos. Ele até tentou um acordo com uns alunos, usando apenas os sobrenomes

---

252. PERRY, PHIPPS, *op. cit.*

253. ARNOLD, Tyler. "Virgnia teacher quits after Loudon County schools adopts transgender policy". Disponível em https://web.archive.org/web/20210817133752/https://www.insidenova.com/news/state/virginia-teacher-quits-after-loudoun-county-schools-adopts-transgender-policy/article_3727b9b6-26cf-5fdc-9bfc-c3336b07381c.html, acessado em 10 de fevereiro de 2022.

deles[254]. Mas é claro isso não funcionou. A coexistência e a acomodação vão contra o verdadeiro objetivo dos ativistas, que não querem nada além da uniformidade.

O caso desse professor chegou até uma corte federal, que decidiu contra ele, dizendo que as suas crenças religiosas não importavam e que a recusa dele em negar a realidade biológica gerava "um sofrimento desnecessário para os alunos". Repetindo a linguagem dos ideólogos de gênero, a juíza Jane Magnus-Stinson escreveu que "a oposição do professor ao transgenerismo vai contra a política do distrito escolar de respeitar os alunos trans, e que se baseia no apoio e na afirmação desses alunos"[255]. Entendeu? Opor-se à ideologia de gênero basta para você ser demitido ou para que a justiça decida contra você.

★ ★ ★

Atentado ao pudor

Não há limites para a esquerda que pretende obrigar pessoas como eu e você a aceitarem o transgenerismo. Eles obrigarão até mesmo mulheres a olharem para os pênis dos homens, xingando-os de inimigos e preconceituosos se demonstrarem descontentamento. Acha que eu estou brincando? Foi o que aconteceu no Wi Spa, um spa coreano em Los Angeles. Depois que algumas mulheres, incluindo uma menina de seis anos, reclamaram que um homem biológico no vestiário feminino estava se mostrando para elas, os funcionários disseram que

---

254. *Ibid.*

255. RILEY, John. "Court rules against Indiana teacher who resigned rather than call trans students by their chosen names". Disponível em https://web. archive.org/web/20210717045022/https://www.metroweekly.com/2021/07/court-rules-against-indiana-teacher-who-resigned-rather-than-call-trans-students-by-their-chosen-names/, acessado em 10 de fevereiro de 2022.

não podiam fazer nada porque o homem se identificava como mulher. Depois, ele disse que estava sendo vítima de assédio contra os trans.

Perguntei a Gert Comfrey, a terapeuta não-binária gentil que entrevistei, o que se deve fazer nessas circunstâncias. A resposta dela revelou, talvez sem querer, que por trás da agradável fachada de afirmação, amor e aceitação existe uma determinação inflexível de tolerar o assédio em defesa de uma ideologia indefensável.

"Dizer que você não quer, tipo, um pênis num vestiário feminino é transfóbico porque algumas mulheres têm pênis", disse ela. "Acho que isso também apela a uma narrativa muito mencionada de que os trans são pervertidos. E, na verdade, são os trans que estão sofrendo assédio. São os trans que estão sob ataque". Aí perguntei a ela sobre o fato de que as mulheres não se sentem à vontade nem seguras tendo um homem nu diante delas no vestiário ou num spa.

Sua expressão dizia "paciência!". "Não há homens nessa história. Bom, talvez haja. Não tenho certeza de que o que temos aqui é um homem cis entrando num vestiário ou banheiro feminino numa tentativa de assediar ou de se exibir. Tipo, isso é um problema", comentou. "Certo, nesse caso precisamos convidar a pessoa a se retirar. Mas e se estamos falando de uma mulher trans querendo acesso ao vestiário feminino? É a nossa obrigação enquanto sociedade respeitar isso".

Não consigo imaginar um homem desses sendo "convidado" a se retirar e aceitando o convite. Mas no incidente do Wi Spa, nada disso importava, já que ele se dizia trans e, portanto, somos obrigados a "respeitar isso". Acho que o fato de o homem em questão ter entrado com "uma atitude de quem se acha no direito" e o rosto barbado, de acordo com uma testemunha, depois se sentou na borda da banheira com "seus genitais totalmente à mostra", tampouco importa. As mulheres biológicas não têm mais direito à privacidade[256].

Oculto à vista de todos nessa controvérsia está o fato de que isso se trata de um assédio sexual contra uma menina por um adulto. Mas a esquerda não só tolera como celebra isso. Aquele homem está vivendo sua verdade – quer dizer, a verdade "dela" para os esquerdistas – e não há nada a fazer quanto a isso. E daí que ele tem um pênis e barba? Ele nem tentou parecer mulher. Ele só "se disse mulher" e, então, temos que aceitar isso.

A verdade é que já estamos ladeira abaixo e começamos a normalizar esse tipo de perversão e maldade. O fato de uma criança de seis anos estar no recinto não deteve o homem. E talvez haja uma razão para isso. Assim como Alfred Kinsey e John Money, o sexo explícito e a educação de gênero para alunos do ensino fundamental, essa é outra tentativa clara de normalizar a sexualização das crianças, dizendo que não há nada de errado com isso. Uma etapa na promoção da pedofilia, mesmo que a esquerda jamais use essa palavra. É para isso que estamos caminhando. É possível que a refutem, porque tem uma conotação ruim, mas certamente começarão a usar outra palavra para isso.

A verdade é que já existe uma expressão para isso: "pessoa atraída por menores". Perceba a armadilha. Eles estão trocando a ação proativa do termo "pedofilia" pelo *identitarismo* de "pessoa atraída por menores". Depois que algo é considerado assim,

---

256. WOOD, Emily. "Mom protests LA spa for allowing trans-identified man to expose penis to 6-y-o girl in hot tub". *In* Christian Post, 11 de julho de 2021. Disponível em https://www.christianpost.com/news/mom-protests-spa-for--allowing-man-to-expose-penis-to-6-y-o-girl.html.

não pode mais ser rejeitado nem debatido. Afinal, você nega a existência de uma pessoa quando expressa sua discordância.

A normalização do conceito de "pessoa atraída por menores" está em pleno funcionamento na academia, que é onde essas ideias maléficas surgem. Um artigo de 2012 publicado pela Universidade da Colúmbia Britânica, no Canadá, modificava a escala Kinsey de sexualidade para incluir "pessoas atraídas por menores"[257]. Um professor da Old Dominion University, na Virgínia, foi categórico ao afirmar que devemos deixar de usar o termo "pedófilo" e começar a usar "pessoa atraída por menores" porque é um termo com menos estigma[258].

Por enquanto os casos são poucos. Mas se aprendemos alguma coisa foi que essa ideologia radical, imposta por pervertidos, sempre dá um jeito de ganhar espaço, e com rapidez.

O incidente do Wi Spa gerou protestos do lado de fora da empresa. Os grupos "antifascistas" apareceram e a imprensa disse que as pessoas que tentavam defender mulheres e crianças inocentes, impedindo que um pênis fosse esfregado na cara delas, eram extremistas de direita. Por gritar "proteja as nossas crianças!", os manifestantes se tornaram teóricos da conspiração. O que ninguém revelou é que o homem já tinha sido preso seis vezes por atentado ao pudor em 2018[259].

---

257. MUNDY, Crystal. "Pedophilia as Age Sexual Orientation: Supporting Seto's (2012) Conceptualization". *In* ResearchGate, 2020. Disponível em https://www.researchgate.net/publication/345918300_Pedophilia_as_Age_Sexual_Orientation_Supporting_Seto%27s_2012_Conceptualization.

258. 13NEWS NOW. "ODU professor: The word 'pedophile' shouldn't be used to refer to people attracted to children". *In* YouTube, 15 de novembro de 2021. Disponível em https://www.youtube.com/watch?v=UNW13jjSL-E.

259. NGO, Andy. "Sex offending suspect claims transgender harassment in Wi Spa Case". *In* New York Post, 2 de setembro de 2021. Disponível em https://nypost.com/2021/09/02/charges-filed-against-sex-offender-in-wi-spa-casecharges-filed-against-sex-offender-in-notorious-wi-spa-incident/.

★★★

O corajoso caso de Don Sucher

Claro que proteger as crianças e não querer que homens fiquem nus em frente às mulheres não é coisa da direita. Mas a esquerda sabe que, se politizar o assunto, difamando qualquer um que resista, cada vez menos pessoas terão coragem de reclamar.

Mas eu falei com uma dessas pessoas que teve coragem para resistir à multidão enfurecida. O nome ele é Don Sucher, e ele foi transformado em alvo, filmado por um trans numa tentativa de derrubá-lo.

Sucher é um homem de bom senso. Sentindo-se ofendido pela insanidade de ter de chamar homens biológicos de mulheres, e vice-versa, ele pôs um cartaz em sua loja de artigos com a marca *Star Wars* em Aberdeen, Washington. No cartaz lia-se: "Se você nasceu com falo, é um galo". O fato de ele sentir necessidade de pôr esse cartaz na loja, e de isso se tornar uma controvérsia, é um sinal dos tempos.

Pouco depois Sucher, que é baixinho, mas forte, foi confrontado por uma autointitulada "mulher trans" na Câmara da cidade.

"Ele veio de um canto e eu pensei 'Ei, conheço essa pessoa'", me disse Sucher enquanto conversávamos na loja dele, repleta de bonequinhos e quinquilharias de *Star Wars*. "Eu disse: 'Conheço você. Você é o nosso novo vereador'. Ele disse: 'Não, sou uma vereadora'. E aí tudo descambou".

O vereador pediu para alguém filmar a altercação, obviamente com a intenção de publicar o vídeo na internet de modo que Sucher fosse atacado por seu "ódio antitrans".

Perguntei se ele achava que as pessoas hoje em dia estavam confusas em nossa sociedade.

"Não acho que estejam confusas. Acho que elas simplesmente perderam todo o senso de realidade".

E aquilo o incomodava?

"Se é assim que você se identifica, tudo bem. Venha, vamos nos divertir, compre alguma coisa, vá embora, volte e compre mais coisas. Não me importo, cara. É tão simples".

Sucher parecia ser uma daquelas pessoas que não gosta de rodeios, então eu quis saber como achava que tudo tinha começado. Ele foi preciso. "Acho que está acontecendo há anos. Bem devagar. É como um câncer que começou anos e anos atrás. Agora está chegando às escolas, chegando em todos os cantos. Damos um centímetro, eles pegam um quilômetro. E toda a imprensa está por trás. Só não entendo como um ser humano normal pode acreditar em tanta merda".

Perguntei a ele por que tantas pessoas tinham medo, enquanto ele parecia não se preocupar com a repercussão negativa.

"Me preocupar?", disse, incrédulo. "Não dou a mínima para os sentimentos deles. Sou velho e desisti dessa coisa. Essas pessoas são loucas. De novo, se você quer se identificar como uma onda no oceano, dane-se, mas não venha na minha loja dizendo que eu tenho que acreditar nisso".

Acho que envelhecer tem lá seus benefícios. "Muitas pessoas morrem de medo de tocar no assunto", eu disse, e sei que Sucher entendeu.

"Certo, e por quê? Por que eu acho que elas têm medo? Elas têm medo de perder o emprego. Têm medo da repercussão. Têm medo de que algo aconteça a sua família. E eu entendo isso, sabe? Um cara da Inglaterra me mandou uma carta que dizia: 'Sabe, se tivéssemos feito o que fez aqui no Reino Unido, estaríamos em cana'. Uau".

Felizmente, não consegui pensar num norte-americano preso por deixar de validar a ideologia de gênero. Não que os ideólogos não queiram prender alguém por isso. Neste momento, a influência cultural é enorme. Eles podem fazer com que as pessoas sejam demitidas, podem gerar uma onda de ameaças de morte contra seus inimigos, podem afastar os pais das vidas dos filhos e difamar publicamente qualquer um que se ponha em seu caminho, desde escritoras de renome internacional até comerciantes anônimos. Apesar de tudo isso, não basta. Eles não querem apenas tornar a discordância inaceitável, como ilegal. E quem violar essa lei será julgado com todo o rigor.

CAPÍTULO 9

Esmagado pela força policial rosa

Rob Hoogland foi preso[260]. De certa forma, isso era o esperado. Afinal, ele infringiu a lei. Mas isso não faz com que seja certo.

Ele não sabia quando seria solto. Aquela situação era nova para ele. Poucas pessoas foram processadas pelo motivo que o levara até a prisão. Ali na cela, tenho certeza de que teve muito tempo para pensar em tudo o que aconteceu − como um homem como ele, um carteiro, um joão-ninguém, acabou preso, tratado como um bandido, um ladrão, um estuprador, um assassino. Ele estava apenas tentando salvar a filha. Mas foi isso o que fez dele um criminoso.

Tudo começou em 2015. Sua filha − vamos chamá-la de "Mary" −, então na quinta série, estava com problemas na escola. Naquele ano, o divórcio entre Rob e sua esposa obviamente a afetara. Rob e sua ex-esposa não se davam bem, mas concordaram que o melhor para a menina talvez fosse se consultar com o orientador da escola. Aquilo parecia

---

260. BAWER, Bruce. "A Certain Madness Amok". *In* City Journal, 1º de abril de 2021. Disponível em https://www.city-journal.org/canadian-father-jailed-for--speaking-out-about-trans-identifying-child. (Toda a história de Rob Hoogland foi retirada de City Journal)

estar ajudando; ou pelo menos não estava fazendo mal. Mary continuou a se consultar com o orientador até a sétima série, quando, de repente, as coisas mudaram.

Mary chegou em casa um dia com o cabelo bem curto. Rob encontrou o anuário escolar da filha. Não constava o nome de Mary sob sua foto, mas um novo nome. Masculino. Quando Rob entendeu o que estava acontecendo, Mary já estava adiantada no processo de transição social. Um psicólogo a estimulara a tomar hormônios do sexo oposto, e já havia lhe indicado um médico para que ela conseguisse a receita.

Rob tentou recuperar o controle da situação, mas a autoritária ideologia trans já tinha criado raízes na mente de Mary. "Se você não me deixar tomar testosterona, vou me matar", a menina disse ao pai. E Rob sabia que ela não estava falando sério. "Não, você sabe que não vai fazer isso", retrucou. Fico imaginando Mary hesitando, percebendo que a fala não funcionou como ela pretendia. "Eu sei, mas eles me falaram para dizer isso", completou. Mary foi impedida de tomar hormônios do sexo oposto por um tempo. Mas a transição social continuou.

Na oitava série, a escola determinou um banheiro especial para ela. Todos tinham que chamá-la por seu novo nome, o nome que ela escolheu para si. Ela se consultou com um dos principais psicólogos especializados em trans na região. Rob pediu que o psicólogo tratasse sua filha por depressão, reconhecendo nela todos os sintomas. O psicólogo se recusou, dizendo que o uso desses medicamentos "resolveria todos os problemas dela". Mary foi encaminhada para um endocrinologista que, depois da consulta de uma hora, receitou bloqueadores de puberdade e prescreveu testosterona. Na época, ela tinha só treze anos.

Logo depois, a mãe dela a levou ao hospital para que tomasse injeções de testosterona. Como menor sob a guarda da mãe e do pai, Mary precisava do consentimento dos dois. Rob negou. A ex-esposa dele talvez tenha acreditado na mentira, mas a sua filha estava sofrendo e ele não a sacrificaria por uma mentira.

Ele não sabia na época, mas a sua resistência o levaria para a prisão.

O endocrinologista decidiu que Rob deveria ser excluído das decisões médicas envolvendo a filha e impediu que ele tivesse acesso ao prontuário dela. Os hormônios foram ministrados sem o consentimento dele. Mas o "não" de Rob era mais do que retórico. Era uma declaração de princípios. Ele não seria derrotado sem antes lutar pela filha. Por isso, apelou aos tribunais.

Apesar de Mary ter apenas 14 anos na época, o juiz decidiu que ela era madura o bastante para tomar decisões médicas. Ela não precisava mais da aprovação dos pais e seu consentimento era o bastante para que o tratamento continuasse. Rob deve ter ficado arrasado com a decisão. E não foi só isso o que o juiz decidiu.

Rob foi sumariamente impedido de tentar convencer a filha a parar com o tratamento. Foi proibido de chamá-la pelo nome que ele e a ex-esposa tinham dado quando a menina nasceu. Foi proibido de se referir à filha como menina e de usar pronomes femininos para descrevê-la em qualquer conversa. Descumprir essas ordens seria considerado "violência familiar", sentenciou o juiz.

Rob tinha que fazer uma escolha. Falar a verdade seria considerado um crime pelo Estado, mas não falar a verdade seria violar uma lei maior, uma lei que controla todos os pais assim que a faísca de vida ilumina a alma de seu filho. Rob tinha o dever de lutar pela filha. Nenhuma lei poderia lhe tirar isso. Nenhuma lei seria capaz de detê-lo.

Rob apelou da decisão. Ele descumpriu a determinação do juiz e falou publicamente sobre o que estava sendo feito com a sua filha. Outro magistrado se intrometeu para impedir que o caso fosse ainda mais exposto. Ele determinou que Rob fosse proibido de falar sobre a terapia hormonal da filha, exceto com pessoas a quem o tribunal autorizasse. De acordo com o juiz, Rob estava "causando um risco significativo" a Mary, ao "rejeitar publicamente a identidade dele [sic], perpetuando histórias que rejeitam a identidade dele [sic] e o [sic] expondo a comentários injuriosos e violentos nas redes sociais".

A petição seguinte de Rob foi indeferida pela corte. Ele apelou a um dos tribunais mais altos do país, que decidiu que "a recusa [de Rob] de aceitar o gênero escolhido por Mary e de chamá-lo [sic] pelo nome que ele [sic] escolheu era um desrespeito para com as decisões de Mary, e prejudicial a ele [sic]." Num ato minúsculo de misericórdia, o tribunal permitiu que o tratamento de Mary continuasse, mas retiraram a mordaça de Rob – apenas em suas conversas privadas. Ele ainda estava proibido de falar com a imprensa.

Quase três anos se passaram desde o início dessa jornada, e Rob começou a encarar a realidade. Sua filha estava perdida. Aos dezesseis anos, ela fora "afirmada" por todas as figuras de autoridade. A testosterona a fez ter barba. Naquele momento, porém, a briga não se restringia mais a uma família. Rob sentiu que tinha de impedir esse plano coordenado de assédio contra as crianças.

Mas o Estado estava perdendo a paciência. Rob nunca deixou de manifestar sua opinião e os tribunais decidiram fazê-lo de exemplo. Ele nunca teve problemas com a lei. Aquela tinha sido a única vez que se envolvera com a justiça. Ainda assim, um juiz decidiu que não bastava. Em março de 2021, Rob foi enviado para a prisão.

Quando li a história de Rob e Mary publicada no *City Journal*, sob a pena de Bruce Bowers, aquilo me pareceu não uma ficção, mas uma distopia – e a distopia está perto demais dos Estados Unidos. Tudo isso aconteceu em Vancouver, no Canadá, a apenas 45 quilômetros da fronteira com os EUA.

O Canadá está sempre um passo à frente na cruzada esquerdista. Em geral, depois de alguns anos, o que acontece lá chegará aos Estados Unidos. A imposição jurídica do regime trans está próxima. Mas se você falar sobre a tropa de elite da esquerda trans, eles vão fingir que não sabem de nada. Eles não mencionam a censura aos pais ou a prisão dos dissidentes – pelo menos ainda não. Neste momento, tudo é lindo e maravilhoso. É mais fácil vender algo que só tem benefícios e nenhum risco.

★ ★ ★

Como tornar a discordância ilegal

Ninguém exemplifica melhor essa mentalidade do que o deputado californiano Mark Takano, considerado a primeira "pessoa de cor" abertamente gay eleita para o Congresso. Conversei com Takano em seu escritório político em Riverside, na Califórnia. Ele faz parte da Convenção de Igualdade e é um dos signatários da chamada Lei da Igualdade, uma revolucionária lei pró-trans aprovada pela Câmara dos Deputados em fevereiro de 2021. Takano me falou como se resumisse algo admirável.

"Sendo bem breve", disse ele, "é a mais ampla legislação de direitos civis para os norte-americanos LGBTQ. A lei basicamente lhes garante tratamento igual nos cinquenta estados e territórios. Atualmente isso não acontece porque ainda é possível, dependendo de onde você viva, ser legalmente discriminado em vários aspectos jurídicos. Nas acomodações públicas, por exemplo, ou na educação, no trabalho como jurado e nos pedidos de crédito".

Nada soa mais admirável do que recorrer à memória da Era dos Direitos Civis. Mas a lei faz mais do que apenas repetir a retórica daquele tempo; ela coopta toda a estrutura para promover a pauta trans. "A forma mais simples de falar sobre a Lei de Igualdade", continuou Takano, "é que ela corrige a Lei de Direitos Civis de 1964 para incluir orientação sexual e identidade de gênero, de modo a incluir esses dois grupos como protegidos".

Em termos leigos, isso significa que discordar da agenda trans é caso de racismo. Na perspectiva limitada da esquerda, isso até que faz sentido. Afinal, se ser trans é uma identidade, e não um transtorno psicológico, e se essa identidade *tem de* ser afirmada, caso contrário multidões cometerão suicídio, então faz sentido proibir a "discriminação" contra essas pessoas. Claro que, quando se trata da lei, o lado que impõe essa agenda considera o gênero tanto como uma identidade imutável, como a raça, quanto uma construção social fluída, quando se trata dos indivíduos, o que significa que ela não tem nada a ver com a raça. Claro que eles querem tudo para si.

Mas essa não é a única refutação à comparação. A Lei dos Direitos Civis de 1964 foi aprovada para proibir a discriminação sem base na realidade. A cor da pele é uma coisa real, mas não era uma diferença importante quando se trata de circunstâncias cotidianas, como decidir quem pode nadar onde ou comer onde ou se hospedar em que hotel. Por outro lado, ao tentar cancelar a ideia do sexo biológico, o transgenerismo apaga uma distinção que realmente importa.

Assim, embora seja preconceito dizer que brancos e negros devem usar torneiras diferentes, é perfeitamente sensato que apenas mulheres usem o vestiário feminino e homens, o banheiro masculino. Faz sentido, com base na biologia e nas diferenças físicas entre os dois, dizer que mulheres podem ter ligas esportivas apenas para mulheres biológicas e homens, ligas para homens biológicos. Isso não é discriminação. Isso é bom senso. E é por isso que o sexo é diferente da raça.

Ao chamar de discriminação as distinções reais, úteis e necessárias entre homens e mulheres, a esquerda está jogando um jogo de aparências. Eles querem que você acredite que algo absolutamente normal é imperdoavelmente mau.

A transformação da Lei de Direitos Civis em arma destruirá todos os espaços femininos. Para os que acreditam que ministrar hormônios do sexo oposto em crianças é errado, a mensagem é a de que isso é o mesmo que defender a segregação racial. Isso obrigará os norte-americanos a agirem contra a sua consciência. Do contrário, perderão seus empregos.

Se um farmacêutico, por exemplo, acreditar que ministrar hormônios do sexo oposto em um menor não é "afirmação", mas sim uma experiência médica semelhante ao abuso de menores, será considerado discriminação se ele se recusar a aplicar a droga. E sabemos que a esquerda ativista não vai apenas ignorar os dissidentes e encontrar outros dispostos a lhes darem as drogas que eles tanto querem. Assim como aconteceu com Jack Philips, que foi processado várias vezes por ser cristão e não querer fazer um bolo para um casamento gay ou uma celebração de transição de gênero, assim como as freiras que não queriam pagar por um plano de saúde que incluía métodos contraceptivos (afinal, são *freiras!*), a esquerda escolhe perseguir todos os que discordam dela. Isso significa que nenhum farmacêutico estaria seguro. Ou você dá testosterona para menores ou deve procurar outro emprego.

Mas eles não são os únicos com um alvo nas costas. Profissionais de saúde de todos os tipos e que discordam da transição médica podem virar alvos e ser obrigados a encerrar suas atividades. Isso já está acontecendo em estados controlados pelo Partido

Democrata. Hospitais católicos de Nova Jersey e da California foram processados por se recusar a realizar histerectomias em mulheres perfeitamente saudáveis que se dizem homens. Outra instituição, no estado de Washington, foi processada por não arrancar os seios de uma menina fisicamente saudável de dezesseis anos que queria se submeter a uma cirurgia irreversível para "afirmar" sua identidade como homem[261]. A Lei de Igualdade federalizará as ações e qualquer médico, enfermeira ou hospital que não se sujeitar a ela será esmagado pela lei.

Mas quando perguntei ao deputado Takano se a Lei de Igualdade tem alguma compensação individual ou sistêmica, ele tranquilizou todo mundo.

"Vamos tratar de pontos mais específicos. Falamos de lugares públicos, dos banheiros", eu disse. "Há mulheres que dizem que queriam ter privacidade nos banheiros, que preferem não se deparar com pênis expostos". Decidi ser irônico com o deputado Takano para que ele sentisse que eu estava ao seu lado. "Essas pessoas dizem que o pênis é sinal de que a pessoa é homem. Eles realmente acreditam no boato de que somente homens têm pênis. Como lidamos com isso?".

"Bom", começou ele. "Diria que a maioria dos trans que conheço... Acho que uma pessoa que quer usar o banheiro feminino e se identifica como mulher realmente se vê como mulher. E, sabe, no futuro poderemos lidar com uma situação dessas acomodando os trans nos banheiros públicos".

Eles realmente se veem como mulheres. É isso. Interessante. Fiquei me perguntando se o deputado Takano seria capaz de responder o que, até aqui, ninguém do lado pró-trans conseguiu.

---

261. "ACLU-WA And Peacehealth Agree To Settle Lawsuit Involving Transgender Healthcare". *In* ACLU, 3 de janeiro de 2019. Disponível em https://www.aclu.org/press-releases/aclu-wa-and-peacehealth-agree-settle-lawsuit-involving-transgender-healthcare.

"Então qual a diferença entre o sexo e a identidade de gênero?".

"Bom, o sexo está claramente relacionado, tipo, a discriminação com base no sexo eu acho que é a mais comum das pessoas entenderem, é a discriminação contra alguém que pode ser uma mulher. Elas geralmente formam um grupo de gênero oprimido"[262], ele disse.

Ah. Então o sexo refere-se às mulheres que fazem parte de um grupo de gênero. Isso está parecendo com aqueles termos da moda que são ditos aleatoriamente na esperança de que eu desista de obter uma resposta para minha pergunta.

Ele continuou desenvolvendo o tema da identidade de gênero. "Há casos envolvendo pessoas trans de verdade. A Suprema Corte decidiu que é ilegal. O raciocínio por trás é que isso remonta à discriminação, mas era sobre, claramente, uma questão de identidade de gênero. Eles sofrem discriminação com base naquele que percebem ser".

Ok, então quer dizer que a identidade de gênero é só uma percepção que as pessoas têm de si mesmas? Ou uma percepção que os outros têm delas? Não ficou claro o que o deputado Takano estava insinuando. Para uma pessoa que diz que a sua missão no Congresso é acabar com a "discriminação" baseada na orientação sexual e na identidade de gênero, ele parece não ter a menor ideia do que significam as palavras "sexo" e "gênero".

Perguntei o que essas palavras significavam fora da decisão da Suprema Corte, e ele novamente saiu pela esquerda e começou a falar de outra coisa, desta vez sobre as pessoas intersexo.

---

262. No original: "*Well, sex is clearly related to, you know, discrimination based on sex, I think most commonly people understand, is discrimination against someone who might be a woman. They've often been the disadvantaged gender group*". (N. E.)

Mais uma vez não era o que eu tinha perguntado, por isso voltei ao assunto original.

"Para aqueles de nós que não são trans", disse o deputado, "acho que é difícil entender o conceito". Mas acho que acabei por perceber que é uma identidade real que precisa ser respeitada".

Ótimo. Não entendemos o que significa "sexo" e "gênero" porque não somos trans. Mas ainda que não entendamos e nem sejamos capazes de explicar esses conceitos, o transgenerismo é uma identidade real que precisamos respeitar. Novamente, não tive uma resposta para minha pergunta. Mas percebei que o deputado Takana não era a pessoa mais inteligente do mundo. Então achei melhor seguir em frente, questionando sobre como a Lei de Igualdade afeta os lugares públicos, como os banheiros.

"Há muitas soluções diferentes para isso". Mostrou que domina a arte política de responder com palavras vagas e não dizer nada. "Há formas de estruturar os espaços públicos da iniciativa privada de modo que possam ser respeitados".

No fundo, ele diz que o problema não é um problema porque ele falou que não é um problema. Se as pessoas se sentem incomodadas é porque ainda não "estruturamos" tudo de acordo ainda. Eu obviamente não aceitaria essa não-resposta. Mas então, assim como tinha acontecido com o professor Grzanka, o deputado Takano decidiu encerrar a entrevista. Ele não estava gostando de ouvir perguntas simples sobre a lei que ele propôs e que fundamentalmente transformaria os Estados Unidos, destruindo qualquer reconhecimento jurídico da diferença entre os sexos. Ele estava ali para se promover, não para dialogar.

"Voltamos para a controvérsia dos banheiros públicos. Então, quer saber de uma coisa? Acho que esta entrevista acabou. Sim, esta entrevista está encerrada". Ele se levantou, tirou o microfone e saiu da sala.

Claro que o deputado Takano não queria conversar sobre os detalhes da sua legislação. Ele não era capaz nem de reconhecer que uma única pessoa pode ser negativamente afetada pela lei. Assim, achei melhor conversar com alguém do outro lado da máquina estatal. Em vez de um congressista, alguém que realmente tivesse poder em Washington: o presidente de uma organização ativista.

★ ★ ★

Quem está incomodado?

Rodrigo Heng-Lehtinen é diretor executivo do Centro Nacional pela Igualdade Trans (NCTE, na sigla original), uma organização ativista criada em 2003 para promover a pauta em Washington. Ela se apresenta como homem – e veio preparada com os mesmos clichês usados pelo deputado Takano.

Primeiro, eu quis saber o que exatamente a organização fazia.

"Moldamos as leis e diretrizes que governam nossas vidas de modo que os trans não tenham de enfrentar nenhuma discriminação". Assim como o deputado Takano, a ideia é acabar com a "discriminação", o que quer dizer que a distinção biológica entre homens e mulheres é errada. Dito isso, parece que a NCTE tem tido bastante sucesso nos últimos tempos.

"Fomos fundados em 2003", continuou ela, "e, quando começamos nossas atividades, havia membros do Congresso que se recusavam a nos receber. Agora, chegamos até a conseguir uma entrevista sobre direitos dos trans com o presidente Biden, na qual o ouvimos falar aberta e afirmativamente sobre as pessoas trans. Conseguimos isso em relativamente pouco tempo.

Pedi que ela falasse um pouco mais sobre as atividades da organização e fiquei sabendo que não estão focados apenas em projetos como a Lei de Igualdade. Eles também tentam influenciar o centro do poder Executivo – a burocracia federal. "Quando as pessoas pensam no governo, elas geralmente pensam na Casa Branca, no Congresso e na Suprema Corte", disse Heng-Lehtinen. "Mas temos vários outros órgãos, como o Departamento de Habitação e Urbanismo, a VA, que cuida das questões envolvendo veteranos de guerra, e o Departamento de Saúde e Serviços Humanitários. Talvez nem todo mundo conheça esses órgãos, mas são eles que determinam as regras que governam as nossas vidas. A VA, por exemplo, determina se os trans veteranos têm direito a plano de saúde. Digo, esses são assuntos de vida ou morte".

Por meio desse tipo de *lobby*, o NCTE pode alterar várias regras que governam a nossa sociedade sem que os deputados tenham que votar. Uma das maiores realizações de Heng-Lehtinen é a luta pelo acesso à saúde.

"Muitas pessoas não percebem que, antes, era muito difícil conseguir seguro-saúde se você fosse trans, só porque era trans". Obviamente, é uma mentira. Os trans sempre puderam ter plano de saúde, como qualquer pessoa normal. Eles só não conseguiam que outras pessoas pagassem por cirurgias e terapias desnecessárias para afirmar sua autopercepção – como qualquer pessoa normal.

Heng-Lehtinen continuou. "Antes, não havia regras que impedissem um plano de saúde de recusá-lo porque ser trans é tecnicamente uma condição médica. E os planos de saúde podiam rejeitá-lo por se tratar de uma condição médica pré--existente. Assim, tivemos uma grande vitória ao apoiarmos a aprovação da Lei de Acesso à Saúde, também conhecida como Obamacare".

Mas a aprovação do Obamacare foi apenas o primeiro passo do processo. Depois que a estrutura jurídica da NCTE foi montada, ela trabalhou para alterar as regras a partir de dentro da burocracia federal, a fim de ampliar a cobertura da transição médica.

"Depois trabalhamos por anos e anos e anos para reforçar isso", disse ela. "É graças a essas vitórias que os planos de saúde têm que aceitá-los. E têm que pagar tratamentos relacionados à transição. Antes, se você se dizia trans e precisava de hormônios ou cirurgia, eles podiam negar só porque você era trans, mesmo que pagassem pelos mesmos procedimentos em pessoas que não são trans. Agora, eles não podem mais fazer isso".

Claro que uma mastectomia numa mulher com câncer de mama não é o mesmo que uma mastectomia eletiva numa menina de quinze anos que acha que é um menino. Na primeira, a intervenção médica é feita para melhorar a saúde da paciente. Na segunda, para validar a mentalidade de uma pessoa desconectada da realidade. Isso não é se recusar a cobrir exatamente o mesmo procedimento só porque alguém é trans, mas porque, em um caso, o procedimento é necessário e, no outro, não. Mas para Heng-Lehtinen aceitar um e rejeitar o outro não é uma decisão médica; é um exemplo de discriminação.

Ela deixou claro que, para ela, a transição médica não é uma mudança cosmética motivada por um desejo pessoal, como a terapeuta Gert Comfrey explicou. Ela é essencial para a saúde. "Todos os médicos ao redor do país são orientados pela Associação Médica Norte-americana, a Academia Norte-americana de Endocrinologia, a Academia Norte-americana de Pediatria, e assim por diante – toda instituição médica importante decidiu que se trata de um tratamento de saúde essencial".

Claro que, quando o Obamacare obriga a cobertura da transição de gênero, isso significa que contribuintes como eu e você estão ajudando a pagar a conta. O sistema todo se mantém ativo graças a subsídios e propinas dos contribuintes para os planos de saúde.

Assim como o deputado Takano, Heng-Lehtinen não percebe que pode haver um conflito entre "os direitos dos trans" e os direitos dos demais.

"A gente ouve mulheres dizendo que não se sentem à vontade num vestiário na presença de um indivíduo com pênis. O que você acha dessas mulheres?", perguntei.

"As mulheres trans, como todas as outras mulheres, gostam de segurança e privacidade. Elas não são uma ameaça e, na verdade, estão vulneráveis ao assédio".

"Então quando alguém diz: 'Hei, por que a mulher trans não usa o banheiro masculino?' Qual a resposta para isso?".

"As mulheres trans não podem ser obrigadas a usar o vestiário masculino porque não é seguro. As pessoas trans enfrentam muito assédio no cotidiano", esclareceu.

"Não podemos pôr as mulheres trans no banheiro com os homens. Não é seguro para elas", afirmei. "E quanto às mulheres que dizem: "Bom, não me coloque num banheiro com um homem porque não é seguro para mim"". Deixei a minha máscara cair por um segundo e mostrei que, na verdade, acredito que mulheres trans são homens. Por sorte, ela não percebeu.

"Novamente, as pessoas trans gostam de segurança como todo mundo", disse ela, acrescentando que nenhum estado que permite trans nos banheiros femininos registrou aumento na violência.

"Exceto por aquele incidente no Wi Spa, né?", destaquei.

"No caso do Wi Spa, não conheço os detalhes", comentou. "Só sei que foi esclarecido de alguma forma".

Não foi. Mas deixei passar.

"Acho que tudo se resume a uma tensão, certo?", disse. "Porque você tem algumas mulheres que dizem que não querem compartilhar um vestiário com um homem. Isso as incomoda. Há dois grupos exigindo direitos e a gente tem que tomar partido, mas um dos lados anda sem sorte, certo? Então você diria que as mulheres andam sem sorte nesse cenário?".

"Diria que, quanto mais as pessoas conhecerem os trans em suas vidas cotidianas, mais essa sensação de incômodo se dissipará".

"Hoje em dia, elas não se sentem à vontade", tentei.

"E eu ainda assim diria que essa sensação se dissipará", reforçou.

Interessante. O que levanta a questão: por que estamos obrigando as mulheres, que sempre tiveram seus próprios vestiários, a lidarem com esse incômodo, e não os trans? "Você aceitaria essa resposta se fosse o contrário? Se alguém dissesse: 'Você talvez não se sinta bem enquanto mulher trans num vestiário masculino, mas essa sensação se dissipará'?".

"Essa sensação não vai se dissipar porque os trans estão sujeitos a assédios quando são obrigados a usar as instalações erradas", ela falou.

"Mas as mulheres também estão sujeitas ao assédio".

Não importa. A conversa era simples. Novamente, temos de ser forçados por lei a entrar na realidade deles, mas estamos proibidos de pedir que eles vivam a nossa. Não importa o que acontece às mulheres. Não importa o que aconteceu àquela menina de seis anos no Wi Spa. Os trans estão no alto da escala do vitimismo. Eles impõem o seu jeito, o assédio que eles sofrem é pior do que os outros e ponto final.

Heng-Lehtinen falou a mesma coisa em relação aos esportes.

"Vamos pegar um caso da vida real só para ilustrar", eu disse. "Houve um caso em Connecticut com dois homens corredores que..."

"Eram meninas trans", interrompeu abruptamente. Não me importei. Estava irritado com o tangenciamento e a afirmação de que as mudanças legais não tem qualquer impacto.

"Certo", continuei. "Você olha para aqueles indivíduos, olha para o tempo deles contra os outros meninos, e eles são medianos. Daí, eles competem contra meninas e conseguem sempre o primeiro e segundo lugares. Isso indica alguma vantagem injusta que possam ter sobre as meninas?".

"O caso de Connecticut é exceção. Chamaram muita atenção porque essas duas meninas trans tiveram bom desempenho".

Aí, ela deu um passo além. "Agora, estamos enfrentando projetos de lei em todo o país, projetos que pretendem proibir jovens trans de ter acesso ao melhor tratamento de saúde disponível ou ter acesso aos esportes escolares. Eles estão sendo escritos para afetar apenas jovens trans. Não são projetos amplos sobre o acesso à saúde ou ao esporte; a ideia é pôr um alvo nas costas das crianças trans. É muito triste imaginar que um adulto esteja dedicando tanto tempo e energia para, em essência, perseguir os jovens trans".

Perseguir os trans? E quanto ao movimento trans perseguindo todo mundo? Heng-Lehtinen insistia em me dizer que a opinião das pessoas sobre os trans vai mudar quando elas os conhecerem melhor. Eu me perguntei se também mudariam se ela conhecesse a menina de seis anos que teve um pênis praticamente esfregado em sua cara no Wi Spa. Eu me perguntei se mudaria de opinião se conhecesse Selina Soule, que perdeu várias corridas depois de ser obrigada a competir contra dois homens biológicos. Eu me perguntei se ela mudaria de ideia se conhecesse Curt Schilling, que perdeu o emprego, ou Scott Newgent, que foi bloqueada das redes sociais, ou Don Sucher, que foi perseguido em sua própria loja – tudo por causa da intolerância do movimento trans.

Tudo o que os políticos pró-trans me diziam era tão positivo e bondoso. Tudo tinha a ver com acabar com a discriminação. Com o respeito. Com a afirmação. Toda diretriz ou regulamentação ou reforma era uma vitória, sem ressalvas. Quem poderia ser contra aquilo tudo?

Enquanto isso, eles trabalham para obrigar, por força de lei, que se aceite a presença de homens biológicos em espaços femininos, que nossos impostos sejam usados para financiar a terapia hormonal e as cirurgias de mudança de sexo, e que qualquer um que resista a essa pauta seja considerado racista.

★ ★ ★

Ladeira abaixo

A verdade é que não estamos tão distantes do Canadá. Tudo começa com leis antidiscriminação que soam boas, mas cujos efeitos vão muito além do que dizem seus proponentes. Em pouco tempo, crianças que não são afirmadas acabam afastadas dos pais. Mas o que estou dizendo? Isso já é realidade.

Um pai chamado Jeffery Younger e que mora na região de Dallas lutou durante anos para manter a guarda de seus gêmeos de nove anos, um dos quais foi obviamente ensinado a acreditar que era uma menina trans. Assim como havia acontecido com o canadense Rob Hoogland, Younger falou que o distrito educacional da criança estava "ensinando ativamente" seu filho a ser uma menina. "Quando levei o James para a escola usando roupas de menino, a professora deu um vestidinho para ele usar", contou. "A escola não chama James por seu nome real. Eles usam um nome de menina, ensinam ativamente a ele que é uma menina, mandam usar o banheiro das meninas".

Lembre-se: isso está ocorrendo no Texas.

Por fim, Younger perdeu a guarda da criança para a ex-mulher que, mais tarde, admitiu que talvez tivesse "afirmado demais" a identidade feminina do filho. Por sorte, e ao contrário do que aconteceu com Hoogland, o juiz impediu a mãe de continuar com a terapia hormonal do filho sem o consentimento do pai[263].

Mas Younger não foi o único. Em Ohio, um casal se uniu na oposição à terapia hormonal de sua filha de dezessete anos, que queria virar homem. Mas, como o tribunal acreditou que isso poderia levar à ideação suicida, um juiz tirou a guarda dos pais e deu aos avós da jovem[264].

Alguns estados se antecipam para impedir qualquer tentativa de evitar a transição das crianças. Catorze estados e Washington, D.C., proíbem o que é pejorativamente chamado de "terapia de conversão"[265]. Isso significa que ninguém – pais, orientadores, professores –pode fazer nada para ajudar uma pessoa a recuperar sua identidade de gênero para que esteja de acordo com seu sexo biológico.

Os ativistas trans, claro, impõem a toda população uma campanha de terapia de conversão diária. O transgenerismo está nos livros didáticos, na publicidade, nos programas de TV e nos filmes, é imposto por professores, terapeutas e médicos. Eles fazem de tudo para que os jovens explorem sua identidade de gênero, adotando a fluidez de gênero. Todas as situações que contradizem o sexo biológico da pessoa – desde a eliminação

---

263. LEE, David. "Father Who Lost Custody of Trans Child Runs for Texas House to Outlaw Child Gender Reassignments". *In* Courthouse News Service, 8 de dezembro de 2021. Disponível em https://www.courthousenews.com/ father-who-lost-custody-of-trans-child-runs-for-texas-house-to-outlaw-child- -gender-reassignments/.

264. CHRISTENSEN, Jen. "Judge Gives Grandparents Custody of Ohio Transgender Teen". *In* CNN Health, atualizado pela última vez em 16 de fevereiro de 2018. Disponível em https://www.cnn.com/2018/02/16/health/ ohio-transgender-teen-hearing-judge-decision/index.html.

265. DREHER, Rod. "ROGD Hell". *In* American Conservative, 7 de janeiro de 2019. Disponível em https://www.theamericanconservative.com/dreher/ rapid-onset-gender-dysphoria-hell/.

dos estereótipos mais básicos até a disforia de gênero verdadeira – são afirmados e aceitos e cultivados *ad nauseum*, com ou sem o consentimento dos pais.

Qualquer tentativa, por menor que seja, de enfrentar isso e afirmar que o sexo biológico não é um conceito aleatório, inútil ou antiquado é tratado não apenas como retrocesso, mas também como crime. E pode ter certeza de que ativistas como o deputado Takano e Heng-Lehtinen aproveitarão a primeira oportunidade que aparecer de proibir a terapia de conversão em todo o país, se lhes derem a chance.

Tudo isso é muito mais do que uma tentativa de pôr fim à discriminação. É a imposição da ideia de que o gênero é uma identidade imutável e nenhuma discordância quanto a isso será aceita.

As pessoas em cargo de autoridade farão de tudo para tirar os direitos parentais e disseminar os equívocos da ideologia de gênero. Um pai de Washington viu isso de perto. A fim de ocultar sua identidade, ele é chamado apenas de Ahmed, um imigrante paquistanês de quem o Estado veio atrás do filho – assim como o fizeram com a filha de Rob Hoogland[266].

No outono de 2020, Ahmed internou seu filho autista de dezesseis anos num hospital de Seattle, depois de ele tentar o suicídio. Em poucos dias, o hospital lhe enviou um e-mail dizendo que ele deveria levar a "filha" para uma clínica de gênero e usar um novo nome para o menino.

"Eles estavam tentando arranjar um cliente para a clínica de gênero deles", disse Ahmed para a jornalista Abigail Shrier, "e pareciam querem nos empurrar nessa direção". Você não

---

266. SHRIER, Abigail. "When the State Comes for Your Kids". *In* City Journal, 8 de junho de 2021. Disponível em https://www.city-journal.org/transgender-identifying-adolescents-threats-to-parental-rights.

ficará surpreso ao saber que os orientadores e terapeutas garantiram a Ahmed que a única forma de impedir que seu filho se matasse era afirmar uma nova identidade de gênero.

As leis de Washington já estavam trabalhando contra Ahmed. No estado, menores com apenas treze anos de idade já podem se submeter a tratamentos afirmativos de gênero sem a permissão dos pais. Ahmed sabia que não tinha poder de decisão, por isso conversou com alguns amigos – um advogado e um psiquiatra.

O psiquiatra destacou a verdade por trás da ideologia de gênero. "Você tem que tomar muito, muito cuidado. Se acharem que você é antitrans ou coisa assim, vão chamar o Conselho Tutelar e tirar seu filho de você". O advogado concordava que a única forma de recuperar o filho era acatar a sugestão do hospital. Era a única forma de levar seu filho para casa[267].

Ahmed obedeceu... até certo ponto. Assim que conseguiu levar o filho para casa, garantindo ao hospital que o acompanharia a uma clínica de gênero, precisou fazer uma escolha. Ou enfrentava a perda em potencial da guarda do filho, caso o Estado descobrisse que ele não acatou a determinação do hospital, ou fugia para algum lugar onde as leis não fossem tão radicais.

Ahmed optou por salvar o filho. Ele pediu demissão, tirou toda a família de Washington e se mudou para um lugar onde os direitos parentais ainda são respeitados. Pense nisso por um instante: um norte-americano teve que arrumar as suas coisas e fugir da opressão. Não de outro país, mas dentro do próprio Estados Unidos.

A história de Ahmed teve um final feliz. Mas as pessoas que querem salvar seus filhos estão ficando sem lugar onde se esconder. Leis semelhantes às de Washington existem na

---

267. *Ibid.*

Califórnia e no Oregon, o que significa que os pais não têm praticamente nenhum poder para impedir que seus filhos se submetam à transição na costa oeste.[268]. É só uma questão de tempo até que tomem conta de todos os estados controlados pelo Partido Democrata dos EUA. Se os ideólogos trans conseguissem, as leis de Washington se tornariam leis federais.

O que a esquerda está criando é aquilo que o escritor James Poulos chamou de "estado policial rosa". Sua natureza é totalitária, mas está recoberto pela bandeira multicolorida do arco-íris. O estado policial rosa não será imposto por tropas de choque furiosas, usando uniforme verde. Seus soldados são ativistas políticos, professores e membros do Congresso. Ele mantém a ordem com o uso de advogados e de cidadãos sempre dispostos a filmarem suas palavras e movimentos, numa tentativa de captar qualquer sinal de sentimento antitrans, de modo que possam publicar o vídeo nas redes sociais e usar a multidão enfurecida contra você. Isso mantém as pessoas na linha. Não sob a ameaça de um revólver, mas graças ao trabalho da enfermeira Ratched[269], que lhe diz com um sorriso frio e educado que a sua filha é agora seu filho, e que odiaríamos ver o que acontecerá se você não levá-lo a uma clínica de gênero imediatamente.

Não pregam uma nova ordem mundial. A retórica deles é discreta. Eles querem apenas acabar com a discriminação. Eles querem aceitação. Eles querem respeito. Mas as ações e leis revelam ambições maiores.

O regime antidiscriminatório deles marginaliza as mulheres e tenta pôr um fim às diferenças entre homens e mulheres. O desejo de aceitação deles exige afirmação e a proibição da dissidência. Exigem cortesia, mas se recusam a respeitar os

---

268. *Ibid.*

269. Referência à personagem do filme "Um estranho no ninho" (N.T.)

ditames da biologia, a inocência das crianças e a relação mais fundamental e sagrada da existência humana – a relação entre um pai e um filho. As palavras deles são leves, mas seu fardo é pesado.

Ainda temos esperança. Há homens corajosos, como Ahmed e Rob Hoogland, dispostos a se sacrificar em nome dos filhos. Há mulheres fortes, como Selina Soule e Scott Newgent, que falam a verdade por piores que sejam as consequências. A blitz trans invadiu nosso país e nossa cultura com uma velocidade impressionante. Mas a resistência está aumentando.

CAPÍTULO 10

A rebelião "o que é uma mulher?"

Você consegue responder a essa pergunta? Deveria conseguir. Todos deveríamos!

Contra todas as probabilidades, essa questão se tornou um enigma. Não porque a seja complicada, não porque aprendemos algo novo sobre a feminilidade, algo que as gerações anteriores desconheciam. O único motivo para as pessoas terem dificuldade de responder a essa pergunta é porque uma ideologia raivosa, vingativa e sem sentido assumiu as rédeas. Como resultado, aqueles que sabem têm medo de verbalizar e aqueles que deveriam saber estão tão fundo na "toca do coelho" da ideologia de gênero que perderam totalmente a capacidade de dizer algo que faça sentido.

Conversei com terapeutas, psiquiatras, pediatras, psicólogos, cirurgiões, ativistas, atletas, congressistas, professores, comerciantes e com uma pessoa trans. Falamos de ideologia de gênero, John Money, os gêmeos Reimer, a disforia de gênero de desenvolvimento rápido, os esportes escolares, a Lei de Igualdade, e muito mais. Aprendi mais sobre vaginoplastia do que gostaria de saber. Tive de mencionar a palavra "pênis" mais vezes do que jamais imaginei. Ainda assim, restava uma única pergunta simples que eu tinha de fazer.

★★★

Você sabe a resposta?

"O que é uma mulher?", perguntei para a minha amiga e terapeuta de afirmação trans Gert Comfrey.

"Ótima pergunta. Não sou mulher, então não sei responder a isso".

Certo.

Ela insistiu: "Você não vai encontrar duas mulheres que deem a mesma resposta para a sua pergunta".

Provavelmente não deveria esperar nada além disso de uma pessoa que condena explicitamente a ideia da verdade absoluta. Tentei mais uma vez.

"Você diria que não existe uma definição de 'mulher'? Sério, é uma palavra sem um significado específico?".

"Acho que é relativo", disse ela.

Aquele foi meu primeiro fracasso. Recorri a meu próximo interlocutor, a pediatra que receita hormônios para crianças. Dra. Michelle Forcier, na esperança de ter mais sorte.

"O que determina o sexo de uma pessoa?".

"Vários fatores", afirmou.

Suspirei e tentei mais uma vez.

"O que é uma mulher?", ela perguntou retoricamente. "Uma mulher é alguém que considera isso sua identidade".

"Você está usando a palavra 'mulher' para definir a palavra 'mulher'", comentei. "É como se eu lhe perguntasse o que é uma árvore e você dissesse: 'Uma árvore é uma coisa chamada árvore'. Entende? Você não me explicou o que é uma árvore".

"Não estou aqui para falar de árvores".

Por quanto tempo estarei com vocês? Por quanto tempo sofrerei com vocês? As palavras de Jesus no Evangelho de S. Marcos vieram à mente.

"É uma analogia", expliquei.

"Sim, mas suas analogias não funcionam", disse ela.

"Vou tentar mais uma vez", insisti. "Se você tivesse de definir a palavra 'mulher', como a definiria?".

"Eu perguntaria ao paciente qual a definição dele para 'mulher'".

Não é por acaso que os pacientes da Dra. Forcier são tão confusos quanto ao sexo e ao gênero. A própria médica não faz ideia do que está falando.

Com o ativista trans Rodrigo Heng-Lehtinen não foi diferente. "Hesito em ir tão ao fundo nessa coisa da terminologia porque é o tipo de coisa que nos distrai", comentou. Bom, isso só é uma distração porque ninguém, em determinado lado do debate, parece ter ideia do que está falando, pensei comigo mesmo. Ela continuou: "Digo, sério, uma mulher é alguém que diz que é mulher e faz a transição para ser uma mulher".

"Uma mulher é quem diz que é mulher", tentei, "mas o que ela está dizendo que é?".

"Sabe de uma coisa? Se alguém me diz: 'Sou uma mulher trans', eu respeito isso, e sei que ela deve ser tratada com respeito e dignidade e cuidado, como todo mundo".

Claro que não discordo, mas não foi isso o que perguntei. Heng-Lehtinen talvez seja mestre na arte de se desviar politicamente de um assunto, mas naquele momento eu tinha uma dúvida muito clara. Eu ia conseguir uma resposta de verdade em algum lugar. Então continuei perguntando.

Não estava ansioso para questionar o professor Patrick Grzanka. Ele já tinha me acusado de negar a existência dos trans. Mas não havia como recuar. "O que é uma mulher?", fui direto, como com todos os outros.

"Por que está me fazendo essa pergunta?", retrucou ele, desconfiado.

"Eu realmente gostaria de saber".

"Qual você acha que é a resposta para essa pergunta?".

Ficamos nessa por algum tempo, com ele querendo saber por que eu estava tão interessado nesse assunto, agindo com uma rispidez extrema, e me olhando com uma desconfiança profunda como se eu estivesse pedindo para comprar drogas ilícitas ou se ele tinha um tempinho para assinar uma petição para salvar o meio ambiente.

"Procuro explicações para questões sobre estudos femininos", eu falei. "Por isso a primeira resposta que você deveria me dar é para a pergunta: 'o que é uma mulher'"?

"Bom, para mim a resposta é bem simples. Uma mulher é uma pessoa que se identifica como mulher".

Aparentemente o raciocínio circular é uma característica comum a todos os ideólogos de gênero. Ou eles dizem que não são capazes de responder à pergunta porque lhes falta certa identidade ou definem o termo usando o termo em si, o que torna a definição totalmente sem sentido.

"Você está em busca daquilo que, em meu campo de trabalho, chamamos de 'uma definição essencialista do gênero'". Ele distorceu as minhas palavras.

Na verdade, simplesmente pedi uma definição para a palavra. Até onde entendia, a ideologia de gênero não precisava ter nada a ver com isso. Ele continuou: "Me parece que você gostaria que eu lhe fornecesse um conjunto de características culturais e ideológicas associadas a um gênero ou a outro".

"Não estou em busca de nenhum *tipo* de definição. Estou em busca de uma definição".

"E eu lhe dei uma", disse ele.

Certo. Eu estava a um passo de ter um ataque. Mas segui em frente.

Em seguida, recorri ao cirurgião especializado em mudança de sexo, o Dr. Marci Bowers. Diga o que quiser, mas ele era um dos membros mais sãos do povo da ideologia de gênero. Afinal, foi o único com quem conversei e que admitiu que a transição apresenta, sim, alguns riscos.

Deixei a questão surgir naturalmente, ansioso por finalmente ouvir uma resposta inteligível. Ele começou: "Bom, mais uma vez, isso é... uma mulher ou um homem? O que é um homem? Um homem é alguém que... não é a mesma coisa... você pode ter uma identidade de gênero masculina sem ser necessariamente um homem".

Sim, aquilo não esclarecia nada. Todos os envolvidos pareciam incapazes de responder a uma pergunta realmente simples. O surpreendente é que a definição mais honesta que obtive desse pessoal me foi dada no escritório do deputado Mark Takano – e sequer foi o deputado quem me respondeu.

O congressista tinha saído correndo da entrevista antes de eu conseguir fazer a pergunta mais importante. Enquanto ele se levantava e saía da sala, ainda tentei. "Queremos saber o que é uma mulher".

"Por favor, desliguem as câmeras", ele pediu.

"Chegamos até aqui", insisti enquanto o deputado começava a sair da sala com alguns assessores atrás. "Só queremos saber o que é uma mulher".

"Mas você não vai descobrir", uma das suas assessoras murmurou antes de fechar a porta.

A assessora estava errada, mas tinha razão num aspecto: eu não ia descobrir o que é uma mulher conversando com ideólogos trans. Eles só sabiam me dar não-respostas, falas evasivas e monólogos que não chegavam a lugar nenhum.

Eles me ensinaram uma importante lição. Essas pessoas não se importam com a verdade. Isso não tem nada a ver com fazer o certo, uma vez que não se pode fazer o certo ou o errado sem algo que se assemelhe remotamente à verdade. Tudo tem a ver com uma pauta. Se não fosse assim, eles não continuariam escondendo algo e usando eufemismos.

Há uma boa regra a ser seguida nesta vida: uma pessoa está dizendo a verdade se ela não está tentando esconder nada. Seu "sim" é "sim" e seu "não" é "não". A clareza é marca não só da sinceridade, como também da honestidade.

Foi assim que percebi que os outros que tinha entrevistado não estavam mentindo para mim. Eles não distorceram as palavras. Eles não tentaram mudar de assunto nem desconversaram para responder a uma pergunta que eu não tinha feito. Eles me disseram a verdade, não necessariamente porque são mais escolarizados ou mais poderosos ou tinham mais credenciais do que os demais com quem conversei. E sim porque eles optaram por não se esquecer – e tampouco serem forçados a – o que todos antes de nós sempre souberam.

"Afinal, o que é uma mulher?", perguntei a Selina Soule, a corredora repetidamente derrotada por homens biológicos na escola.

"Uma mulher é alguém que têm órgãos reprodutivos para dar à luz uma criança. Isso é uma mulher. Não há nada o que possa ser feito a esse respeito", disse ela.

"É tão simples assim?".

"É simples assim".

Uau, ninguém tinha me dado uma resposta como essa antes. Talvez eu conseguisse outras parecidas. Assim, repeti as mesmas palavras para Scott Newgent, aquela que me contou a história horrível da sua tentativa de fazer a transição médica para homem.

"O que é uma mulher?".

"É genético. São os cromossomos. São os fatos. É a biologia". Ela não parou por aí. "Posso criar a versão que você quiser de uma mulher, mas assim que perdemos contato com a realidade, o que perdemos? A sanidade. Estamos ficando loucos".

A Dra. Grossman, uma psiquiatra pediátrica, continuava sendo um bastião de sanidade em meio ao caos da ideologia de gênero. "O que é uma mulher?", perguntei, certo de que ela me seria direta.

"Não é uma pergunta complicada. Ela se tornou muito complicada, mas não é. Uma mulher é uma fêmea. Uma fêmea é um ser biológico com dois cromossomos X e que se reproduz por meio de um gameta chamado 'óvulo' e que, em muitos casos, é capaz de conceber naturalmente uma criança, carregando-a no útero. Isso é uma mulher. Simples, não? Não precisamos de páginas e mais páginas de explicação sobre o que é uma mulher e um homem. Não é um assunto difícil e complicado".

A ciência – a ciência de verdade, e não a pseudociência dos ativistas trans – é absurdamente clara.

Assumo, entretanto, que a minha resposta preferida veio do sr. Don Sucher, o dono da loja com artigos *Star Wars* em Washington e que foi assediado por um trans pelo crime de dizer que mulheres não têm pênis.

"Não tenho que definir uma mulher. Ou você é macho ou fêmea. É isso. Foi assim que você nasceu".

"Só isso?".

"Só isso. Simples assim. Ponto final".

Eu não precisava prolongar o assunto com Sucher, mas não aguentei. Algo me dizia que ele me daria belas respostas se eu continuasse, e fui recompensado em minha esperança.

"Como você sabe que é um homem?".

"Como sei que sou homem? Acho que é porque tenho um pênis".

O sujeito comum sabe das coisas, enquanto os poderosos e escolarizados não entendem de nada.

De certo modo, isso me deu esperança. As forças políticas, jurídicas, empresariais, culturais, educacionais e médicas estão em conluio contra nós. Mas a autoprofessada sabedoria dessas pessoas desaparece diante de uma única pessoa disposta a falar a verdade – sem exceções, eufemismos ou desculpas.

Ou para usar os termos que Sucher talvez prefira, somos como a Rebelião em *Star Wars*. Temos menos recursos e poder. Com certeza somos menos impiedosos. Mas temos o que é verdadeiro e bom ao nosso lado. Temos decência e bom senso. Juntos, isso não significa pouca coisa; isso significa tudo.

★ ★ ★

A verdade vem à tona

Para vencer a tirania trans, precisamos saber como reagir. Eu não sabia, mas com seus exemplos de coragem, pessoas como Selina Soule, Scott Newgent, Dr. Jordan Peterson, Dra. Miriam Grossman e Don Sucher estavam me mostrando como fazer isso.

A lição mais importante que tirei do exemplo deles foi sempre dizer a verdade, por mais que o outro lado o persiga. Ceder quando se trata das verdades fundamentais da biologia e da linguagem não o ajudará a entrar num acordo com seu inimigo. Parece um sinal de fraqueza. Se eles estão dispostos a dar hormônios com efeitos colaterais de longo prazo a crianças de treze anos, tirando-as da guarda dos pais quando eles não concordam com o que está acontecendo, certamente não ficarão satisfeito com sua disposição em usar os pronomes preferidos sem que você concorde com tudo o mais. Não há espaço para discordância na ideologia trans. Como nos ensinou J.K. Rowling, ou você aceita tudo ou estará condenado. Eles não admitem o comprometimento pela metade.

Dito isso, nossos heróis sabiam que, assim que falassem a verdade, teriam um alvo gigante nas costas. Mas eles não se acovardaram na esperança de que ficar em cima do muro os salvasse. Alguns deles, como Sucher, optaram por brigar. Quando ele pôs aquele cartaz em sua loja, não fez isso para irritar as pessoas. Mesmo sabendo que os ativistas o perseguiriam, ele pendurou a frase mesmo assim.

Outros, como Selina Soule, jamais quiseram se envolver com esse assunto, mas a luta se apresentou para ela. Ela poderia ter agido como a maioria das outras corredoras de Connecticut. Poderia ter reclamado em privado, sem se manifestar publicamente. Em vez disso, ela falou sobre a injustiça dos homens biológicos competindo nos esportes femininos, sabendo que, ao fazer isso, ela enfrentaria ataques perversos.

Lembre-se de que Soule e Sucher não são políticos nem personalidades públicas. São apenas uma estudante e um comerciante, respectivamente. Lutar contra as forças da esquerda trans radical não é exatamente a função deles. Mas eles perceberam que há mais na vida do que o conforto e o anonimato. Eles aprenderam que ganhar o respeito – ou no mínimo evitar os ataques – dos poderes de fato não significava nada se não podiam nem mesmo expressar uma verdade biológica clara, observável e simples. Deve haver milhões como eles.

Para aqueles que ainda estão com medo, ajuda saber que os ataques dos ativistas trans não destruíram a vida de Soule e Sucher. Claro que os feriram, mas ambos saíram fortalecidos.

Para Soule, ela poderia ter dado ouvidos às publicações furiosas nas redes sociais e às ameaças de morte, mas decidiu ignorar. "Essas pessoas se escondem por trás de uma tela de celular e, se me vissem andando pela rua, jamais diriam aquelas coisas na minha cara". Ela me disse que, apesar de todos os ataques, 85% das reações que obteve eram positivas. "Vendo pelo lado bom, recebi também alguns pedidos de casamento".

Sucher contou ter passado por uma experiência semelhante. "Sabe, recebi milhares de ligações do mundo todo", comentou. "Queria agradecer a todos, mas jamais conseguirei fazer isso. Mas eu diria que 95% me apoiavam".

Tudo isso me fez pensar em outra lição. Temos mais aliados do que percebemos. Quem poderia imaginar que um dos maiores defensores da sanidade e das crianças seria uma mulher biológica e pessoa trans que passou por todo o processo de mudança de sexo? Scott Newgent continua sendo lésbica e, em vários sentidos, pode ser considerada progressista, mas nesse tema concordamos totalmente.

Ela aprendeu sozinha quantos aliados somos capazes de conseguir quando procurava ajuda para defender as crianças da máquina de moer gente que é a transição médica.

"Encontrei apoio em vários lugares diferentes, lugares que jamais saberia que existem sem essa experiência. Alguns evangélicos famosos me procuraram, mas no começo não quis falar com eles. Depois pensei: 'Quer saber de uma coisa? O mais importante é parar com a transição médica'. Conversei com eles. Percebi que chegamos a uma conclusão de esse é o seu limite e este é o meu limite. Mas agora vamos salvar as crianças".

Newgent se disse surpresa por ter sido recebida de braços abertos pela comunidade evangélica. "São pessoas incríveis e me apaixonei por elas. Com certeza me apaixonei. Quando me procuraram... Eu segurei a mão deles e pensei: 'Sabe de uma coisa? Não tem problema que não concordamos com a homossexualidade, não vou tocar no assunto. Vamos salvar as crianças'".

Essa causa realmente é maior do que a disputa entre direita e esquerda, religião e secularismo, republicanos e democratas. A experiência de Newgent é prova disso. Talvez não possamos controlar a indústria cultural ou os veículos de imprensa. Mas somos a maioria. E não podemos jamais nos esquecer disso.

Pessoas como Newgent e a Dra. Grossman também demonstram o poder do conhecimento. Sempre que lhes apresentei algo que vinha do lado que apoia a transição, elas me responderam com críticas precisas e específicas. Elas conheciam os estudos científicos, conheciam os erros. Sabiam que os estudos haviam sido refutados e qual era a verdade – e tinham estudos próprios. Elas não responderam apenas com historinhas e teorias, mas com fatos documentados.

Podemos ter certeza de que os ideólogos trans estão errados, mas se não sabemos *por que*, nossas convicções não servem para nada. O outro lado criou toda uma estrutura baseada em mentiras. Pessoas trans *não* têm uma probabilidade maior de cometer suicídio se não forem afirmadas. Os bloqueadores hormonais *têm* efeitos colaterais de longo prazo que são irreversíveis. Há *diferenças físicas reais e significativas* entre homens e mulheres.

É fácil se ater aos orientadores e profissionais da saúde que envenenam a mente das crianças e as levam a se submeter à transição médica e reagir a isso tudo com nojo. Mas o nojo não leva a nada.

Temos de conseguir explicar claramente o que há de tão errado. E só podemos fazê-lo quando há quem nos ouça. A ativista trans Rodrigo Heng-Lehtinen pode estar promovendo uma pauta tirânica que prejudica crianças, mas temos de admitir que organizações como o Centro Nacional de Igualdade Trans são extremamente eficientes. E são assim porque não desistem. Eles pressionam os legisladores a aprovarem leis e influenciam continuamente a burocracia para que ela crie regulamentações em torno dessas leis, que estejam de acordo com sua ideologia.

Os guerreiros culturais trans estão por todos os lados, não apenas em Washington. Estão nas redes sociais, na TV e em filmes e nos esportes. No curto prazo, talvez não sejamos capazes de ter o mesmo engajamento deles. Mas o mundo tem de saber que há milhões de pessoas — se não mais — que rejeitam a ideologia de gênero como um todo. Isso significa conversar e dar apoio a pessoas como Newgent e a Dra. Grossman, que já estabeleceram suas plataformas. Mas também devemos deixar de apoiar aqueles que tentam corromper nossas crianças, contaminando a nova geração com essa ideologia.

Isso quer dizer que, se a escola do seu filho está impondo a agenda trans, você precisa se manifestar. Se eles não lhe derem ouvidos, você tem a obrigação de tirar seu filho dessa escola. Limitar o acesso dele às redes sociais. Desligar os programas de TV e os filmes que exibem a doutrinação. Fazer com que seus representantes eleitos saibam que o apoio a essa ideologia perniciosa é inaceitável. Não podemos jamais apoiá-la, nem nas urnas, nem com o nosso tempo nem com aquilo que vemos na TV, nem com as escolas dos nossos filhos. Nossos inimigos há anos se dispõem firmemente a impor a ideologia sobre nós em todos os fronts. É nossa responsabilidade bater o pé e dizer "Não!".

Não são apenas as nossas ações em público que importam. O que fazemos no privado também. Ao longo da minha jornada, entendi que, exceto pela população diminuta que sofre que transtorno de identidade de gênero desde muito cedo, a maioria do que sofrem de confusão mais tarde geralmente vem de lares desfeitos. Não era uma regra infalível. Mas acontece com frequência e é impossível ignorar. Na maior parte das vezes, os pais são divorciados. Às vezes houve abusos.

Em outras circunstâncias, os pais são tão esquerdistas que a família toda cresce distante da tradição, da religião e da estabilidade existencial.

Newgent notou isso também. "Por que temos crianças sofrendo abuso em seus lares – essas crianças têm mais chance de serem trans? Por isso, deveríamos estar protegendo todas essas crianças, mas estamos dizendo que elas têm de passar pela transição médica para se encaixar."

Reconhecer esses fatos representa uma obrigação dupla aos pais e adultos do mundo. Primeiro você não pode achar que as suas ações privadas não terão consequências nas pessoas ao seu redor. Os problemas em seu casamento chegam até seus filhos. A instabilidade no lar leva à instabilidade na vida das crianças. O divórcio, principalmente, causa uma revolução e as deixa vulneráveis à ideologia trans, com suas falsas promessas e mentiras agradáveis.

Em segundo lugar, temos a responsabilidade de ajudar os jovens do mundo a reconhecerem as consequências da transição. Ela não está isenta de riscos, e a crença no contrário é perigosa. Nas palavras de Newgent, temos de ajudá-los a "olhar para os dois lados antes de atravessar".

"Os pais são assim, certo? Nós olhamos para os lados antes de atravessar a rua. Amamos loucamente nossos filhos e os ajudamos a olhar para os dois lados até que eles sejam capazes de fazer isso sozinhos".

Newgent me contou uma história para me mostrar que devemos ser compreensivos e ajudar as crianças porque elas não têm culpa. "Quando meus filhos tinham sete anos – eles são gêmeos – estávamos numa festa e havia um bebê aprendendo a andar. Meus filhos estavam obcecados em cuidar do bebê. 'Não entre na água. Não, não, não. Não entre na água'. Eu fiquei só olhando, sentindo muito orgulho deles".

Aí Newgent me explicou como isso está relacionado à ideologia de gênero. "Mais tarde, naquela noite, perguntei por que eles estavam tão preocupados com o bebê em volta da piscina". As crianças disseram a ela que não queriam que o bebê se afogasse. E por que ele se afogaria? Porque é só um bebê.

"Digo aos pais a mesma coisa, quando se trata da ideologia de gênero", me disse Newgent. "O bebê não sabia que se afogaria porque era apenas um bebê. Não porque fosse burro ou houvesse algo de errado com ele". Ajudar adolescentes a olharem para os lados antes de atravessar a rua é a mesma coisa. Eles não sabem que os adultos na escola ou nos hospitais ou na Internet vão se aproveitar deles. Eles não têm preparo para resistir quando uma figura de autoridade diz que estão no gênero errado ou que a transição médica é totalmente segura. Eles são indefesos e nosso trabalho é defendê-los. Esse trabalho é mais importante do que nunca.

Claro que devemos prestar atenção sobretudo ao que ensinam aos nossos filhos na escola quando o assunto é ideologia de gênero. Mas não é só. Assim como vimos com a disforia de desenvolvimento rápido, as mentiras se espalham feito fogo em grupos e principalmente nas redes sociais. Materiais didáticos, livros, professores militantes e o mundo do entretenimento dão a vida, por assim dizer, para ensinar às crianças esses conceitos desde cedo. Quase sem perceber, elas aprendem o vocabulário trans e isso começa a moldar a forma como veem o mundo. Isso significa que, quando enfrentam a confusão natural da puberdade ou o fim de um namoro ou o divórcio dos pais ou qualquer tipo de trauma, muitas já estão predispostas a interpretar tudo pela lente do gênero, e eles contam com um exército de adultos no mundo real e virtual dispostos a confirmar e cultivar essa percepção.

Você não pode ser um pai superprotetor, mas deve estar atento e impedir o ataque à psiquê dos seus filhos ensinando a eles a verdade desde cedo.

Sei que para algumas pessoas parece tarde demais, se não na cultura em geral, talvez em suas próprias famílias. Para cada Ahmed que conseguiu salvar o filho das engrenagens da transição médica há muitos pais como os de Ohio, Texas e Canadá que os perderam não por força da lei, mas por meio do poder e da força de convencimento da propaganda trans.

Mesmo que seu filho ou filha já tenha sido infectado por esse parasita cerebral, não perca a esperança. Uma mãe da Califórnia me mostrou como isso é feito[270].

Escrevendo sob o pseudônimo Charlie Jacobs, essa mãe contou como a filha ultrafeminina mudou radicalmente aos doze anos de idade. Ela se envolveu com o mundo do animê e *cosplay*, e na época Jacobs não sabia que esse mundo estava repleto de temas sexuais e de gênero. Aí, a escola pública da filha a doutrinou com a propaganda sexual da esquerda, e de repente a menina começou a conversar com as amigas sobre identidades sexuais delas. Nenhuma queria ser "básica" ou heterossexual.

Jacobs, então, começou a ver o que reconhecemos hoje como sinais da disforia de gênero de desenvolvimento rápido. A filha dela desfez amizades, começou a passar mais e mais tempo na Internet e até criou contas falsas nas redes sociais para que sua mãe não descobrisse com quem estava realmente conversando. Depois de conhecer uma adolescente não-binária mais velha e madura, a filha de Jacobs cortou o cabelo, parou de depilar as pernas e começou a usar cueca. Era uma questão

---

270. JACOBS, Charlie. "What I've Learned Rescuing My Daughter from Her Transgender Fantasy". *In* Daily Signal, 13 de dezembro de 2021. Disponível em https://www.dailysignal.com/2021/12/13/what-ive-learned-rescuing-my-daughter-from-her-transgender-fantasy/.

de tempo até que anunciasse ser trans e, claro, começasse a ameaçar se matar.

Por fim Jacobs conseguiu as senhas das redes sociais da filha. Quase todo mundo com quem ela conversava era estranho. As pessoas trocavam vídeos pornográficos. As crianças discutiam temas como incesto e pedofilia, falavam de cirurgias de mudança de sexo. As meninas mais velhas ensinavam as mais novas a venderem fotos nuas em troca de dinheiro. O lado sombrio da revolução sexual contaminava a vida dessa menina por meio do seu telefone.

Muitos pais não sabem o que fazer. Parece que tudo no mundo está contra você. Como salvar a sua própria filha se ela já chegou a esse ponto – ao ponto de ser afirmada pelas pessoas ao seu redor, ao mesmo tempo em que se distanciou de você e o chama de transfóbico por se recusar a usar o novo nome e os pronomes preferidos ou levá-la para tomar injeções de hormônios?

Foi aí que Charlie Jacobs fez o que tinha de ser feito.

Ela deletou os aplicativos de redes sociais do celular da filha, bloqueou o acesso da menina à internet, apagou todos os contatos e mudou o número de telefone da filha. Ela observava com atenção as aulas online da escola, jogou fora todos os materiais de animê disponíveis em casa, guardou os controles-remotos da TV e proibiu todas as amigas que não eram normais de vê-la.

Jacobs contou como a filha reagiu: "Ela me odiou como um viciado odeia a pessoa que o impede de conseguir drogas. Me mantive firme, apesar da constante violência verbal".

Mas Jacobs não fez apenas isso. Ela leu sobre a ideologia de gênero, conversou com especialistas e prometeu usar apenas o nome verdadeiro e os pronomes certos para se referir à filha. Nem por um segundo ela cedeu à mentira ou validou os delírios da menina. Então, no caminho até a escola, colocou para a filha ouvir podcasts que rejeitavam a ideologia de gênero, incluindo alguns que contavam histórias como a de Scott Newgent, sobre trans que se arrependeram de sua transição. Ela encheu a casa de livros que revelavam a verdade sobre o transgenerismo.

Ao mesmo tempo, Jacobs suportou o sofrimento. Durante um ano e meio, sua filha a tratava com raiva e perversidade. A mãe resistiu. Ela aproveitou todas as situações de vulnerabilidade e abertura da filha para demonstrar amor incondicional, e se calou todas as vezes em que teve vontade de explodir.

Depois de todo esse esforço e sofrimento, ela recuperou a filha aos poucos. Era como se o demônio que se apoderara dela fosse saindo lentamente de seu corpo. A batalha não estava ganha. Mas sua filha estava voltando e ainda era sua *filha*. No mundo em que vivemos, isso tem um sentido especial.

★ ★ ★

Defendendo a minha posição

Jacobs, Ahmed, a Dra. Grossman, Newgent, Sucher e Soule – esses são nomes de heróis. A seu modo, eles se sacrificaram para ajudar os outros. Elas sabem a verdade. Caramba, aqueles com quem conversei pessoalmente realmente respondiam com facilidade à pergunta "o que é uma mulher?" Não só isso, mas também defendiam a verdade.

Sinceramente, o exemplo dessas pessoas me deixou pensativo. Ao longo dos últimos meses, descobri a realidade sombria por trás da ideologia de gênero. Descobri suas origens. Vi o que ela estava fazendo. Fiquei apavorado com suas ambições. Depois de tudo, como ignorar o meu próprio conselho? Eu sabia a verdade e precisava agir.

A oportunidade surgiu quando o condado de Loudon, na Virgínia, anunciou novas diretrizes não apenas para permitir que meninos biológicos usassem os vestiários femininos, mas também para obrigar os professores a afirmarem a identidade de gênero dos alunos usando os pronomes de preferência deles. Assim como as piores políticas que eu vi serem aprovadas em todo o país, o conselho educacional proibiu os professores de dizer aos pais que seu filho tinha assumido uma nova identidade de gênero[271].

Tudo isso estava acontecendo enquanto eu entrevistava as pessoas para este livro, e decidi que não podia mais ficar quieto. Tinha de me posicionar. Peguei um avião e ajudei a reunir uma multidão de manifestantes do lado de fora da reunião do Conselho Educacional de Loudoun[272].

O condado fez tudo o que podia para me evitar. Quando descobriram que eu pretendia me dirigir a eles durante a reunião, eles criaram regras determinando que apenas os residentes do local teriam a palavra, regra que entrou em vigor no dia em que cheguei à cidade. Aluguei um apartamento e o conselho não pôde fazer nada. "Morei no Tennessee", eu disse a um repórter. "Me sinto um morador da Virgínia preso no corpo de um morador do Tennesse. Eu me identifico como uma espécie de nacionalidade fluida, acho".

Consegui entrar, mas eles cortaram a transmissão ao vivo e me obrigaram a usar uma máscara, apesar de estar a vários metros deles. Não importava. Minha mensagem seria ouvida

---

271. DUGGAN, Laurel. "'Predators' and 'Child Abusers': Matt Walsh Berates the Loudoun County School Board". *In* Daily Caller, 29 de setembro de 2021. Disponível em https://dailycaller.com/2021/09/29/speech-matt-walsh-loudoun-county-virginia-school-board/

272. OLOHAN, Mary Margaret, TIETZ, Kendall. "EXCLUSIVE: Crowds Gather with Matt Walsh to Protest Virginia School's 'Indoctrination and Psychological Abuse of Kids'". *In* Daily Caller, 28 de setembro de 2021. Disponível em https://dailycaller.com/2021/09/28/matt-walsh-loudoun-county-virginia-school-critical-race-theory-transgender/

de um jeito ou de outro. Reuni minhas anotações, me dirigi ao púlpito e falei do fundo do meu coração.

"Quero agradecer a todos por me permitirem falar nesta noite, apesar de tentarem me impedir. Aqui estou eu. Vocês só nos dão sessenta segundos, então vou direto ao ponto. Vocês são abusadores de crianças. Vocês se aproveitam de crianças impressionáveis e as convencem a entrar para sua seita ideológica maluca – uma seita que defende várias opiniões fanáticas, mas nenhuma tão perigosa quanto a ideia de que meninos são meninas e vice-versa. Ao impor essa perversidade aos alunos, a ponto de obrigar meninas a dividirem vestiários com meninos, vocês privam as crianças da segurança e privacidade, e de algo mais fundamental, que é a verdade. Se a educação não se baseia na verdade, ela é inútil. Pior, é um veneno. Vocês são um veneno. São predadores. Agora entendo por que tentaram me impedir de falar. Vocês sabem que suas ideias são indefensáveis. Vocês calam os adversários porque não têm argumento. Vocês só podem se esconder debaixo da cama como covardes patéticos, na esperança de que nos calemos. Mas não vamos nos calar. Eu prometo. Obrigado por seu tempo. Vamos nos reencontrar em breve".

Pode apostar. Pode apostar que aquelas pessoas ouviram falar de nós. Porque sabíamos a verdade e a inação não era mais uma possibilidade.

A ideologia de gênero é má e o que faz com nossas crianças é ruim. É uma contradição imensa, destituída de lógica e sem amor. Se eles realmente se importassem com as pessoas, não cederiam tais pessoas às suas fantasias autodestrutivas, não defenderiam a mutilação de crianças, ajudariam as pessoas a aceitarem a verdade e protegeriam as nossas crianças, independente das consequências.

Os ideólogos arrogantes que tentam enfiar essa insanidade goela abaixo da sociedade podem achar que estão por cima da carne seca. Eles tentam governar por meio da propaganda, do medo e da força. Mas despertaram um gigante adormecido. Não temos medo – e vamos derrubar seu reinado degenerado de terror.

EPÍLOGO

África

Depois de cinco horas, chegamos a uma estradinha de terra esburacada. Ainda tínhamos uma hora de viagem pela frente, mas, sinceramente, ali nem era muito pior do que a rodovia. Minha missão tinha me trazido até aqui, por isso não reclamava. Na verdade, eu estava empolgado, longe da civilização, do ar-condicionado, do acesso à água tratada, do serviço de celular e das pessoas que fazem *selfies*. Mais importante, bem distantes do Ocidente. Eu pretendia visitar o povo massai, que vive praticamente do mesmo jeito há muitas gerações. Ocupando a fronteira entre o Quênia e a Tanzânia, esse povo vive em casas de barro com teto de palha, cuidam de animais, caçam e ensinam seus filhos a fazerem as mesmas coisas.

Como havia aprendido no ano anterior, a ideologia de gênero é uma criação do ocidente moderno. Ela se disfarça de algo baseado na ciência e que explica a condição natural da humanidade. Mas, na verdade, é um mundo de fantasia com um linguajar e regras inventadas. Como percebi, nada revela mais a artificialidade e a falta de lógica da ideologia de gênero do que conversar com pessoas que não foram apresentadas à linguagem dela por meio da imprensa, da cultura popular e do sistema educacional.

Por isso eu estava na África. Queria conversar com um posso que não se submete a cirurgias de mudança de sexo nem usa supressores hormonais. Queria conversar com pessoas que ainda não tiveram "especialistas" lhes ensinando a diferença entre "sexo" e "gênero". Queria conversar com pessoas que nunca pensaram em expressar seus pronomes de preferência nas assinaturas dos e-mails porque, bom, porque elas não usam e-mail. Aí então talvez eu pudesse ver quão inata – ou não – é a ideologia de gênero. Talvez aqui eu pudesse descobrir se os teóricos de gênero são tão loucos quanto pareciam, ou se o louco era eu.

Meu tradutor (que se faz chamar de "Paul" para que ocidentais como eu pudéssemos pronunciar seu nome) me levou ao vilarejo. Fui recebido com generosidade e gentileza pelo ancião da aldeia, que estava cercado por vários homens. Depois de algumas amabilidades, perguntei o que, para ele, é um homem. Ele não me pareceu espantado com a dúvida. Um tradutor respondeu: "Para ser chamado de homem em nossa comunidade, você precisa de uma faca, uma lança, um cajado e delimitar seu território. E aí, você se casa, tem uma família e precisa sustentá-la, ter vacas para que as crianças bebam leite... Você precisa sustentar sua comunidade".

Para eles, a masculinidade parecia determinada por certos papeis que alguém exerce, e muitos teóricos de gênero concordariam com isso. Por isso perguntei se uma mulher podia simplesmente decidir exercer o papel de um homem. "Na cultura massai, não pode", disse o tradutor.

"Um homem pode se tornar mulher?".

"Não".

"E quanto aos transgêneros?". Meu tradutor me olhou como se não entendesse. "Transgênero", repeti.

Ele tentou explicar o conceito ao chefe massai com quem eu conversava.

"Não... Se você quer virar mulher, mas é homem, tem algo de errado com a sua mente ou com a sua família ou com você".

"E se a pessoa for não-binária?", perguntei.

Paul me olhou confuso.

"Você sabe, não-binário", insisti. Percebi que ele não tinha a menor ideia do que "não-binário" significava. E como poderia saber?

"Você não é nem mulher nem homem?", insistiu.

"Sim, uma pessoa que não é nada. Você é outra coisa", disse. Percebi que, quando você precisa explicar esses conceitos ridículos em termos básicos, nada faz sentido. A ideologia de gênero criou todo um dicionário para descrever coisas que ninguém na história achou que precisariam ser descritas.

"Ele diz que nunca viu nada assim", disse Paul.

Talvez eu tenha ido com muita sede ao pote. Achei melhor voltar ao básico. "Como você sabe que é um homem?".

Percebi que, quando questionados pela primeira vez, eles responderam citando a função do homem na sociedade não porque o gênero é uma questão apenas de cumprir certos deveres. Eles achavam que eu estava falando dos papeis sociais porque a realidade biológica era óbvia para eles. A ideia de que as pessoas podiam acreditar que são algo diferente do sexo com o qual nasceram simplesmente não fazia sentido. Assim que eles entenderam que eu estava perguntando sobre algo mais simples, não hesitaram em responder.

"Quando um bebê nasce, identificamos rapidamente porque um homem tem pênis e uma mulher, vagina".

Conversei também com um grupo de mulheres para ver se elas entendiam o gênero da mesma forma que os homens. O grupo estava todo enfeitado com joias, por isso usei esses enfeites para tratar do assunto sob outra perspectiva.

"No meu país, há homens que usam roupas de mulheres e dizem que são mulheres. O que vocês acham disso?".

Paul traduziu e as mulheres falaram com ele por um instante. "Elas dizem que nunca ouviram falar numa coisa dessas".

"O que é uma mulher, se vocês tivessem que definir?".

Paul começou a traduzir o que uma delas disse. "Ela disse que homens não têm seios. Depois, as partes pudendas são diferentes porque a mulher tem vagina e o homem, pênis. E mulher dá à luz e o homem não".

"Isso vai parecer um tanto quanto surpreendente, mas na minha cultura há pessoas, mulheres, que cortam partes de seus corpos, cortam os seios. Isso as torna homens?", insisti.

Ela não pareceu convencida. "Vamos falar da relação sexual", disse ela. "Quando você faz sexo com um homem, espera que ele tenha pênis".

Bom, é difícil discordar disso. Conversando com os massai, ficou claro que a binaridade sexual entre homens e mulheres faz sentido para eles. A não-binaridade e o transgenerismo, não. É muito difícil explicá-los para um povo que entende o mundo como é, que vê claramente que existem dois sexos e ponto final. Assim que tentamos explicar a pessoas assim que elas não deveriam acreditar no que seus olhos veem, você percebe como o edifício da ideologia de gênero é vazio e oco.

Quanto ao papo de que o "gênero" é uma construção social, a verdade é que a ideologia de gênero em si é uma das construções sociais mais complicadas e artificiais que existem. A torre cambaleante da filosofia crítica, linguagem, cultura e progresso da medicina – que permite manipulações do corpo humano nunca imaginadas –, precisa ser erguida para sustentar a ficção do discurso. Assim que você sai dessa prisão socialmente construída ao nosso redor, percebe que a ideologia de gênero é produto do privilégio, do luxo e da decadência ocidentais.

Sem uma sociedade capaz de sustentar sexólogos, cirurgiões, professores de estudos de gênero e orientadores que afirmam a identidade, a ideologia jamais teria sido inventada.

Perguntar isso fez com que o povo massai me olhasse como se eu fosse um alienígena ou um louco.

"E se a mulher tiver um pênis?", questionei um grupo de homens.

"O quê?", reagiu rapidamente Paul, se aproximando e me olhando como que para ter certeza de que eu não tinha me expressado mal.

"De onde eu venho, nos Estados Unidos, há pessoas que dizem: 'Tenho pênis, mas sou mulher'".

O grupo todo caiu na risada. Eles não debochavam de mim, mas do absurdo que eu tinha dito.

"Eles dizem que estão rindo porque nunca ouviram falar de uma coisa dessas", confirmou Paul.

Olhei ao redor, um tanto quanto ansioso. Parecia que os massai nunca tinham ouvido falar de um monte de coisas que eu mencionava. "No meu país, não se passa um dia sem que ouça essas coisas. A gente ouve isso todos os dias", disse. "Com base nisso, vocês gostariam de se mudar para os Estados Unidos?".

Eles caíram na risada de novo, desta vez gargalhado. Eles não precisaram pensar antes de responder.

"Eles disseram que não. Nunca", traduziu Paul.

Todo o conceito do transgenerismo era novo para eles, tanto que virei o assunto da conversa. Claro, as ideias eram tão artificiais que jamais haviam passado pela cabeça do posso massai. "Como alguém deixa de ser mulher para virar homem mesmo?", perguntaram eles.

"Não sei", respondi com sinceridade. "Acho que elas se sentem assim. É uma sensação. No meu país, um homem pode dizer que é uma mulher presa num corpo de homem".

"Como vocês tratam essas pessoas?", um deles quis saber.

"No meu país, muita gente diz que, se o homem fala que é mulher, a gente tem que tratá-lo como tal".

"O homem tem seios?". "Ele tem vagina?". "Ele dá à luz?". "O homem menstrua?". As perguntas se acumularam e eu tentei respondê-las da melhor forma possível. Então, tive medo de que eles estivessem entendendo errado.

"Deixe-me esclarecer uma coisa. Não tenho uma mulher presa dentro de mim. Sou um homem comum". Eles sorriram e as gargalhadas finalmente cessaram.

Por fim, o ancião chamou Paul, que se virou para mim: "O que você quer saber, a gente nunca viu. Acreditamos que, se você é homem, é homem. Se é mulher, é mulher. Acreditamos na verdade que observamos".

Ao passear pela aldeia quente, seca e empoeirada, onde todos viviam espantando mosquitos e onde o sol parecia mais perto do que o normal, não pude deixar de notar que, ainda assim, todos pareciam felizes. Pensei nas pessoas que vivem na Europa, no Canadá e nos EUA e que sofrem de transtorno de identidade de gênero ou que estão confusos quanto ao que são e como nasceram. Pensei naqueles que se mutilam na tentativa de ser felizes. Pensei nas crianças que ouvem o tempo todo que, se não tiverem suas identidades de gênero afirmadas, vão se matar. Sofri com o peso da infelicidade que parecia permear a vida de tanta gente no meu país.

Decidi falar com as mulheres massai sobre isso. Na minha cultura, se alguém teria motivos para ser infeliz, esse alguém eram elas. Elas não podem agir como homens, esperava-se que tivessem filhos e os deveres delas se restringiam à casa. Várias pessoas da aldeia haviam descrito as mulheres como "aquelas que ajudam os homens" e como o pescoço do casal, enquanto o homem era a cabeça. Isso sem falar na falta de confortos materiais básicos de que todo mundo na aldeia sofria. Tenho certeza de que elas tinham do que reclamar.

"Na minha cultura, muitas pessoas têm depressão. Vocês têm depressão?".

Uma mulher chamada Mary respondeu: "Não, sem depressão. Mulheres felizes".

Olhei para a pobreza ao meu redor. "Vocês não acham que precisam ter muitas coisas para serem felizes?".

"Ela disse o que as torna mais felizes", disse Paul. "Primeiro, filhos. Depois, ter vacas e o que as vacas produzem, como leite, para que possam fazer manteiga para as crianças. E poder se reunir com a comunidade. Isso é a felicidade também".

Devo admitir eu que não gostaria de viver como os massai. Duvido que qualquer americano quereria. A vida deles é muito difícil. A pobreza é visceral e está sempre presente. Eles têm práticas culturais horríveis, com as quais não concordo. A verdade é que, depois do Jardim do Éden, nunca houve um lugar ou era de ouro na qual tudo fosse perfeito. Ainda assim, o povo massai parece ter descoberto uma verdade que o ocidente desconhece – ou talvez eles nunca se esqueceram de uma verdade da qual não temos mais recordação.

O que é a felicidade? Pense no que Mary disse. Você passa tempo com as pessoas que ama? Você tem o bastante para satisfazer as necessidades básicas daqueles que você ama? Você tem a quem amar? Comunidade. Sustento básico. Família e filhos. Quem precisa de menos tem mais. Quem se cerca daqueles que ama é mais feliz.

Tenho feito a mesma pergunta a todos que conheci há quase um ano, de médicos a terapeutas, de políticos a professores, em São Francisco e no Quênia. A pergunta "o que é uma mulher?" não tem a ver com sexo, gênero, biologia, papeis sociais e coisas do tipo. No entanto, num sentido mais profundo, tem a ver com a identidade. Onde você encontra sua identidade? Como definimos a nós mesmos? A identidade é algo que expressamos dentro da grandiosa estrutura da natureza, da comunidade, dos deveres e responsabilidades – baseada em palavras como "pai", "mãe", "filho", "filha", "amigo" ou "filho de Deus"? Ou é algo que definimos por nós mesmos, a partir do que pensamos sobre nós mesmos?

Talvez a felicidade não more na tentativa de fazer o outro dizer quem nós somos, mas, sim, em nos tornarmos o que realmente fomos criados para ser.

A LVM também recomenda

Antonio Risério critica o identitarismo no debate público, desmascarando suas falácias e a manipulação de boas intenções por grupos autoritários. Ele explora a evolução do identitarismo e seus impactos políticos, culturais e sociais. Com foco na divisão e sinalização de virtude nas redes sociais, Risério desafia certezas e revela a ironia da esquerda identitária, que, ao rotular críticos como extrema-direita, fortalece os extremistas. Essencial para entender como preservar liberdades individuais no século XXI.

Escrito por Brendan O'Neill, *O Manifesto Herege* desafia os dogmas progressistas e as políticas wokes predominantes. O'Neill argumenta que o progressismo moderno se assemelha a uma ditadura, criando inimigos sociais, silenciando dissidentes e ameaçando liberdades básicas. Ele critica o identitarismo por distorcer a realidade e fomentar um ambiente autoritário. Os leitores são incentivados a rejeitar o conformismo intelectual e defender a liberdade de expressão, examinando as tensões entre a ortodoxia esquerdista e a liberdade individual.

Acompanhe a LVM Editora nas Redes Sociais

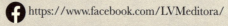 https://www.facebook.com/LVMeditora/

https://www.instagram.com/lvmeditora/

Esta edição foi preparada pela LVM Editora com tipografia
Baskerville, Clarendon Text Pro e Anton em junho de 2024.